R. Kobi

6. Auflage, 2025

ISBN: 9783033099227

Copyright © Rudolf Kobi 2016, 2017, 2018, 2019, 2022, 2023, 2024, 2025

Alle Rechte Vorbehalten

Druck: Libri Plureos GmbH, Friedensallee 273, 22763 Hamburg

Die Inhalte wurden sorgfältig recherchiert oder entstammen der eigenen Erfahrung des Autors. Dennoch haftet der Autor nicht für Folgen von Irrtümern, mit denen der Text behaftet sein könnte. Wer einen Schreibfehler findet, darf ihn behalten.
R. Kobi übernimmt keine Verantwortung für die Dauerhaftigkeit oder Richtigkeit von URLs für externe Internet-Seiten oder Webseiten Dritter auf die in dieser Veröffentlichung verwiesen wird und übernimmt keine Garantie dafür, dass der Inhalt dieser Websites korrekt oder angemessen ist oder bleibt.

Die Nennung von Firmen und ihren Produkten und ihre Reihenfolge sind als Beispiel ohne Wertung gegenüber andern anzusehen. Qualitäts- und Quantitätsangaben sind rein subjektive Einschätzungen des Autors und dienen keinesfalls der Bewerbung von Firmen oder Produkten. Keine der genannten Unternehmen hat das Buch finanziell unterstützt.

Impressum
Texte Rudolf Kobi
Bilder und Kartenmaterial C. Kobi
Unter Brieschhalden 24
CH-4132 Muttenz, Schweiz
Ruco.kobi@gmail.com

Dieses Buch ist erhältlich in jeder Buchhandlung Deutschlands, Österreichs, der Schweiz und weiterer Länder. Wer im Buchhandel kein Glück hat, bekommt es direkt vom Druck: bod.ch oder bod.de

Inhaltsverzeichnis

Inhaltsverzeichnis......................iii
EIN PERSÖNLICHES VORWORT....1
KHAO LAK – EINE EINFÜHRUNG.3
Orientierung..................................3
Zeit...6
Geld und Währung........................6
Klima und Wetter..........................6
Anfahrt / Ankunft..........................7
Ortschaften und Strände............11

   Lam Kaen / Khao Lak Village..... 12
   Khao Lak South......................... 12
   La On 13
   Bang Niang................................ 14
   Khuk Khak.................................. 14
   Laem Pakarang (Coral Cape) 15
   Bang Sak 16
   Weitere Strände in der Nähe..... 16

Transport in Khao Lak 17
Fahrzeuge mieten: Auto,
Motorroller, Fahrrad 23

SCHLAFEN, ESSEN & TRINKEN,
EINKAUFEN IN KHAO LAK..........32
Hotels und Unterkünfte..............32
Restaurants..................................36
Kaffee, Kuchen (und Frühstück)...46

   Privates Dinner 49
   Sunset Dinner Cruise 50
   Thai Kochkurse......................... 50
   Cannabis und CBD................... 53

Nachtleben in Khao Lak 54

   Bars und Pubs............................ 54
   Fireshows / Feuershows............ 58
   Thaiboxen - Muay Thai............ 59

Einkaufen in Khao Lak 60
Beim Schneider 68
Tattoos und Bamboo Tattoo 69

ZU TUN UND ZU SEHEN 70
Tauchen, Schnorcheln, die Inseln.70
Die Similan Inseln 73

Koh Tachai.................................. 75
Die Surin Inseln...........................75
Koh Pah 76
Wasserfälle..................................76

   Sai Rung /(Rainbow Waterfall) . 76
   Ton Chong Fa Waterfall............ 77
   Ton Pling Waterfall................... 78
   Ton Tham Waterfall.................. 78
   Bor Hin Wasserfall.................... 78
   Lampi Wasserfall...................... 79
   Ton Prai Wasserfall................... 79
   Weitere Wasserfälle................. 79

Tempel und Religion 80

   Tempel und Schreine in KL....... 81
   Weitere Tempel........................ 83
   Drei Tempel Tour..................... 84
   Geisterhäuser........................... 84

Der Tsunami 2004.......................85

   Navy Boat 813 85
   International Tsunami Museum 86
   Tsunami Memorial Naval Basis. 86
   Memorial Ban Nam Khen 87
   Ban Nam Khem Museum 87
   Tsunami Warnsystem 89

Elefanten 89
Heiße Quellen.............................92

   Rommanee Hot Springs............ 92
   Ban Bo Dan Hot Springs........... 92
   Kapong Hot Springs 92

Aussichtspunkte 93

   Andaman Viewpoint................. 93
   Khao Khai Nouy....................... 93
   Phu Ta Cho Viewpoint............. 93
   Khao Sok Viewpoint 94
   Samet Nangshe Viewpoint,
   Beyond Skywalk, Ao Toh Li 94
   Khao Nang Hong View Point.... 94

Thailändische Massage 95

N DER NÄHE 98	Hin Lahd Waterfall *132*
Khao Lak Lam Ru Nationalpark 98	Sang Thong Waterfall *132*
Khao Lak Minigolf 99	Tubing in Kapong *132*
The Park Khao Lak 99	Wat Inthaphum *132*
Khaolak Skywalk 100	Wat Pak Mok *133*
Golf 101	Kapong Hot Springs *133*
Tennis 102	Grand Canyon Kapong *133*
Bamboo Rafting 103	Narai Historical Park *135*
Fahrradausflüge 104	Halbtagestour Kapong: *135*
ATV / Quad 105	**KHAO SOK NATIONALPARK 138**
Reiten / Horseriding 106	Unterkünfte im Khao Sok 139
Thai Boxing Kurse 106	Restaurants beim Khao Sok 140
Yoga in Khao Lak 107	Wandern&Ziele im Nationalpark 141
Surfen Khao Lak 107	
Skate Parks in Khao Lak 108	Ton Kloi Waterfall Trail: *141*
Angeln / Sportfischen 109	Wing Hin Wasserfall *141*
Wasserschildkröten 110	Bang Hua Rat Stromschwellen *141*
	Tang Nam Gorge *142*
TAKUA PA, KO KHO KHAO UND	Than Sawan Waterfall *142*
DER NORDEN 113	Sip Et Chan Waterfall *142*
Takua Pa 113	Khlong Pae Nature Trail *142*
Takua Pa Old Town 113	Bang Hman Trail *142*
Takua Pa Sonntagsmarkt *115*	Rafflesia Kerrii Meijer *142*
Takua Pa Vegetarian Festival .. *115*	Mae Yai Waterfall Khao Sok ... *142*
Boon Soong Iron Bridge *116*	Viewpoint Khao Sok *143*
Bangmara Hill/ Dredger Café . *116*	Monkey Temple *143*
Wat Khongkha Phimuk *117*	Fish Cave Temple *143*
Saori Foundation Center *117*	Kajak oder Bambusfloss auf dem
Big Buddha von Takua Pa *118*	Sok River *144*
Kwan Puk - Tree Tunnel *118*	Zipline / Seilpark *144*
Little Amazon *118*	Emerald Pool *144*
	Hängebrücke *146*
Essen in Takua Pa 119	**Cheow Lan Lake 146**
Ko Kho Khao 122	
Im Norden: Richtung Ranong 126	Der Rajiaprabha Damm *147*
Crinum Thaianum *126*	Khao Sam Khloe *147*
Si Phang Nga Nationalpark *126*	Diamond Cave *147*
Kuraburi Pier *126*	Nam Talu Cave *147*
Drachenrückendüne *127*	Coral Cave *148*
Ko Phra Thong 127	**Beispiele für (geführte) Touren-**
Thung Nang Dam 128	**Ausflüge in den Khao Sok Park ... 150**
KAPONG 130	**ZWISCHEN KHAO LAK& PHUKET -**
	DER ÜBERSEHENE SÜDEN 153
Die Ortschaft Kapong *131*	Khao Khai Nouy *153*
Hug Kapong Cafe *131*	Khao Lampi - Hat Thai Mueang
N Plai Wa Café *131*	
Lam Ru Waterfall *131*	

Nationalpark 153
Khao Na Yak Halbinsel 154
Thung Samed Khao 154
Lampi Wasserfall 155
Ton Phrai Wasserfall 155
Turtle Sanctuary 155
Ban Tha Din Daeng 155
Ton Sung Waterfall 155
Leng San Keng Shrine 156
Wat Tha Sai Holz-Tempel 156
Ban Bo Dan Hot Springs 156
Benyaran Museum 156
Essen und Trinken 157

PHANG NGA & PHANG NGA BUCHT 161
Phang Nga Town 161

Essen&Trinken bei Phang Nga 161

Attraktionen Phang Nga: Landwärts und Richtung Krabi 164

Bangkan Sonntagsmarkt 164
Sa Nang Manora Park 164
Raman Waterfall Forest Park ... 165
White Water Rafting 165
Ton Pariwat Sanctuary 165
Khao Nang Hong View Point .. 166
Wat Bang Riang 166
Dragon Cave Temple (Praya Nakarach Cave Temple) 167
Wat Bang Thong 167
Steinbruch Thap Put 167

Attraktionen Phang Nga Stadt und Küste 168

Phung Chang Höhle 168
Sam Höhle / Tham Sam 169
Phang Nga Museum 169
Wat Suwan Kuha 169
Wat Thamtapan 170
Wat Kaew Manee Si Mahathat 170
Samet Nangshe View Point 172
Beyond Skywalk Nangshi 172
Ao Toh Li View Point 173
Phu Yuk Dao / Phuyhorkdao .. 173
Tao Thong Wasserfall 174
Baan Bang Phat Fischerdorf 174

Die Phang Nga Bucht / Ao Phang Nga Nationalpark 176

Essen & Trinken in der Bucht .. 176
Phang Nga Bay Touren 176
Ko Tapu – James Bond Island . 177
Kajak in der Phang Nga Bucht 178
Felsmalereien 178
Muschelfriedhof 178
Koh Panyi - Seenomadendorf . 178

Ko Yao Noi 179
Ko Yao Yai 180

PHUKET 182

Sarasin Bridge 182

Nordost-Phuket 183

Panoramastraßen 183
Bang Rong Pier 184
Gibbon Rehabilitation Project 185
Bang Pae Wasserfall 185
Khao Phra Taeo Wildlife Park . 186
Heroines Monument 186

Phuket City / Old Town 186

Khao Rang 187
Phuket Aquarium 187
Wat Chalong 187
Promthep Cape 188
Windmill Viewpoint 188
3-Beaches Viewpoint 188
Sirinat Ntl Park 190
Phuket FantaSea 190
Skydance Helikopterrundflüge 190
Weitere Attraktionen Phuket ... 191

KRABI 193

Ao Nang Beach 194
Railay Beach 194
Tiger Cave Temple 194
Khao Khanab Nam 194
Emerald Pool 194

PHI PHI ISLAND 195

Mu Ko Phi Phi National Park .. 195
Phi Phi Don 195
Phi Phi Leh und die Maya Bay 196
Bamboo & Mosquito Island 196
Tauch- und Schnorchelgebiet . 196

WAS FÜR WEN? TIPPS UND IDEEN FÜR JEDEN GESCHMACK 197

Tipps für Familien mit Kindern.... 197	Internet.. 225
Romantisches für Pärchen............ 199	Geld wechseln 226
Für Aktive und Abenteuerlustige 200	Preise verhandeln 227
Abseits der Touristenrouten 201	Trinkgeld.. 227
Kultur-& Geschichtsbegeisterte.. 202	Gesundheit 228
Was tun bei Regen? 204	Straßenverkehr in Thailand - Tipps 236
Routen-Tipps Selbstfahrer /Taxi. 206	Was tun bei einem Unfall?......... 239
Ausflüge, Touren, Erinnerungen. 208	*Notrufnummern:*..................... 240
Tourenanbietern in Khao Lak: 209	Einreise / Ausreise...................... 240
Beispiele für geführte Touren:.... 210	Zollvorschriften und Rechtliches 241
GEGEN DEN KULTURSCHOCK. 213	*Powerbanks im Flugzeug 243*
Geschichte Phang Nga 213	*Drohnen* 244
Thailändische Sitten: Do's und Dont's 214	*Adressen Botschaften und Konsulate*................................. 245
Feiertage 216	**Thailändisch für Touristen** 246
Thailändisches Essen 219	
Tischsitten.................................... 221	**ÜBER DAS BUCH** 247
Toiletten....................................... 222	
Elektrizität................................... 224	
Telefonieren 224	

Kartenverzeichnis

Karte 1 Übersichtskarte Khao Lak Umgebung	5
Karte 2 Khao Lak Übersicht	10
Karte 3 Khao Lak Lage der Ortschaften	27
Karte 4 South Beach	28
Karte 5 Bang La On	29
Karte 6 Bang Niang	30
Karte 7 Khuek Khak	31
Karte 8 Takua Pa und Ko Kho Khao	112
Karte 9 Takua Pa Altstadt / Old Town	115
Karte 10 Kapong und Umgebung	130
Karte 11 Khao Sok Nationalpark	137
Karte 12 Khao Sok Umgebung Hauptquartier	139
Karte 13 Zwischen Khao Lak und Phuket / der Süden	152
Karte 14 Phang Nga und Umgebung	160
Karte 15 Insel Phuket	181
Karte 16 Nord-Ost Phuket	183

EIN PERSÖNLICHES VORWORT

Thailand ist – und das zu Recht – ein beliebtes Reiseziel. Für jeden, vom Backpacker über Touristen bis zur Familie und Rentnern hat es viel zu bieten. Feines Essen, saubere Strände, phantastische Landschaften bis zu sonnig-warmem Wetter und kulturellen Plätzen – und nicht zu vergessen, die netten Menschen. Man könnte sagen: die ideale Feriendestination!

Es gibt einige Reiseführer für Thailand – auch für den Süden und das bekannte Phuket ... aber Khao Lak war in den meisten nur am Rande oder auf wenigen Seiten erwähnt. Seit 2016 behebt unser Reiseführer dieses Defizit und er ist auch heute noch der Einzige, der Khao Lak und Umgebung detailliert beschreibt. 2024 wird amazon überschwemmt mit durch künstliche Intelligenz generierte Bücher, die leider absolut unbrauchbar sind.

Ich besuche dieses wunderbare Land nun seit über 30 Jahren, die letzten 25 Jahre davon Phuket und dann Khao Lak. Während ich anfangs allein unterwegs war, reise ich inzwischen mit der Familie – samt Kind, deshalb finden sich hier viele Tipps fürs Reisen mit Familie / Kindern aber auch ältere Personen.

Im Buch geben wir eine Übersicht über Khao Lak und Umgebung, behandle die allgemeinen Attraktionen in Thailand, die für Khao Lak und Umgebung spezifischen Attraktionen, zeige angebotene Touren und gebe Routenvorschläge für Selbstfahrer und Ausflugsziele. Der Inhalt wurde jährlich (bis auf die Zwangspause 2021 und 2022) überarbeitet, korrigiert und erweitert. In dieser Ausgabe findet man nun über 300 Ausflugsziele und Tipps zu Khao Lak und direkter Umgebung. Dazu gibt es allgemein nützliche Informationen zum Besuch und gegen den Kultur-Schock, wie eine kurze Liste Do's and Dont's, Hinweise zu Verkehr, Gesundheit, Zoll, Notfalladressen, sowie etwas Thailändisch für Touristen. Wer Inspiration sucht, findet sie im Kapitel "Was für wen?".

Ich hoffe, dass Euch dieser Reiseführer nützlich ist und sich im praktischen Einsatz bewährt. Ich freue mich über Rezensionen und nehme Feedbacks, Korrekturen und Anregungen gerne entgegen unter ruco.kobi@gmail.com

Viel Spaß und Vorfreude beim Lesen wünscht Euer

Ruedi

Khao Sok

Similan

Phang Nga

1 Khao Lak, die schönste Urlaubsregion

KHAO LAK – EINE EINFÜHRUNG

Khao Lak ist nicht *ein* Ort, sondern **eine Reihe kleiner Ortschaften**, die sich wie Perlen an einer Kette entlang der Hauptstraße 4 im Takua Pa Distrikt der Phang Nga Provinz im Süden Thailands ziehen. **Heute lebt Khao Lak vor allem vom Tourismus.** Es ist aber im Gegensatz zu Phuket bei weitem nicht so überlaufen vom Massentourismus und hat sich an vielen Orten seinen thailändischen Charme bewahrt und bietet zahlreiche Plätze, die einfach entdeckt werden wollen.
Der Name „Khao Lak" bedeutet „Berg Lak". Bei diesem handelt es sich um die Haupterhöhung der sonst schon hügeligen Region. Aber auch dieser „Berg" hat nur eine Höhe von 1050 m. Er liegt im Khao Lak Lam Ru National Park.

Es hat **sieben Nationalparks** innerhalb eines Gebietes von 70 km rund um Khao Lak (die im Meer inbegriffen) – mehr als an jedem anderen Ort der Welt! Die Küste mit ihren **goldenen Sandstränden** ist eine der schönsten in ganz Thailand. Im grünen Umland finden sich **regenwaldbedeckte Hügel, Mangrovenwälder und Karstgesteinsfelsen** mit unglaublich anmutenden Aussichten. Vor der Küste liegen die **Korallenriffe** der **Inselgruppen Similan und Surin**, bei welchen man mit wilden Schildkröten und Mantas tauchen und schnorcheln kann.

Aufgrund seiner Lage ist Khao Lak ein **ausgezeichneter Ausgangsort für Ausflüge** in die Umgebung, seien das **Tauch- und Schnorchel-Tripps** zu den Similan und Surin Inseln oder Ausflüge in den tierreichen **Khao Sok Nationalpark** oder den kulturell interessanten Ort **Takua Pa** oder die phantastische **Phang Nga Bucht**.

Khao Lak ist bekannt für sein **entspanntes Ambiente**. Es unterscheidet sich von Phuket durch seine ruhigen, meist besserklassigen Hotels, nicht überlaufenen Strände, einem familienfreundlichem Nachtleben und lokalen Bauvorgaben, die den Bau von Gebäuden verbieten, die höher als eine Kokos-Palme sind – wodurch Khao Lak nur in die Breite wächst, aber nicht in die Höhe.

Orientierung

Khao Lak besteht aus einer **Serie kleiner Ortschaften**, die sich vom Khao Lak Village im Süden bis Bang Sak im Norden erstreckt. Wer „Khao Lak" sagt, kann irgendeinen dieser Plätze meinen, obwohl sie sich insgesamt über 25 km entlang des Meeres erstrecken. Das erschwert die Kommunikation. Auch die Post-Adressen sind nicht sehr aussagekräftig. Sie haben alle „Phang Nga" und „Moo" drin, sowie Khuk Khak – selbst dann, wenn etwas ganz unten am Nang Thong Beach liegt.

Im Buch wurden deshalb statt der wenig aussagekräftigen Adressen die Beschreibung der Orte und für schwer zu Findendes zusätzlich für Selbstfahrer die Koordinaten im Dezimalgrad (DG), und als GMS (in Grad, Minuten, Sekunden) angegeben – **für den Gebrauch in Navigationsgeräten oder -Apps.**

Art: Breitengrad / Längengrad
DG 8.65112 , 98.25252
GMS N 8°39'4.032" , O 98°15'9.072"

Da die **Ortsnamen** phonetische Übersetzungen aus dem thailändischen ins englische sind, kommen einige Variationen vor. Auch auf den Straßenschildern gibt es häufig unterschiedliche Schreibweisen. Tab Lamu, Tap Lamu, Thap Lamu oder gar Tublamu bezeichnen alle denselben Ort. Ich verwende im Buch die gebräuchlichsten Versionen, aber man sollte unterwegs und bei der Suche im Netz oder auch vor Ort immer offen sein für sehr variable Namensbezeichnungen.

Karten

Unter **bit.ly/klentdecken** (QR Code) findet man unsere **Google mymaps Karte** mit allen Attraktionen und ein paar mehr, die es (noch) nicht in den Reiseführer geschafft haben. Unter den einzelnen Kapiteln finden sich weitere Google Maps Karten mit markierten Routenvorschlägen und Attraktionen. Zur Navigation vor Ort ohne Roaminggebühren kann man sich die Google Karte zur Offline-Benutzung herunterladen. Anleitung für nicht so Technik-affine (wie mich): Google Maps App auf dem Smartphone öffnen. Oben rechts auf sein Google-Profil klicken. Aus der Liste auswählen: Offlinekarten. Eigene Karte. Den Karten-ausschnitt wählen und herunterladen. Wenn man dort ist und kein Internet hat, wechselt Google Maps automatisch zur Offline Navigation.

Die Touristenkarten, die man für Khao Lak bekommt, sind sehr rudimentär und oft gewollt unbrauchbar. Für das Buch haben wir neue erstellt.

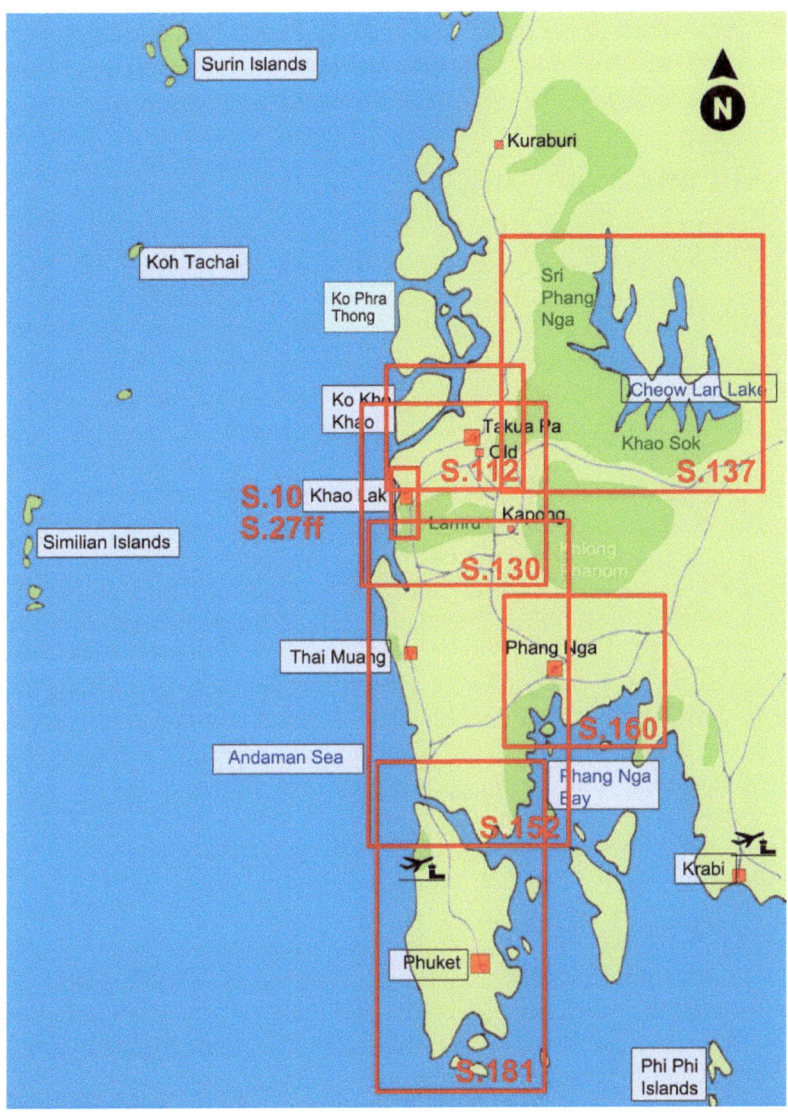

Karte 1 Übersichtskarte Khao Lak Umgebung

Die Rechtecke zeigen die Detailkarten im Buch: Die Ortschaften von **Khao Lak: S.10** und **einzelne Ortspläne ab S.27**,. **Takua Pa und Ko Kho Khao S.112**, **Kapong S.130**, **Khao Sok S.137**, **Phang Nga S.160**, **Zwischen Khao Lak und Phuket S.152**, **Phuket S.181**

Zeit

Thailand ist der mitteleuropäischen Zeit (MEZ) während der Winterzeit 6 Stunden und der Sommerzeit 5 Stunden voraus.

Geld und Währung

Die Währung in Thailand ist der thailändische Baht (THB). 100 Baht sind etwa CHF 2.60 oder Euro 2.70 (Kurs April 2025). Für den aktuellen Umrechnungskurs benutze man Währungsrechner in Apps oder der Suchmaschine. Kreditkartenzahlung ist nicht an vielen Orten möglich. In den Hotels, ja, aber die meisten Restaurants, kleinen Shops und auch Tankstellen nehmen (nur) Bargeld. Siehe auch die Kapitel *Geld wechseln, Trinkgeld, Handeln*.

Ein Wort zu **den Preisen**: Thailand ist günstiger als Europa, aber Khao Lak ist definitiv kein Backpackerparadies. Beispiel sind die Preise für Essen und Getränke. In einfachen Gar- und Suppenküchen kann man immer noch für etwa 200 Baht pro Person essen und trinken. In den Restaurants von Khao Lak bewegen sich die Preise pro Gericht um die 150-300 Baht (4-9 €), die Getränke zwischen 50-150 Baht (1-5 €), so dass man pro Person für 2 Gänge plus Getränke etwa 400-700 Baht zahlt (11-19€). In den besseren Hotel-Restaurants zahlt man doppelt bis 4 x so viel. Das ist mit ein Grund (außer mehr Abwechslung), weshalb wir grundsätzlich nur Frühstück buchen und auswärts essen gehen. Wer nicht mobil ist, kann sich ein Taxi teilen für Restaurantbesuche oder Ausflüge, das ist günstiger.

Klima und Wetter

Die **Temperatur** in Khao Lak bleibt das ganze Jahr über ziemlich gleichbleibend mit nur geringen saisonalen Unterschieden. Sie bewegt sich typischerweise zwischen etwa 25 Grad nachts und 32 Grad an einem sonnigen Tag tagsüber.
Khao Lak unterliegt dem Einfluss von zwei saisonal auftretenden **Monsun**-Winden: dem Südwest Monsun und dem Nordost Monsun. Der Südwest Monsun beginnt im April, wenn ein Strom warmer und feuchter Luft vom Indischen Ozean ziemlich viel Regen bringen kann. Er endet im Oktober, der Khao Laks nassester Monat ist. Die späteren Monate liegen unter dem Einfluss von Nordost-Winden aus China und sind viel trockener. November bis März gelten deshalb als Trockenzeit.

Aus Touristensicht ist die **Trocken-Saison** (November bis April) ideal um Khao Lak zu besuchen, da dann schönes und warmes Wetter fast garantiert ist.
Aber auch **in der Regenzeit** bedeutet ein „Regentag" nicht, dass es wirklich durchgehend nass und schlecht sein muss. Es regnet meist am späten Nachmittag / frühen Abend und dann häufig nur kurz. Die Regengüsse treten außerdem oft nur sehr örtlich begrenzt auf. All das verfälscht die Statistik, deshalb ist die Angabe der Anzahl Regentage irreleitend. **Wetterapps** zeigen das meist als ganzen Regentag an und sind deshalb **notorisch unzuverlässig**!

Auf der Seite des Thai Meteorological Department (weather.tmd.go.th) findet sich ein Wetter Radar für Phuket und Khao Lak, der besser brauchbar ist, um sich ein **Bild vom aktuellen Wetter** zu machen.

In der **„Low Season"** – also der **Regenzeit** (Mai bis Oktober), erhält man Flug und Unterkunft oft zum Schnäppchenpreis, dafür sind (unabhängig vom Wetter) einige sonst belebte Orte nicht nur einsam, sondern geschlossen. Das gilt für Restaurants, Shops und manche touristischen Ausflugsziele wie die Similan Inseln. Für Tauchausflüge sollte man vor einem Aufenthalt in den Monaten Mai bis Oktober bei einem der Anbieter online anfragen.
Dennoch gibt es auch bei Regen viel zu tun (und zu genießen) – Tipps dazu finden sich weiter hinten im Buch.

Klimatabelle

	Jan	Feb	Mar	Apr	May	Jun	Jul	Aug	Sep	Okt	Nov	Dez
Max. Temp. (°C)	33	34	35	34	33	32	32	31	31	32	31	31
Min. Temp. (°C)	21	22	23	24	24	24	24	24	23	23	23	22
Precipitation/ Niederschlag (mm)	33	36	68	205	527	406	452	478	582	476	250	48
Rainy days / Regentage	4	4	7	15	24	23	21	23	24	22	16	6

Klima Khao Lak / Climate Khao Lak

Anfahrt / Ankunft

Khao Lak liegt etwa 80 km nördlich von Phuket. Die Mehrheit der Besucher erreicht es nach der Ankunft auf dem Flugplatz in Phuket und einem Transfer (mit Taxi, Hotelbus, Minibus oder Mietwagen) via die **Sarasin-Brücke** und dem **Highway 4** – einer der Hauptverkehrsrouten durch Thailand. Dauer: etwa eine Stunde. Der Highway 4 wird laut Plänen bis hoch nach Bangkok verbreitert. Auf der Strecke zwischen Phuket und Khao Lak sind die Bauarbeiten seit 2022 vollendet.

Phuket Airport

Nach Bangkok ist Phuket der zweitwichtigste Flugplatz in Thailand, jährlich wurden bis 2020 über 14 Millionen Passagiere durchgeschleust. Dabei ist der Ort, an dem der Flugplatz liegt, bemerkenswert: direkt hinter dem **Mai Khao Strand**, über den in der Hochsaison (wenn der Wind vom Osten kommt) angeflogen wird. Gestartet wird dann über die wunderbare **Phang Nga Bucht**. In der Regenzeit ist es umgekehrt.

Der Phuket Airport besteht (seit September 2016 das neue Flughafengebäude geöffnet hat) aus **zwei Terminals**. Das alte Flughafengebäude wird als *Domestic Terminal* (für Inlandflüge) weiter verwendet. Ausländische Besucher kommen im neuen Gebäude des *International Terminals* an. Trotz des Ausbaus gibt es immer wieder Stau und lange Schlangen bei der Immigration.

Nach der **Immigration**, bei der ein Foto von einem gemacht wird, findet man in der langen Halle fünf Gepäck-Karusselle, diverse **Schalter, Informationsstände, Geldwechselstände, ATM-Maschinen** und Stände für lokale **SIM-Karten**. Die **Autovermieter** *Avis, Alamo, National* und *Hertz* haben Schalter in der Ankunftshalle. *Budget* und andere haben ihre Büros außerhalb oder im alten, domestic Flughafenterminal.

Abflug / Departure: Auch beim Abflug ist es von Vorteil, früh genug da zu sein. Zwei Stunden vor einem internationalen Flug sind das Minimum. Bei Inlandflügen (im alten Terminal) reichen ein bis zwei Stunden. Bei Unsicherheit, von welchem Terminal man abfliegt (vor allem bei Flügen via Bangkok), sollte man vor der Ankunft am Flughafen auf sein Ticket schauen oder beim Reisebüro nachfragen. Terminal 1 ist der neue Flugplatz, Terminal 2 der alte.

Vom Flugplatz nach Khao Lak

Man kommt **mit dem öffentlichem Verkehr** nach Khao Lak: zwischen Phuket und Khao Lak verkehren öffentliche Busse. Dafür muss man jedoch erst auf den Highway 4 – und der ist 5 km vom Flugplatz entfernt. Taxi oder Motorbike-Taxis bringen einen hin, man braucht aber Überzeugungsarbeit, da Kurzstrecken zu günstigeren

Verkehrsmitteln nicht gerne angenommen werden.
Am Highway 4 nimmt man einen **Bus in Richtung Takua Pa, Ranong oder Surat Thani.** Alle halten auf Anfrage in Khao Lak (wo man will) entlang der Straße. Ein Busticket kostet für die etwa 80 km zwischen 80-100 Baht. Die Busse vom Flughafen aus fahren nur die größeren Orte auf der Insel Phuket selber an. Manche davon (wie der *Phuket Airport Bus Express* (🖥 phuketairportbusexpress.org) machen aber auf der Hauptstraße einen ersten Stopp. Es kostet 50 Baht bis zur Muang Mai Station, von der aus man auf einen Bus nach Khao Lak wechseln kann.

Ein Taxi vom Airport nach Khao Lak kostet um die 1700 Baht, Minibusse (ab 3 Personen) etwas mehr. Taxis können von lokalen Anbietern vorbestellt werden, dann hat man weniger Stress.

Es gibt in Thailand mehrere **Taxi Apps**, mit denen online ein Taxi bestellt werden kann. In den Touristenhochburgen sind das Grab, Bolt und inDrive. Uber wurde in Thailand von Grab übernommen. In Phuket ist **Grab** sehr aktiv, weniger in Khao Lak. Nicht immer ist Grab die günstigste Möglichkeit. Manchmal ist es günstiger, den Hotelbus zu nehmen oder sich ein Taxi zu rufen. Laut App war (im Feb 2024) ein Grab von Khao Lak (Nang Thong Supermarket) zum Flugplatz 1581 Baht. Der Hotel Transfer war 1200 Baht.
Umgekehrt ist der Transport vom Flughafen Phuket zum Hotel gut möglich mit Grab (schneller als ein Minibus und billiger als ein Taxi). Nach Ankunft gleich ein Grab Transport per App organisieren, zum Ausgang 7 gehen und dann links ca. 30 bis 40 m Richtung Domestic Halle. Das Grab steht meist schon da und wartet.

Am Flughafen lassen sich **Autos mieten.** Der Weg nach Khao Lak ist denkbar einfach: vom Flughafen aus auf die Straße 402, nach Norden, weg von Phuket. Dann bei Verzweigungen immer links halten (der Küste entlang) – bis auf diese *eine* Verzweigung im Dorf Thai Mueang: dort geht die Straße nach rechts, auch wenn es aussieht, als sollte man geradeaus.

Nachdem man kurvenreich einen Hügel überquert hat (den **Lak**), ist man in Bang La On – dem eigentlichen Herz der Khao Lak Region. Die Orte von Khao Lak selber liegen entlang dem Highway 4, der hier *Phetkasem Road* genannt wird, zwischen der Küste und dem bewaldetem Hinterland. Nicht gerade ideal für Ausflüge sollte man denken – man irrt sich!

Karte 2 Khao Lak Übersicht

Ortschaften und Strände

Khao Lak besteht aus **einer Serie kleiner Ortschaften**, die sich über etwa 20 km vom Khao Lak Village im Süden bis Bang Sak im Norden erstreckt. Jeder dieser Orte hat unterschiedliche Charakteristika und mindestens einen dazugehörigen Strand. Es gibt keine durchgehende Straße, die den Strand entlangführt. Von der verbindenden **Hauptstraße 4** etwas landeinwärts gehen in den Ortschaften kleinere Straßen zu den Stränden und den Hotels ab.

Ich gebe hier eine Übersicht über die verschiedenen Strände von Khao Lak, startend im Süden - wie bei der Anfahrt von Phuket. Manche liegen vor den Ortschaften und sind entsprechend belebt, andere vor einzeln gelegenen Hotels, weitere sind fast komplett einsam. Es hat hier etwas für jeden Geschmack – und da Khao Lak oft als typische Stranddestination gilt, soll das Kapitel hier eine Hilfestellung für die Suche des geeigneten Aufenthaltsortes sein – oder Ideen für Ausflüge für einen Strandtag bieten.

Alle diese Strände sind öffentlich (wie alle Strände in Thailand). Die Hotels haben auf ihren Anlagen Sonnenschirme und Liegen, aber der Strandstreifen selbst ist mehrheitlich frei und für alle da. Man kann an den meisten Stränden Liegen und Schirme mieten. Da der Strand öffentlicher Grund ist, waren viele der bei Touristen beliebten Massagehäuschen und kleinen Kneipen direkt am Strand illegale Bauten. Heute liegen die meisten hinter der Baumgrenze, wo sie bleiben können (und im Schatten ist es sowieso angenehmer).
An allen Stränden ist jeglicher motorisierte Wassersport verboten. Es gibt hier also im Gegensatz zu Phuket oder Krabi kein Jetski, Bananenboot fahren oder Paragliding – hier findet man noch absolute Ruhe an den Stränden, bis auf einzelne vorbeifahrende Fischerboote. Man wird auch nicht von Strandverkäufern belästigt – findet aber sicher sehr nahe die nächste Verpflegungsmöglichkeit.

Seit 2018 ist das **Rauchen** an vielen Stränden **verboten**. Darunter ist der Patong Beach auf Phuket, der Khao Lak Beach und Phra Aer Beach in Krabi. Allgemein gilt, dass Kippen nicht weggeschnippt oder im Sand vergraben werden sollen – Nikotin ist ein starkes Umweltgift und Cadmium und Blei aus den Zigaretten werden im Wasser frei und gelangen in die Nahrungskette. Kurz; Zigarettenkippen töten Tiere. Das Rauchen am Strand ist nur in den dafür ausgewiesenen

Zonen erlaubt, die meist Sitzbänke und Aschenbecher anbieten. Vapes oder elektrische Zigaretten oder Shishas sind keine Alternative, da in ganz Thailand verboten.

Lam Kaen / Khao Lak Village

Der Ort Lam Kaen liegt **südlich vom Berg Lak,** über den der Highway 4 führt. Vom **Tap Lamu Pier** aus starten Ausflüge zu den Similan oder Surin Inseln – oder zur vorgelagerten Halbinsel **Khao Na Yak**, wo man gut schnorcheln kann und einsam gelegene Strände findet. Der Pier liegt neben der **Naval Base**, dem Militärgelände der thailändischen Marine. Auf deren Gelände ist ein **öffentlicher Golfplatz** und eine **Meeresschildkrötenstation**. Die meisten ausländischen Besucher suchen sich Hotels weiter nördlich, die am Meer liegen und sehen den Ort nur auf Ausflügen.

Poseidon Beach

Der Poseidon Beach liegt am Ende einer kleinen, geteerten Straße, die vor dem Hügel Lak und dem Ort links von der 4 abgeht. Es hat einige Parkplätze für Motorräder und Autos, (oft gut belegt, was die Beliebtheit dieses Strandes zeigt). Daneben liegen die Poseidon Bungalows und das neue Kalima Resort. Der Strand und die Infrastruktur hier ist noch fast wie früher – typisch thailändisch. Einfach, aber alles vorhanden. 3 Restaurants, Massagehütten, Toiletten, Strandliegen und Sonnenschirme: alles am schönen Sandstrand, der von malerischen runden Felsen gesäumt ist. Im Meer ist in einiger Entfernung ein kleiner, weißer Leuchtturm sichtbar.

Khao Lak South

Der kleine Ort direkt vor dem Hügel Lak bietet mehrere Hotels, Restaurants, Shops und Tourenanbietern. Die Auswahl ist kleiner als weiter nördlich, aber mit mehr lokalem Flair. In der Nähe kann man **Elefanten** besuchen, mit dem **Bambusfloss** fahren, den **Ton Pling Wasserfall** besuchen oder am Strand relaxen.

Khao Lak South Beach / Lam Kaen Beach

Der zugehörige Sandstrand mit goldenem Sand ist etwa 2 km lang, eingebettet vom **Lam Ru Nationalpark** mit dem Khao Lak River auf der rechten Seite und flachen Felsen auf der linken Seite.

Streckenweise hat er sehr hübsche runde Felsformationen. Er wird allerdings von den großen Hotels hier fast komplett in Beschlag genommen – und lohnt kaum einen Besuch von auswärts.

Small Sandy Beach

Der einsame, kleine, Sandstrand liegt mitten **im Lam Ru Nationalpark** am Fuß des Hügels Lak. Er ist nur über einen kurzen, aber steilen Wanderweg von oben an der Hauptstraße aus erreichbar. Infrastruktur ist trotzdem vorhanden: kleiner Shop, Toilettenhäuschen, Schaukel, Picknickplatz.

La On

Der Ort **Bang La On** wird oft (fälschlich) einfach Khao Lak genannt und ist das „Zentrum" der Khao Lak Region. Er ist neben Bang Niang der touristischste Ort mit den meisten **Shops und Restaurants** (und Kaffees, Schneidern, Kunstgalerien, Tauchzentren). Der gut sortimentierte *Nang Thong Supermarkt* orientiert sich speziell an den Touristen. La On zieht Besucher an, die gerne Auswahlmöglichkeiten haben, es aber trotzdem entspannter mögen.

Sunset Beach

Gut 1.5km langer Strandabschnitt mit hellem, feinen Sand vor beeindruckender Dschungel-Landschaft am Hang des Hügels. Ruhiger als die weiter oben gelegenen Strandabschnitte, einige Hotels liegen direkt am (von der Straße abfallenden) Hang hier. z.Bsp. das Sunset Resort.

Laguna Beach

So nennt man den kleinen, mit Felsen durchzogenen Strandabschnitt vor dem Laguna Hotel. Ab hier wird es hinter dem Strand flach.

Nang Thong Beach

Der bekannteste Strand gehört zu La On, ist ca. 2.5 km lang und durch **Felsenketten** unterteilt, die teils bis zu 45 m in die Andamansee ragen. Auf einem der Felsen steht der ikonische, kleine weiße **Leuchtturm**, zu dem man bei Ebbe gehen kann. Die **Felsformation Nang Thong** (Goldene Frau) gab dem Strand den Namen. Auffallend sind die **dunkleren Sandstellen** (teils schwarz), es handelt sich dabei um Reste der Zinnvorkommen, die hier in der Gegend abgebaut wurden. Im Norden wird der Strand durch den Bang Niang River eingegrenzt, durch den man bei Ebbe waten kann. In der Hochsaison verdient hier ein Fähranbieter etwas Geld, indem er Touristen durch das bei Flut hüfthohe Wasser bringt.

Bang Niang

Zwei bis drei Kilometer nördlich von Bang La On gelegen hat der sehr lebhafte Ort Bang Niang die **meisten Bars, viele Restaurants, Shops** und ein **aktives Nachtleben** mit Discos und Cabaret. Wer gerne viele, zu Fuß erreichbare Möglichkeiten möchte und es mag, wenn es belebter ist, ist hier richtig. Thailänder kaufen hier morgens im „**Fresh Market**" ein und gehen abends auf den **Nachtmarkt**, der mehrmals wöchentlich stattfindet. Im grünen Hinterland liegt der **Chong Fa Wasserfall**.

Bang Niang Beach

Der feinsandige und goldbraune Strand ist unterteilt in einen 800 m südlichen und etwa 700 m langen nördlichen Teil, der durch eine malerische **Lagune** zum Khuek Khak Beach getrennt ist. Der Strand hier ist weitgehend felsenfrei. Leider verliert er in der Monsun-Zeit aber ziemlich viel Sand, weshalb **Befestigungs-Maßnahmen** nötig werden. Die sind gelegentlich nicht sehr ansehnlich und der Strand ist stellenweise schon sehr eng. Der schönere Teil des Strandes befindet sich bei der großen Lagune im Norden, die Bang Niang von Khuek Khak trennt.

Khuk Khak

Das Dorf Khuk Khak zwei bis drei Kilometer nördlich ist der **Verwaltungssitz** der Gegend und hat Läden, **Post, Polizeistation und Tankstelle**. Die Gegend ist Wohngebiet, besitzt aber spezielle **Restaurants**, Luxushotels und den Rainbow Wasserfall (**Sai Rung**). Ruhesuchende, die gerne etwas gehobener untergebracht sind, wählen die Hotels hier am Strand, finden in der Umgebung aber dennoch Essens- und Shoppingmöglichkeiten außerhalb der Unterkünfte.

Khuk Khak Beach

Der feinsandige, helle Sandstrand ist **felsenlos**, flach abfallend, etwa 8 km lang und wird durch zwei Flüsse unterteilt. Am Süden grenzt er an die Lagune zu Bang Niang und im Norden geht er in den Landvorsprung des **Coral Cape** (Laem Pakarang) über. Er ist nicht überlaufen und – da weit ins Meer hinein flach – sehr kinderfreundlich.

Memories Beach

Der **weitläufige Sandstrand** mit feinem Sand liegt grad südlich unter der Landspitze des Pakarang Cape an einer Bucht. Der Strand ist ganzjährig ein Paradies für **Surfer** (v.a. aber von Mai bis Oktober) und hat **Surfshops, Skatepark** und ein **Restaurant**. Man kann hier baden oder nur am Strand liegen auf einer der Mietliegen. Wegen der Wellen ist der Strand hier für Kinder und schlechte Schwimmer nicht so geeignet.

Coral Beach

Etwas weiter nördlich beim Coral Beach sollte man Badeschuhe tragen wegen den **Korallenstücken im Sand** und weil es hier Stachelrochen gibt. Bei Niedrigwasser schaut eine ausgedehnte Korallenplatte heraus.

Laem Pakarang (Coral Cape)

Einige Restaurants, Bars und Resorts und (wie man sagt) die schönsten Strände von Khao Lak – das ist Cape Pakarang, der **Landvorsprung im Norden**.

Coconut Beach und White Sand Beach

Die Thailänder nennen die Bucht **Ao Thong**. Nirgendwo ist der Strand so **weiß** und fein, wie hier. Natürliche Vegetation spendet Schatten, vom weitgeschwungenen und langsam abfallenden Sandstrand aus (ebenfalls mit **Korallenstücken** im Sand) kann gut gebadet werden. Es finden sich ein paar Restaurants und Massagestationen und Liegen zu mieten. Selbst in der Regenzeit kann hier gelegentlich gebadet werden, da der Strandbereich durch die Halbinsel etwas geschützt liegt.

Pak Weep Beach

Am Strand hier finden sich **interessante Felsformationen**, die liegenden Hinkelsteinen ähneln. Hervorragend zum Baden geeignet. Der Strand ist nur über einen unbefestigten, etwas holperigen Weg zu erreichen. Das *TUI Mai Khao Lak Hotel* liegt hier, ansonsten ist es ein einsamer, hübscher Strand mit etwas Infrastruktur wie 2 guten Restaurants.

Bang Sak

Im nördlichsten Teil von Khao Lak gibt es Hotels und Restaurants und wenig mehr. Wer abseits von Touristenmassen vor allem Ruhe sucht, ist hier gut aufgehoben.

Bangsak Beach

Auf gut 5 km Länge finden sich hier sehr unterschiedliche Strandstrukturen mit feinem, hellen Sand. Ein großer Teil ist sehr naturbelassen. Einige kleine Restaurants und ein kleiner Markt sorgen für die Bedürfnisse von einheimischen und ausländischen Besuchern.

Happy Beach

Am oberen Ende des Bangsak Beaches liegt dieser Strandteil mit einem einfachen Restaurant. Gutes und günstiges thailändisches Essen mit den Füssen im Sand. Toiletten, Duschen, Liegen und Tourenanbieter. Speziell: man kann hier am Strand freilaufende Schweine treffen. Der Strand ist blendend heller Sand, ins Meer geht es flach hinein, ohne Felsen.
Links neben dem *Le Meridien* und *Graceland Hotel*. DG 8.80315, 98.25838 / GMS N 8°48'11.3", O 98°15'30.168"

Hat Bang Lut / Long Beach

Die nördlichste Bucht von Khao Lak ist mit 6km die längste und reicht bis Ban Nam Khem vor der Insel Ko Kho Khao. Absolut naturbelassen und feiner, heller Sand. Wer einen Strandspaziergang mit Badestopps machen will, sollte genügend Wasser mitnehmen, da sich hier keine Strandbar oder Restaurant findet.

Weitere Strände in der Nähe von Khao Lak für Ausflüge

Sunset Beach, Hapla Beach auf Ko Kho Khao

Die langen goldenen Strände sind der Hauptanziehungspunkt der

Insel. Sehr beliebt ist der Sunset Beach ganz im Norden, der auch ein Restaurant besitzt. Überfahrt mit Autofähre oder Longtailboat.

Koh Pah 🛥

Die kleinste Insel vor Khao Lak, direkt vor Ko Kho Khao. Sie besteht eigentlich nur aus feinem, weißen Sand(strand): eine stattliche Düne, die vor allem bei Ebbe zum Ausruhen einlädt. Ein ruhiger Platz zum Relaxen und vielleicht schnorcheln, wobei die Sicht stark variieren kann. Man kann sie nur via Longtailboat besuchen. Es hat keinen Schatten und keinerlei Infrastruktur.

Khao Na Yak 🛥

Die Khao Lak vorgelagerte lange Halbinsel, die von Thai Mueang bis vor den Tap Lamu Pier reicht, ist das Hausriff von Khao Lak. Sie ist (da schlecht erreichbar) sehr naturbelassen, mit klarem Meer, kilometerlangem, einsamen Sandstrand, gesäumt von strahlend blauem Wasser auf der einen und dichten Pinien auf der anderen Seite. Schwimmen ist teilweise möglich. Schnorcheln und Tauchen vom Strand aus eher nicht, aber es hat ein paar schöne Stellen dafür direkt davor.

Transport in Khao Lak

Fußgänger

Als Fußgänger hat man es nicht ganz einfach in Thailand – und das gilt auch für Khao Lak. Viele Gehsteige sind in schlechtem Zustand, man muss praktisch immer mit Löchern, (halb-) offenen Kanalisationsdeckeln, losen oder hervorstehenden Steinen rechnen. Strommasten, Signalmasten und anderes können mittendrin angebracht sein. Die Gehwegkanten sind ungleichmäßig hoch und häufig einiges höher als in Europa. Beim Laufen ist also Konzentration angesagt und – falls man einen Kinderwagen dabei hat – ist das anstrengender als bei uns, aber meist gut machbar.

Sehr abenteuerlich gestaltet sich **das Überqueren der Straße**. Für uns kommen die Autos grundsätzlich von der falschen Seite und **Fußgängerstreifen** dienen hier anscheinend mehr der Dekoration. Sie sind nur vor den Schulen Pflicht, dort sorgen aber Polizisten und Helfer dafür, dass die Autofahrer anhalten. Ansonsten muss man sich als Tourist bewusst sein, dass das nicht vorausgesetzt werden kann! Vor allem an der Hauptstraße, dem Highway 4, ist wirklich Vorsicht geboten. Es passieren wöchentlich teils schwere Unfälle, deren Ursache häufig die Unachtsamkeit der Touristen ist.

Der Highway 4 ist heute eine **mehrspurige Durchgangsstraße**. Den Mittelstreifen ersetzt ein durchgehender ca. 1 m breiter Grünstreifen mit teils hohen Leitplanken. Das Überqueren der Straße ist dadurch erschwert und nur an bestimmten Orten möglich. In La On vor dem Orchid, wo bisher nur ein Zebrastreifen war, wurde jetzt eine Ampel aufgebaut, ebenso in Bang Niang kurz hinter dem Ortseingang. Man darf hoffen, dass die neuen Ampeln besser beachtet werden als die Fußgängerstreifen.

Amüsant fanden wir den Countdown hier, wann es grün wird. Der Zähler startet, sobald man als Fußgänger den Knopf gedrückt hat. Bei 0 beginnt das Ampelmännchen auf dem Schild zu rennen - und das macht man besser auch. Viel Zeit hat man nicht. Man kommt dann bis zum Mittelstreifen, wo man nochmal drücken muss, denn die andere Seite hat noch Rot!

Taxi und Songthaew

Wer Khao Lak und Umgebung erkunden möchte – aber kein Auto oder Motorrad mieten möchte – ist auf Taxi oder Tourenanbieter angewiesen. Grab oder andere Fahrdienste gibt es in Phang Nga / Khao Lak nicht. Obwohl die Preise in den letzten (20) Jahren angezogen haben, sind sie immer noch moderat genug, dass man sich das gut leisten kann. Taxifahren ist hier im Süden etwas teurer als in Bangkok, dafür werden Touristen auch nicht von Souvenirshop zu Souvenirshop geschleppt oder versucht, sie von der Wunschdestination mit Aussagen wie „Tempel heute geschlossen" (stimmt eigentlich nie) umzuleiten. Die Taxifahrer hier sind zahlreich und im Normalfall freundlich und nicht sehr aufdringlich. Ein einfaches Kopfschütteln reicht, wenn man mal wieder beim Spaziergang angesprochen wird, ob man ein Taxi braucht. Vor den großen Hotels hat es fast immer einen Taxistand, auch (oder vor allem), wenn das Hotel ziemlich abgelegen liegt.

Die meisten Fahrer haben angeschlagene **fixe Preise** für häufig angefahrene Ziele und Strecken. Die Preise sind für bis 2 Personen, mehr Personen zahlen nur wenig mehr dazu, also lohnt es zu "poolen".

Small Sandy Beach Nang Thong Beach

Bang Niang Beach Memories Beach

White Sand Beach Khuek Khak Beach

2 Die Strände von Khao Lak

Für längere Touren gibt es **zwei Preismodelle**, die man (vorher) mit den Fahrern verabreden kann / soll:
- Stundenpreis: Zum Beispiel 2000 Baht für 4 Stunden, danach 500 Baht pro Stunde – abhängig von der Distanz.
- Festpreis für den gesamten Ausflug: z.B. 2500 Baht für die 3-Tempeltour. Im Gegensatz zu vorexistierenden Touren ist hier aber kein Essen, keine Eintritte und meist keine (englisch- oder deutschsprachige) Führung dabei, sondern nur der Transport.

Taxipreise von Khao Lak aus (La On, Bang Niang) 2024
Für 2 Personen, ein Weg. 2 Leute mehr im Taxi zahlen je 50 Baht dazu.

To / Nach	Price (Baht)	To / Nach	Price (Baht)	To / Nach	Price (Baht)
Nang Thong	200	Small Beach	300	Sea Turtle Conservation	450
Bang Niang Markt	150	White Sand Beach	350	Ban Nam Khem Tsunami Memorial	650
Chong Fah Waterfall	350	Happy Beach	450	Suwan Kuha Temple Phang Nga	1200
Sai Rung Waterfall	450	Memories Beach	450	Samet Nangshe	1200
Ton Prai Waterfall	750	Poseidon Beach	450	Khao Sok Ntl Park	1200
Lam Pi Waterfall	750	Pakweep	350	Phuket Airport	1500
Khuekkhak Temple	300	Bangsak	450	Phuket Town	1700
Takua Pa Old Town	750	Khuk Khak	350	Patong, Karon, Kata (Phuket)	1700
Thai Muang	800	Mini Golf	200	Krabi Airport	1700
Tap Lamu Pier	500	Fresh Market	200		
Ko Kho Khao Pier	650	Bamboo Rafting	450	From La On/BangNiang	

Taxipreise (vom JW Marriott in Khuek Khak aus 2025
Preise für 1 Weg, von 1 bis 4 Personen. (= 1 Taxi)

To / Nach	Price (Baht)	To / Nach	Price (Baht)
Khaolak Center (Bang Niang or La On)	300	Ban Nam Khem Tsunami Memorial	700
Bangniang Market	300	Lampi Waterfall	800
Pakarang Beach / Apsara	400	Takuapa Old Town	800
White Sand / Coconut Beach	300	Khaosok National Park Office	1500
Memories Beach / Elephant Home	400	Samet Nangshe Sky Walk	1500
Bangsak Beach	500	Phuket Airport	1500
Sairung Waterfall	500	Krabi Airport	3000
Chong Fa Waterfall	500	Kamala Beach (Phuket)	2500
Sea Turtle Conservation Center	600	Phuket Old Town	2500
Ko Kho Khao Pier	700	Suratthani Airport	3500
Tublamu Similan Pier	700	Pier nach Ko Samui	4500

100 Baht sind etwa CHF 2.60 oder Euro 2.70 (Kurs April 2025). Wir reden hier also nicht von sehr teuren Fahrten - man vergleiche das mal mit den Preisen in Europa.

Songthaew

Songthaew nennt man das hiesige öffentliche Taxi, das auch viele Einheimische benutzen um herumzukommen. Es sind Pickup-Trucks mit zwei Reihen Sitzen hinten auf der Ladefläche, gedeckt mit einem Dach aus einem dünnen Metall (oder Holz) und teils Plastikabdeckungen auf den Seiten. Tagsüber sieht man sie auf dem Highway 4 häufig auf- und abwärts fahren. Wenn man mitwill, signalisiert man ihnen und sie halten an. Man nennt das Ziel und der Fahrer sagt, ob er dahin fährt. Man zahlt vor der Abfahrt, aufgepasst, ob man einen Gesamtpreis für alle verhandelt, oder pro Person. Wenn man unterwegs anhalten will, drückt man den „Buzzer" oder schlägt mit der Hand auf das Dach. Songthaews fahren morgens bis nachmittags als "öffentlicher Transport", abends werden sie zu normalen Taxis. Songthaews die am Straßenrand oder vor dem Hotel stehen, sind normale Taxi - bezahlt wird hier erst nach Ankunft am Ziel. Übrigens: **Tuk Tuks** erfüllen in Thailand denselben Zweck. Dabei handelt es sich um 3-rädrige Motorfahrzeuge, die man in Bangkok und manchen Provinzen findet.

Hotelbus / -transfer

Viele Hotels (vor allem die größeren, abgelegenen) offerieren gratis Transport zu bestimmten Zeiten, zum Beispiel nach Bang Niang – man frage an der Rezeption. Auch der Transport zum Flugplatz lässt sich im Hotel organisieren.
Außerdem bieten einige Restaurants gratis Pickups an, wenn man bei ihnen isst und nicht zu weit entfernt wohnt.

Öffentliche Busse

Thailand verfügt über ein gutes Bussystem, betrieben von der *Transport Company* 🖥 transport.co.th
Man kann Thailand problemlos nur mit dem Bus bereisen: Mit den einfachen Linienbussen, die an jeder Landstraße halten, wenn einer winkt- oder in den gut klimatisierten VIP Bussen mit Schlafsitz. Die VIP Busse können in **Baw Khaw Saw (BKS) Bushaltestellen** gebucht werden. Viele Orte besitzen eine solche Busstation (auch Khao Lak). Die klimatisierten Busse stoppen nur, wenn sie Sitzplätze frei haben oder wenn man Tickets gebucht hat. Es empfiehlt sich deshalb, diese vorab zu kaufen und den Platz im Bus zu reservieren. Die Reservation macht man am besten im lokalen Reisebüro - die Internetseite ist fast ausschließlich in Thai geschrieben.

Der BKS Bus-Stopp von Khao Lak liegt nördlich von Bang Niang hinter einigen Gebäuden an der Khao Wang Road *beim Frischmarkt*. Die Busse hier fahren nach Phuket oder an die Morchit Station in Bangkok und machen auf der Fahrt viele Stopps: bei Takua Pa, Khuraburi, Ranong, Chumphon und mehr. VIP ist ca. 900 Baht, dauert 12 Stunden, First-Class ca. 600 Baht und 13 Stunden, 2nd Class kostet nur ca. 450 Baht und dauert 15 Stunden.
🚆 bksthailand.com

Der Bus-Stopp für die Linienbusse liegt südlich des Khao Lak Beach beim *Tab Lamu Pier*. Die Busse nach Takua Pa und Phuket stoppen hier und nehmen stündlich in jede Richtung Passagiere auf. Nach Takua Pa kostet es 40 Baht und dauert 35 Minuten, nach Phuket kostet es 80 Baht und dauert ca. 1.5 Stunden. Diese Linienbusse zwischen Takua Pa oder Phuket und Bangkok fahren auf dem Highway Nummer 4 durch Khao Lak. Man kann sie überall mittels Handzeichen anhalten und zusteigen.

Die **Eisenbahn** gibt es in Thailand auch, das Netz hat seinen eindeutigen Mittelpunkt in Bangkok - und reicht leider nicht bis Khao Lak. Die nächste Station befindet sich bei Khiri Rat Nikhom in der Provinz Surat Thani - etwas über 2 Stunden Fahrt mit Bus oder Auto von Khao Lak entfernt. Es ist für die Zukunft eine Streckenverlängerung bis Krabi geplant – das kann aber dauern.

Longtailboat

Das Langboot oder Langheckboot (thailändisch Ruea Hang Yao) ist ein typisches südostasiatisches Wassertransport-Fahrzeug. Es ist zwischen 14 bis 18 m lang und nicht breiter als 1.8 m. Am Heck ist ein schwenkbarer Motor montiert. Gesteuert wird das Longtailboat mit der langen Propellerwelle am Motor, Ruder gibt es keine. Langboote finden sich sowohl auf dem Meer als auch auf Seen und größeren Flüssen. Sie dienen als Wassertaxi, Schnorchelstation und zum Fischen.

Fahrzeuge mieten: Auto, Motorroller, Fahrrad

Mit einem Mietfahrzeug ist man flexibel und unabhängig. Wer sich den thailändischen Straßenverkehr (und Linksverkehr) zutraut, dem sei das empfohlen. Motorräder, Motorroller und Autos können in Khao Lak gemietet werden. Wer von zu Hause aus bucht, kann sein Auto gleich am Flugplatz in Empfang nehmen und selber nach Khao Lak hochfahren.

Autos

Mehrere internationale Autovermietungen und ein paar lokale haben Mietstellen **auf Phuket**: *Avis, Sixt, Budget, Hertz, Europcar, Thai Rent a Car* etc. Die meisten haben die Mietstation direkt im oder am Flugplatz. Budget hat zudem in Khao Lak selber eine Station. Im Voraus mieten ist oft günstiger und sie bringen das Auto zum Hotel.
Budget Car Rental: Die Mietstation liegt in Khuk Khak bei der Tankstelle. 💻 budget.co.th

Ich rate dringend davon ab ein Auto am Straßenrand zu mieten, da dies dann ganz sicher privat – und damit nicht versichert ist. Das gilt übrigens auch für private Tourguides und Transfers ohne Zulassung: wenn die mit dem Auto einen Unfall haben, verlassen sie oft die Unfallstelle. Zurück bleibt der Tourist, der dann nicht nur der Polizei erklären darf, wie er in das Auto kommt, sondern auch auf den Folgekosten des Unfalls sitzen bleibt.

Motorroller / Motorfahrräder

Motorroller kann man in den Touristenorten an vielen Stellen mieten, beim Hotel oder Gästehaus selber oder bei Tourenanbietern, vor Souvenirshops, Restaurants etc. Die Preise schwanken je nach Ort und Mietdauer – je länger man sie mietet, desto günstiger wird im Normalfall der Mietpreis. Tagespreise sind etwa 200 bis 300 Baht.

Die meisten Touristen unterschätzen das Risiko, in Thailand mit einem Motorroller oder Motorfahrrad zu fahren. Thailands Verkehr ist unberechenbar bis gefährlich und als Motorradfahrer hat man keine Knautschzone. Unfälle und Verletzungen bei Touristen sind sehr häufig, auch weil sie oft leicht bekleidet und in Sandalen unterwegs sind. Wer keine Erfahrung hat und keinen Führerschein für Motorräder, der sollte das besser auch hier sein lassen. Die meisten

Vermieter werden den Führerschein nicht kontrollieren, aber die Polizei schon. Wer ohne gültigen Führerschein für die korrekte Kategorie Motorfahrräder einen Unfall baut und ins Spital muss, sieht sich oft mit hohen Behandlungsbeträgen konfrontiert und einer Versicherung, die sich weigert zu zahlen (weil man ohne Schein gefahren ist).

5 Star Motor Bike Rental an der 4 Nähe Bang Niang Markt. Der deutsche Expat bietet gut gewartete Roller und dazu Leistungen wie Lieferung ins Hotel, Karten und Apps zur Orientierung. Roller können direkt oder online gebucht werden: 🖥 5-star-motor-bike-rental-khao-lak.business.site
*No.1 Motorbike Rental Khao Lak*s Station in La On an der 4. Buchung vor Ort oder online. Sie liefern ins Hotel.
🖥 no1motorbikerental.com.

Benzin für die Roller wird außer an Tankstellen auch neben der Straße verkauft – die Flaschen mit dem roten oder grünen Inhalt auf den Holzgestellen. Der Preis hier ist ca. 40 Baht pro Liter – damit etwas teurer als an der Tanke und die Qualität nicht immer entsprechend.

Fahrräder / Velos

Fahrradfahren ist eine Freiluft-Aktivität, die einen besseren Einblick in Land und Leben bietet als aus dem Auto heraus. Es ist in der Wärme etwas anstrengender, aber auf den Nebenstraßen lässt es sich angenehm und oft im Schatten fahren. Den Highway 4 würde ich nach Möglichkeit meiden.
Fahrräder eignen sich hier sonst gut, um die Umgebung zu erkunden: Khao Lak selber ist mehrheitlich flach wie der ganze Küstenabschnitt – bis auf den "Berg Lak". Im Hinterland wird es rasch hügelig. Wo es Hügel hat, hat es hier Wald. In Mountainbike-Manier quer durch den Wald zu fahren ist nicht empfehlenswert: hier gibt es häufig Schlangen, so dass auch Thailänder nicht einfach so durchs Gebüsch stapfen oder biken. Auf den Wegen ist es jedoch sicher.

Mietfahrräder gibt es bei vielen größeren Hotels, oder beim lokalen Fahrradhändler und -mechaniker.
Chak Ka Bike an der Hauptstraße 4 zwischen La On und Bang Niang (Meerseite) vermietet Fahrräder ab 100 Baht pro Tag und repariert sie auch.

Songthaew

Hauptstraße 4 durch Khao Lak

Longtailboat

3 Verkehr in Khao Lak

E-Bike Verleih Rental Khao Lak: Neu gibt es wieder einen Vermieter der unterstützten Fahrräder. Er befindet sich in der Nähe des Memory Beach ca. 2 km von der Tankstelle entfernt. Da aktuell nur 6 Bikes vermietet werden, ist es sinnvoll, im Voraus zu buchen. Miete tage-wochen- oder monatsweise. Preise starten in der günstigsten Kategorie bei 250 Baht pro Tag. Die Bikes können zum Hotel gebracht werden. Der Vermieter macht Tourenvorschläge. Kontakt via e-mail und Whatsapp: (in Deutsch, Englisch und Thai) ☏+66 920 927 456 📧 monaplus@hotmail.com, e-bike-khaolak.com

Tipps für die Miete

Wer in Thailand Urlaub macht und einen Mietwagen oder Roller leiht, sollte den richtigen Führerschein dabeihaben. Touristen brauchen den nationalen (deutschen / Schweizer / österreichischen) UND **den internationalen Führerschein**. Seit 2020 reicht der internationale Führerschein von 1986, es muss nicht mehr der von 1926 sein. Achtung: die internationalen Führerscheine sind nur begrenzt gültig (1-3 Jahre). Ab drei Monaten Aufenthalt gilt nur eine thailändische Fahrerlaubnis. Deren Erwerb ist komplizierter, da es dafür Unterlagen wie Aufenthaltsgenehmigung, Arbeitserlaubnis oder Wohnsitzbescheinigung braucht.

Obwohl der (gültige) Führerschein nicht immer vom Vermieter kontrolliert wird: wenn er fehlt, kann das bei Polizeikontrollen oder der Versicherung ein Problem werden. Gelegentlich wird als Sicherheit bei der Miete (auch bei Motorrädern) die Hinterlegung des Reisepasses verlangt. Das sollte man vermeiden. Einerseits, weil der Ausweis bei Polizeikontrollen vorgezeigt werden muss, andererseits weil in einem Schadensfall der Vermieter einem dann wirklich Probleme bereiten kann – man braucht den Pass ja zwingend zur Ausreise. Besser sind Vermieter, die eine Barkaution oder Kaution via Kreditkarte verlangen. Manchmal reicht eine Pass-Kopie: die sollte man vorderhand parat haben.

Versicherungen beim Auto haften für Schäden an Person und Fahrzeug, aber meist nur mit Selbstbehalt von bis zu 50'000 Baht. Fahrzeuge sollte man vor Mietbeginn auf Schäden prüfen und diese festhalten lassen – ansonsten kann es sein, dass man danach dafür bezahlt. Digitalfotos mit automatischer Registration von Datum und Uhrzeit helfen bei eventuellen späteren Forderungen. Pro-Tipp: Notiere immer die Nummer des Versicherers und eine Telefonnummer, unter der man sie im Falle eines Unfalles kontaktieren kann.

Versicherungen bei Rollern gelten nur für Personenschäden, nicht für Fahrzeugschäden – die muss man als Mieter zwingend selber bezahlen. Dafür sind die Reparaturen oft wesentlich günstiger als in Europa.

Ortskarten Khao Lak

Karte 3 Khao Lak Lage der Ortschaften

QR Code und Link zu googlemaps mit den Orten von Khao Lak und den getesteten Punkten: *Lam Kaem & South Beach, La On, Bang Niang, Khuk Khak & Pakarang & Bangsak*:

🖥 google.com/maps/d/u/1/edit?mid=1BeTZmWa11MuLNbSKgnnzXz0pScRRZZA

Bei der Hotelwahl sollte man in Betracht ziehen, was man in den Ferien so will oder braucht. Khao Lak hat zahlreiche Hotels, die über einen über 20km langen Küstenstreifen verteilt sind. Die Infrastruktur der Umgebung (Restaurants, Shops, Taxistände, Attraktionen...) hängt sehr vom gewählten Platz ab - und sollte um unangenehme Überraschungen zu vermeiden - vorher kurz gecheckt werden. Am einfachsten und aktuellsten geht das mit der googlemaps Karte oben. Ohne Netzzugang geben unsere Ortskarten einen Überblick:

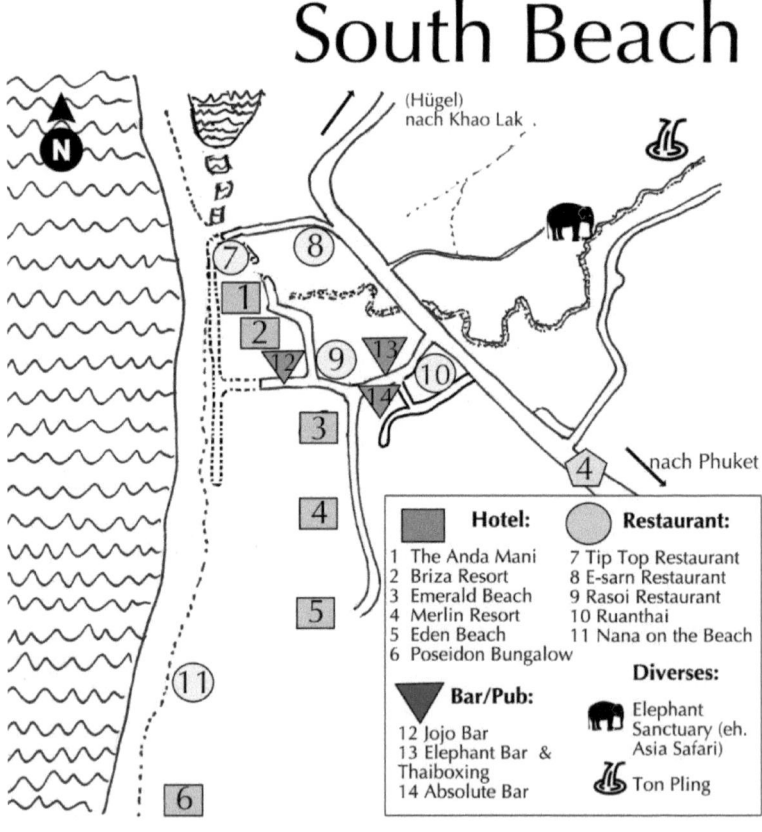

Karte 4 South Beach

Karte 5 Bang La On

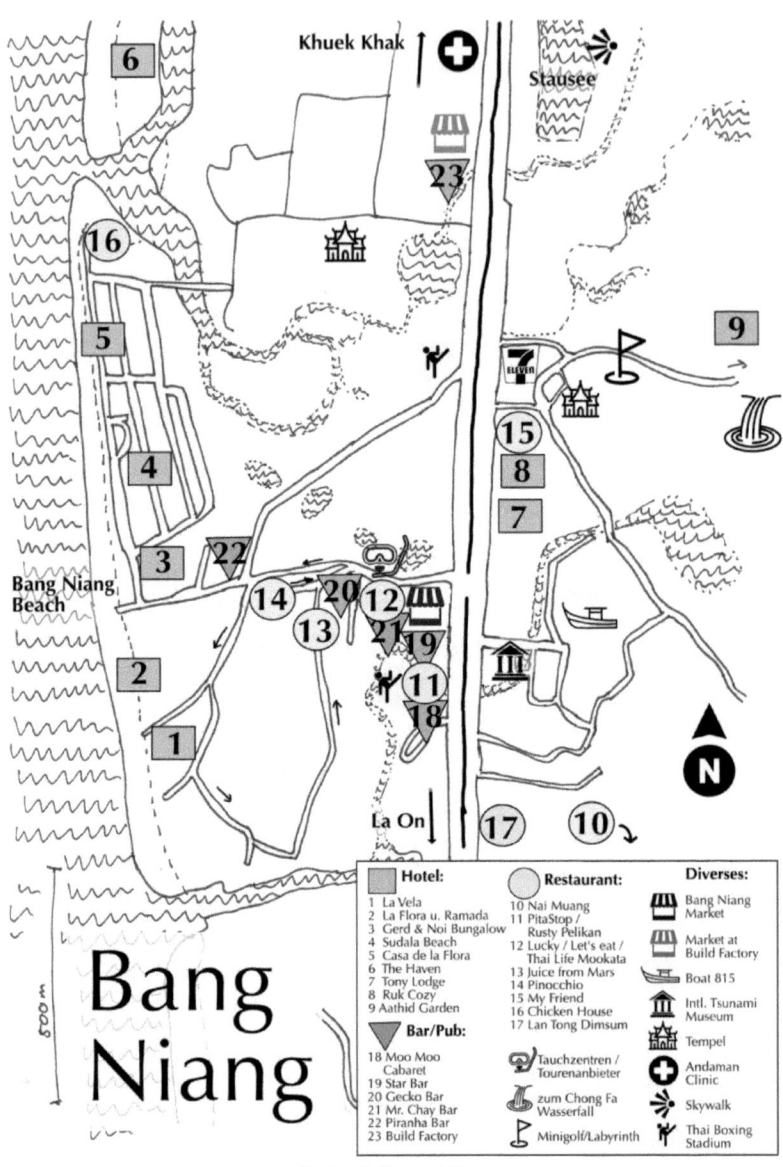

Karte 6 Bang Niang

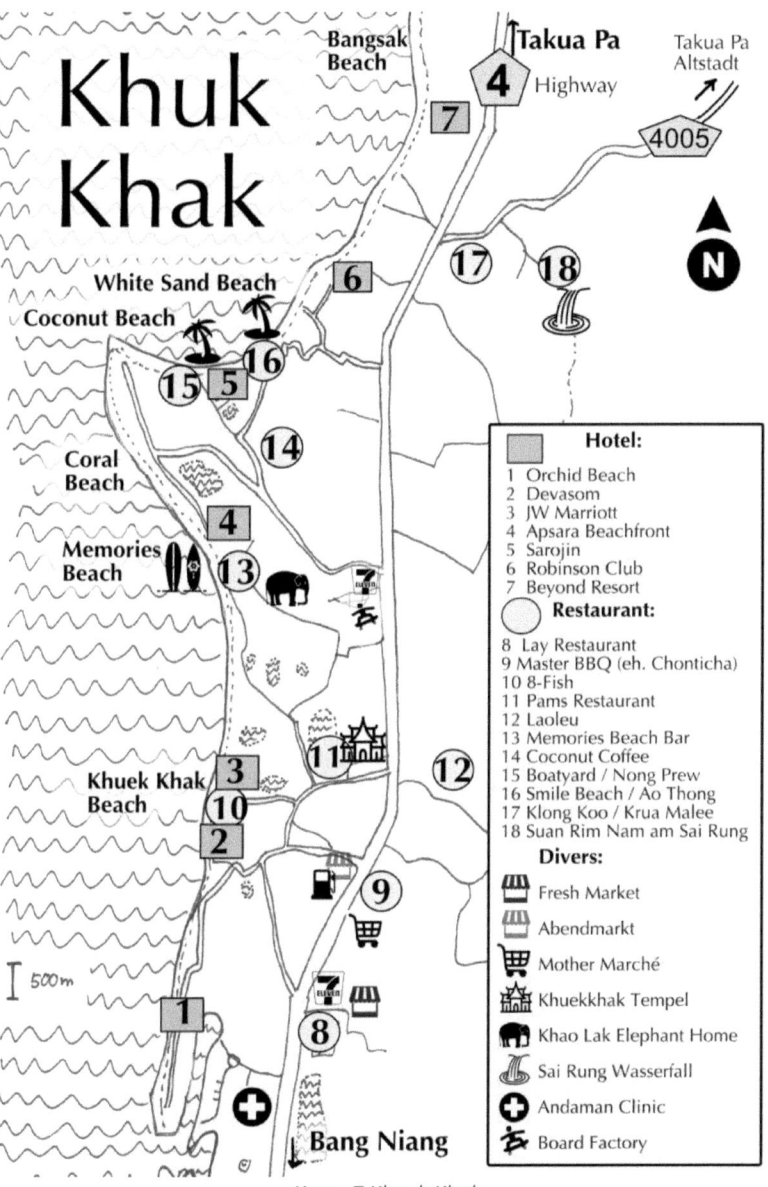

Karte 7 Khuek Khak

SCHLAFEN, ESSEN & TRINKEN, EINKAUFEN IN KHAO LAK

Hotels und Unterkünfte

Grundsätzlich ist es in Khao Lak noch so, dass weniger auf Massentourismus gesetzt wird als weiter unten auf Phuket, aber man kann auch hier All-inklusive supergünstige Angebote bekommen, bei denen man die Hotelanlage nie verlassen muss. Es ist unmöglich hier eine Übersicht – oder eine repräsentative Aufzählung – über die Hotels, Resorts, B&Bs, Bungalows und sonstigen Unterkünfte in Khao Lak zu geben, zu zahlreich ist das Angebot. Eine Buchungsseite im Internet zeigt mir für jeden möglichen Zeitpunkt über 110 Hotels in allen Preisklassen an. Es gibt alles: Vom 5-Stern Luxushotel mit den entsprechenden Preisen von um die 100 Euro (plus) pro Nacht, über gute Mittelklassehotels bis zu günstigen Absteigen oder Backpacker-Hostel, wo man um die 10 Euro (und weniger) einen Platz zum Schlafen bekommt. Es ist für jeden etwas dabei – Hotelzimmer oder Suite mit direktem Poolzugang, Meersicht, Bungalow, kleines Haus für die Familie im ruhigen Hinterland, einfaches Zimmer mit Ventilator statt Klimaanlage für Backpacker oder Taucher, die sowieso die ganze Zeit unterwegs sind und es nur zum Schlafen brauchen. Alles. Es kommt halt drauf an, was man will:

Ein paar Infos zur Entscheidungsfindung:
Die meisten wirklichen **Luxusresorts und großen Hotels** findet man im nördlichen Teil (Khuk Khak, Bangsak). Dazu gehören *JW Marriott, Sarojin* und *Beyond Resort*. Die anderen **5*** Hotels in Thailand entsprechen eher 4* bei uns. Um die oft einsam gelegenen Hotels herum haben sich eigene Infrastrukturen mit Restaurants und Shops entwickelt, wer ins Zentrum will, braucht allerdings Transport.
Kleinere exzellente Hotels finden sich entlang der ganzen Küstenlinie. Der Strand ist hier überall sehr schön und flach ins Meer abfallend (familienfreundlich), auch wenn er in Bang Niang in der Regenzeit oft stark abgetragen wird.
Günstige Unterkünfte findet man eher im Landesinnern in der Nähe des Highway 4. Davon abgesehen sind die Raumpreise am höchsten in Bang La On, günstiger in Bang Niang und am billigsten in Khuk Khak.
Man sollte Google Maps nutzen, um die Lage des Hotels

abzuchecken und nachschauen, was es in der nahen Umgebung hat an fußläufigen Essenmöglichkeiten, Shops oder wie weit es zum Strand ist. Vorsicht: der Highway 4 stellt eine Barriere dar, die oft nicht einfach zu kreuzen ist!

Pro Tipp: Da es in Thailand überall sehr gutes und günstiges Essen gibt, wäre es eine glatte Verschwendung und ein Versäumnis, hier ein Hotel mit all inklusive oder full board zu buchen und alle Mahlzeiten im Hotel einzunehmen!
Das gilt auch für abgelegene Hotels, außer eventuell, man rechnet mit einem täglich hohen Alkoholverbrauch und will neben Hotel, Pool und ev. Strand gar nichts anschauen.
Andererseits: wofür dann dieser Reiseführer?

Beispiele für Unterkünfte und Lage in Khao Lak:

Khao Lak Beach (südlich, ruhig, Strand)

Weiter auseinanderliegende Hotels am Strand, einige Bars, Restaurants und Shops, die meisten an der Nebenstraße zur 4, die zum Strand führt.
- *Khao Lak Merlin Resort* (Kinderfreundlich)
- *Eden Beach Resort* (im afrikanischen Stil)
- *Poseidon Bungalows* (Budget, engagiert)
- *Khao Lak Emerald Beach Resort & Spa*
- *Kalima Resort (eh. Khaolima)*
- *The Anda Mani* (nur Erwachsene)

Bang La On (Hauptort, Entspannt, Strand)

Viele Hotels am Strand oder in Strandnähe. Restaurants, Bars, Shops – die meisten an der Hauptstraße 4, ein paar an den Straßen zum Strand. Viel ist zu Fuß zu erreichen.
- *Sentido (eh.Tui Blue Khao Lak,* eh. Sensimar)
- *Moracea* (5*)
- *Khaolak Bay Front Resort*
- *Khao Lak Laguna Resort* (kinderfreundlich, Straße meiden)
- *Rakkawan Residence* (3*, an der 4, Budget)
- *Kokotel* (3*, am Meer, Surfer Hotspot in La On)
- *Nang Thong Beach Resort* (Bungalowanlage, am Meer)
- *The Sands Khao Lak* (5* kinderfreundlich, große Anlage)
- *X10* (5* kinderfreundlich)
- *La Own Resort* (Bungalows, gleich neben dem X10)
- *Monkey Dive Hostel* (Budget, Taucher, ruhig, landwärts)
- *Jerung Hotel* (an der 4, Budget)

Bang Niang (Zentral, Belebt, Nachtleben)

Restaurants, Bars, Shops – die meisten an der Verbindungsstraße zwischen Nachtmarkt und Strand. Der Strand hier ist nicht der beste, aber dafür ist von den meisten Hotels aus viel zu Fuß zu erreichen.

- *Ramada Khao Lak Resort*
- *La Vela* (modern, 4-5*)
- *La Flora Resort & Spa Khao Lak* (5*, nur Erwachsene)
- *Chongfah Beach Resort* (5*, kinderfreundlich)
- *Gerd and Noi Resort* (Strandnähe, Budget, Nachfolger der ersten touristischen Unterkunft des Ortes)
- *Casa de La Flora* (5*)
- *Aathid Garden* (Budget, persönlicher Resort, Landwärts)
- *The Haven* (5*, auf einer Landzunge, abgelegen)
- *Orchid Beach* (selbe Landzunge)
- *Ruk Cozy Khao Lak* (an der 4, Budget)
- *Tony Lodge* (an der 4)
- *Riverside Guesthouse* (Budget)

Khuk Khak und Bangsak (Strand, Ruhe, Luxus)

Hauptsächlich einzeln gelegene Hotels, etwas abgelegen. Um die Hotels hat sich eine Infrastruktur von Restaurants, Bars, Shops und Taxiständen gebildet hat.

- *JW Marriott Khao Lak* Resort and Spa (5*Luxus mit dem größten Pool in Thailand, kinderfreundlich)
- *The Andamania Resort* (Budget, am Strand)
- *Suthawan Resort* (Budget, zwischen 4 und Strand)
- *Apsara Beachfront Resort and Villa* 5*
- *Coconut Homes* (Bungalows landwärts Nähe White Sand Beach, engagiert)
- *Kantary Beach Hotel* (5*)
- *The Sarojin* (5*, Luxus)
- *Robinson Club* (eh. Pullmann, 5*, kinderfreundlich)
- *Khao Lak Mountain View Bungalows* (in den Hügeln)
- *Beyond Resort Khao* Lak (nur Erwachsene)
- *Bangsak Village* (nur Erwachsene)

Hotel Impressionen, Khao Lak

4 Hotelimpressionen

Restaurants

 Es gibt sehr viele Restaurants in Khao Lak (über 200!), von der kleinen Kneipe bis zum Nobel-Restaurant und sogar einen *McDonalds*, falls man das brauchen sollte. Die hoteleigenen Restaurants sind gut bis exzellent, meist aber teuer €€-€€€. Der Vergleich aus 2025 zeigt, dass man für dasselbe Geld entweder einmal im Hotel oder 4 bis 6 mal außerhalb Essen gehen kann! Man findet in Laufnähe mehr als genug Auswahl und mit dem Taxi kommt man einfach zum Rest. Im Internet finden sich unzählige Empfehlungen, eine Reiseseite (*t-globe Thailand*) hat einmal geschrieben, dass sie für Khao Lak alleine so viele Empfehlungen wie für den ganzen Rest von Thailand erhalten haben. Weshalb? Das Essen ist gut in so ziemlich jedem Restaurant, aber was in Khao Lak heraussticht, ist der wunderbare, freundliche Service, der dafür sorgt, dass die Kunden zurückkommen. Oft wird man Freund mit dem Personal.

Das war bei uns nicht anders. Wir haben anfangs viele Restaurants durchprobiert und sind am Schluss bei Jin hängen geblieben, da sie nicht nur phantastisch kocht, sondern auch so toll mit unserem Junior umging. Sie arbeitete damals in der Phulay Bar in Bang La On, bis sie ein paar Jahre später ein eigenes Restaurant eröffnet hat: Das *Restaurant Sky* zwischen La On und Bang Niang, an der Straße, die zum *X10 Hotel* führt. Es war unser Lieblingsrestaurant - bis es 2021 wegen einer Kombination von Touristenmangel wegen Covid und einem gierigen Vermieter schließen musste. Heute steht dort wieder ein Restaurant, leider ohne Jin, mit der wir immer noch guten Kontakt haben. Wenn sie ein Restaurant an einem anderen Ort wieder eröffnet, gehen wir sicher ihre Kochkünste genießen.

Besucher von Khao Lak finden aber wirklich überall eine Menge guter Restaurants, Bars, Cafés und Garküchen. Wir haben die Empfehlungen zu den Restaurants in den letzten Updates stark erweitert, trotzdem können wir hier nur eine Auswahl bringen, es gibt so viel mehr selber zu entdecken. Das macht wirklich Spaß, da man praktisch überall gut isst und für jedes Budget etwas findet!

In einigen wenigen Restaurants gibt es 2 Menükarten und Preissysteme: für die Einheimischen und für die Touristen. Das ist unschön, aber vielleicht verständlich, wenn man das Lohnverhältnis kennt. Man sollte nur vorsichtig sein, wenn man in einem typischen

Restaurant für Touristen gar keine Speisekarte angeboten bekommt und keinen Einblick auf die Preise der Gerichte hat.

Restaurants in Khao Lak Village (südlich des Hügels) 🍽

Ruanthai Kitchen

Gutes Essen: thailändisch, europäisch, frische Meeresfrüchte, Hot Pan. Günstige Preise und zum Abschluss gratis Obst und ein kaltes Tuch. Gäste loben die authentische, freundliche Atmosphäre. 🚶 An der Hauptstraße gelegen, Nähe Hauptweg zum Strand.

Rasoi Restaurant

Leckeres Essen zu günstigen Preisen. Thailändische und Indische Küche und eine große Cocktailkarte. Freundlicher Service.
🚶 Am Hauptweg zum Meer gegenüber dem Emerald Resort.

Nana on the beach

Klassisch thailändisches Restaurant mit Plastikstühlen direkt am Strand von Khao Lak South Beach. Thailändische Gerichte, Fruchtshakes und Cocktails mit den Füssen im Sand und Blick in den Sonnenuntergang abends. 🚶 Direkt am Strand, neben dem Eden Hotel am Khao Lak South Beach.

Mr. Ju Khaolak Zero Kilometer

Das Restaurant musste in der Corona-Zeit schließen und ist nach einer Zwangspause von 4 Jahren wieder hier. Man kann der Köchin und Team beim Kochen zuschauen und sieht, wie alles frisch zubereitet und hübsch angerichtet wird. 🚶 An der Hauptstraße 4, Strandseite, bevor es den Hügel raufgeht.

Tip Top Restaurant

Das letzte Restaurant, bevor es den Hügel hochgeht. Ebenfalls an der Hauptstraße 4 gelegen, bietet es frisch gekochtes thailändisches Essen zu günstigen Preisen und in etwas größeren Portionen. Bei voller Auslastung kann es zu Wartezeiten kommen.

Weitere Restaurants zum Ausprobieren: *Komols Corner 7, Isan Seafood, Rer Dung Seafood, Mali Restaurant, Sorrento Italian Restaurant*

Restaurants in Bang La On: 🍽

Sun Star Siam

Das kleine, feine thailändische Restaurant bietet schmackhaftes und frisches thailändisches Essen zu einem günstigen Preis-Leistungs-Verhältnis. Man sitzt dabei erhöht über der Hauptstraße auf einer offenen Veranda. Es ist eines der Restaurants, das gerne übersehen wird neben den auffälligeren "Nachbarn", aber Besucher kommen immer gerne hierher zurück. Gratis Wifi. Geöffnet 11-21 Uhr. ☉ +66 81 476 0500. 🅿 Gegenüber dem Laguna Resort an der Hauptstraße 4.

Gold Elephant

Das Restaurant in La On gegenüber des Laguna Resort bekommt regelmäßig gute Kritiken – und es ist einfach zu sehen, wieso: Es ist etwas hochpreisiger, dafür hat es Stoffservietten, einheitliches Mobiliar und Deko (statt den üblichen etwas zusammengewürfelt wirkenden Sachen), zur Begrüßung erhält man ein kaltes Tuch und gelegentlich zeigen sie "Show-cooking" indem sie manches öffentlich flambieren. Das Essen ist thailändisch mit einzelnen westlichen Gerichten, wie Burger. Qualitativ fand ich es das Essen hier etwas arg touristisch verwässert: nicht so gut gewürzt und etwas fad. €€

Phu Khao Lak Thai Restaurant

Einfaches Thai-Restaurant mit günstigem Preis-Leistungs-Verhältnis. Hübsches Ambiente in Gartenanlage vor der zugehörenden Bungalow-anlage. Frühstück möglich.
🅿 Nördlich des Laguna Resorts an der Hauptstraße 4, Landseite.

Qcumber

Das Qcumber Salads & Fruit Shakes ist ein gemütliches, kleines Restaurant, das neben der klassischen Thai Küche Salate und Wraps anbietet. Frische, gesunde Gerichte, bei denen auch Vegetarier und Veganer auf ihre Kosten kommen. Smoothies und Salate werden auf Wunsch zusammengestellt. Alle Gerichte mit Fleisch können vegetarisch zubereitet werden (mit Tofu). Gut für ein spätes Frühstück oder Mittagessen. Der Service ist freundlich. Sie bieten Kochkurse an. €€ 💻 facebook.com/QcumberSaladBar 🅿 La On an der Hauptstraße 4, seit 2024 Landseite, am südlichen Ende (vor dem Hügel Lak).

P'Ann

Authentisch thailändisches Restaurant mitten in La On (gegenüber dem Nang Thong Supermarkt). Von außen sehr unauffällig und einfach eingerichtet – aber viele thailändische Gäste, was ein gutes Zeichen ist. Ausführliche Speisekarte, gut gekocht und faire Portionen zu günstigen Preisen.

Orchid Restaurant

Serviert wird ziemlich authentische Thai Küche und Seafood, zu vernünftigen Preisen 🍴 La On, am nördlichen Ende des Highway 4 gelegen, auf der Landseite.

Jasmine Thai Restaurant

Das Restaurant an der Hauptstraße in La On Richtung Bang Niang besticht durch qualitativ gute Speisen (sowohl Thai als auch Europäisch) und aufmerksamen Service in angenehmem Ambiente. Hinten hinaus hat man Sicht ins Grüne in Richtung Meer. Preise etwas höher, aber im Rahmen. €€
🖥 jasminekhaolak.business.site

Spinach Restaurant

Breite Auswahl an Essen und Cocktails, gutes Preis-Leistungs-Verhältnis. Von Thai Food, Seafood bis Pizza ist alles vorhanden und gut zubereitet. Die Pizza hat knusprig dünnen Boden, das grüne Curry ist spicy, aber gut essbar auch für Touristen. Das Restaurant liegt wie viele an der Hauptstraße 4, man sitzt aber ruhig und angenehm auf der Veranda mit Blick Richtung Meer im Dschungel Setting. An vielen Abenden live-Musik. €€
🍴 La On, an der Hauptstraße ziemlich nördlich des Nang Thong Supermarktes, Meerseite. 🖥 m.facebook.com/Spinachrest

Pizzeria La Piccola Maria

Lang etabliertes Restaurant, die erste italienische Trattoria in Khao Lak. Serviert angeblich die beste Pizza in Khao Lak (aus dem Holzofen) und italienische Spezialitäten (Pasta auch glutenfrei erhältlich). Mini-Weinkeller, die Drinks sonst kommen aus der darüber liegenden *Tarzan-Bar*. €€ 🍴 La On, etwa 50 m nördlich des *Nang Thong Supermarkts*.

PeterPan Pizza Pasta Steak

Italienisches Restaurant in La On an der 4 gelegen. Wer genug thailändisch gegessen hat, bekommt hier Pizza (aus dem Holzofen), selbstgemachte Pasta und Steak (aus Australien importiert) sowie klassische Vorspeisen wie Bruschetta und Tomaten mit Mozzarella oder Caesar-Salad, sowie italienisches Eis zum Dessert. Die Preise (vor allem für das Fleisch) sind definitiv höher als im Restaurant-Durchschnitt hier, aber noch im Rahmen. €€ Essen war gut, der Hauswein kam allerdings aus dem Tetrapack, war dafür aber ok (und korkt sicher nie). Gratis WLAN und hier kann man mit der Karte zahlen.

Lah Own Restaurant

Das zum kleinen La On Resort gehörende Strandrestaurant ist auch Nicht-Bewohnern zugänglich. Es bietet feines und günstiges thailändisches Essen und Cocktails. Eine großartige Alternative zum (teuren) X10 Eigenrestaurant und einfach erreichbar via Strand.

Phu View Restaurant

Restaurant mit schöner Aussicht auf Khao Lak und das Meer. Das höchstgelegene Restaurant hier. Der Weg hinauf ist steil und beschwerlich – und nicht mit allen Fahrzeugen zu schaffen, außerdem sind nur 2 (Auto)Parkplätze vorhanden. Sehr schön und romantisch bei Sonnenuntergang, abends empfiehlt sich deshalb eine Reservierung. Dabei kann man sich vom Restaurant ein Shuttle bestellen, das gratis ist. Das Shuttle nimmt auch die Leute mit, die an der Einfahrt zur Hauptstraße stehen. Die Küche ist thailändisch und günstig. €€ Gratis Wifi. ☎ +66 89 872 2089
🚗 La On, die enge Straße geht etwa 350m nördlich vom *Nang Thong Supermarkt* hoch, das Restaurant ist an der Einfahrt angeschrieben.
DG: 8.6495, 98.25474 / GMS N 8° 38'58.2", O 98°15'17.063"

Weitere Restaurant-Empfehlungen in La On: *Jais Restaurant, Madam Thai Food, Bussaba Thai, The View Restaurant, June Thai Kitchen (beim Alive Market), Amici Italian Bistro*

Restaurants in Bang Niang: 🍽

Nai Muang

Das Nai Muang Restaurant liegt in einer Seitenstraße zwischen La On und Bang Niang und deshalb abseits der Touristenströme. Es ist ein Exot aus verschiedenen Gründen: Die Dekoration aus Metall und alten Gerätschaften und Vintage Möbeln erinnert an die Zeiten, als in der Region nach Zinn geschürft wurde. Die Fassade besteht aus Wellblech. Im Innern wird authentisches Südthailändisches Essen ohne Kompromisse an den Touristengeschmack geboten in einer Qualität, die dem Restaurant mehrere Einträge im Michelin Führer Thailand gebracht hat. Empfohlen ist das Seafood, die Lotus-Suppe und der Thai Ice Tea. Parkplatz hinter dem Haus.
💻 facebook.com/Naimuang.Khaolak

Beyond the Root

Der Ort für vegetarisches / veganes Essen in Khao Lak. Gute und frische Produkte – brauchen halt etwas mehr Zeit für die Zubereitung (vor allem, wenn viele Gäste hier sind), aber es lohnt sich. Umfangreiche Speisekarte mit asiatischen Gerichten wie Curries, Suppen und Frühlingsrollen, aber auch Salate und vegane Burger. Angenehme Atmosphäre und nette Besitzer. Definitiv auch etwas für nicht-Veganer. 🚶 Am Highway 4 zwischen La On und Bang Niang, Hügelseite.

ThaiLife Restaurant & Mookata

Restaurant mit Schweizer Chef, welches europäisches und thailändisches Essen in guter Qualität und in hübscher Umgebung serviert. Man sagt, dass der "thailändische Hot Pot" (Mookata) der in Khao Lak beliebt ist, ursprünglich hier erfunden wurde. Andere Restaurants kopierten das Konzept, aber das Original ist immer noch unübertroffen. Zum Restaurant gehören ein Gästehaus und Bungalows in der Nähe. Der **thailändische Hot Pot** besteht aus einem Tischgrill, in dessen Mitte auf der Kuppel das Fleisch und die Shrimps gegrillt werden und im Rand kocht in der Hühnerbrühe das Gemüse und die Pilze. Beim Bestellen kreuzt man auf einem Zettel an, was man möchte. Ein "Set" für 1 Person besteht aus einer Gemüseplatte und einer Fleisch- oder Fischplatte. Schwein, Rind, Geflügel, Speck, Shrimps oder Fisch. 🚶 An der Hauptverbindungsstraße Bang Niang und Meer, Nähe Bang Niang Markt. 💻 facebook.com/mookatakhaolak

Let's eat

Restaurant mit ungarischem Chef und thailändischem und europäischem Menü. Außer Pizza, Schnitzel, Burger haben sie Gulasch und vegetarisches Langos. Große Portionen und anständige Preise. 🚶 In Bang Niang, an der Straße, die vom Markt an den Strand führt, auf der südlichen Seite.

Lucky Restaurant

Das schwedisch-thailändische Inhaberpaar serviert in ihrem Restaurant thailändische und skandinavische Gerichte. Breites Menü, an europäische Gaumen angepasst. Bier (Chang) vom Fass in eisgekühltem Henkelglas. Bunt gemischte Besucher. 🚶 In Bang Niang, an der Straße, die vom Markt an den Strand führt, auf der südlichen Seite. 💻 facebook.com/Lucky-Restaurant-SeaThai-European-food-292717934081497

Noi Bar und Restaurant

Das kleine, klassische Restaurant findet sich in Bang Niang, etwas abseits der Straße zum Strand (hinter dem Pinocchio) und gegenüber dem neuen "Local Market" hier. Feines thailändisches Essen, kalte Getränke und sehr aufmerksame und freundliche Besitzer (auch wenn die Bedienung nicht so gut Englisch kann). Billardtisch und großer Bildschirm, Musik oder Live-Musik vom Markt daneben – der eigentlich mehr so etwas wie einen Dorfplatz darstellt.

Chicken House Restaurant, Bar and Massage

Ein Restaurant direkt am besten Strandteil von Bang Niang, ganz im Norden, an der Lagune. Essen mit den Füssen im Sand oder auf Rasen unter einem Zeltdach und auf Plastikstühlen. Günstiges, typisch thailändisches Essen, serviert von engagierten Frauen. Sie vermieten Liegen und es gibt Massageplätze.

Pita Stop

Seit 2021 servieren Mike und Frau hier Pitas, Falafel, Gyros, griechischen Salat, frittierte Zwiebelringe und mehr. ⊕ 12-23 Uhr. Man kann nun klimatisiert im Innenraum sitzen und essen. Alkoholhaltige Drinks kommen aus der benachbarten *LGBTQ Meeting Point Bar*. 🚶 Neben dem Bang Niang Markt an der Hauptstraße. 🖥 facebook.com/PitaStopKhaolak

Wonderland Bar & Restaurant:

Liebevoll eingerichtetes Restaurant mit engagiertem Personal, abwechslungsreichem Essen und guten Cocktails. Organisieren auch Ausflüge und Kurse wie Kochkurse, Töpfern. 🚶 an der Haupt-Verbindungsstraße in Bang Niang. 🖥 facebook.com/WonderlandKhaolak

My Friend Restaurant and Bar

Sehr gutes thailändisches Essen zu günstigen Preisen. 🚶 300m nördlich vom Lichtsignal in Bang Niang auf der landwärts gelegenen Seite.

Aathid Garden Restaurant

Kay Erdmann betreibt seit Covid das hoteleigene Restaurant. Es ist inzwischen Treffpunkt für deutsche Besucher. ⊕ Montag und Dienstag (ev. häufiger in der Hauptsaison). Es gibt immer wieder mal feines Thai Country Style BBQ mit Crispy Pork oder halbem Hendl (Anmeldung empfohlen). 🖥 aathid-garden-khaolak.com ☎+66 861 005 457 /Kays Youtube-Kanal über Khao Lak: KayinThailand

Blue Sky Restaurant - Blauwe Hemel

Restaurant auf halbem Weg zum *Chong Fa Wasserfall*. Ruhige Lage, modern gebaut, auf dem Hügel mit Aussicht auf die nähere, grüne Umgebung. Thailändisches und internationales Essen: es gibt auch Krokodilsteak oder Makkaroni. Guter Zwischenstopp für ein Mittagessen, wenn man den Wasserfall besucht. Etwas teurer.
DG: 8.67998, 98.26873 / GMS N 8°40'47.928", O 98°16'7.428"

Qin Ai Restaurant

Neueröffnetes chinesisches Restaurant für Mittag- und Nachtessen, Spezialität Hot Pot. Man setzt sich, wählt 1 oder 2 der 8 Suppenarten und das Essen zum darin kochen kommt via Laufband direkt vor einem (Gemüse, Fleisch, Fisch, Pilze, Dumplings etc.). Man hat verschiedene Saucen zum Dippen zur Wahl, Früchte und Eiscreme fahren auch an einem vorbei. Man hat 90 Minuten zum Essen für nur 285 Baht. Aktuell hauptsächlich einheimische Besucher. 🍴 An der Hauptstraße 4 zwischen Bang Niang und Stausee auf der Landseite. Neben dem Relax Time.

Weitere Restaurant-Empfehlungen in Bang Niang: *Loma Restaurant* (gehört zum Tauchshop), *Coco* (modern, westlich), *Flavours of India* (Indisch), *Siam, Takiang*

Restaurants in Khuk Khak: 🍽

Master BBQ buffet (eh. Chonticha BBQ)

Thailändischer Hot Pot. Das Essen ist günstig (all you can eat), man kann man es sich selbst zusammenstellen und dann am Platz im Hot Pot kochen. Der Hot Pot (hier aus Metall) wird am Tisch über Kohle gestellt, im Rand kocht die Suppe und auf der erhöhten Mitte kann man das Fleisch und die Meeresfrüchte grillen. Die Zubereitung der Suppe und des Fleisches braucht etwas Zeit, die man sich hier unbedingt mitbringen sollte. Um dem Hauptandrang zu entgehen empfiehlt es sich schon um 5 Uhr dort zu sein. 🍴 Khuk Khak, etwa 300m südlich der Tankstelle am Highway 4.
DG 8.69109, 98.25392 / GMS N 8°41'27.924", O98°15' 14.111"

Ojoei Sushi & Izakaya

Sushi und japanisches Essen wie Ramen, Gyoza. Sehr frisch, erstklassige Zutaten. Japanisches Dekor. Oft voll belegt, deshalb dauert der Service eventuell mal etwas länger. Essen bestellen und bezahlen elektronisch via Handy möglich - zumindest für Thailänder. Preise sind etwas teurer, aber der Qualität entsprechend. 🍴 An der Hauptstraße 4, Landseite, kurz vor dem Abzweiger zum Khuk Khak Tempel und JW Marriott. 📧 facebook.com/ojoei.sushi

Pam's Khao Lak

Pams Restaurant-Philosophie geht auf: Koche das Essen, wie wenn du für deinen besten Freund kochst. Frisches Essen und Drinks in gepflegter und gemütlicher Garten-Atmosphäre. Meeresfrüchte, Cocktails, frische Fruchtshakes, Kaffee, Eis und hausgemachte Desserts. Pam kümmert sich persönlich um die Gäste. Wöchentliche Veranstaltungen wir BBQ Abende und Live Musik. Privatabteil im Restaurant für Gruppenreservationen, sie

passen Menü und Service entsprechend an. Take away und Lieferservice. Kochkurse. Taxi-Service. €€. Reservation unter +66852118725 (Whatsapp oder Facebook-Messenger) vor allem ab 18.00 Uhr empfohlen.
🍴 An der Straße zum Marriott gelegen, hinter dem Khuk Khak Tempel, etwa 2 km außerhalb des "Zentrums" von Khao Lak. 🖥 facebook.com/Pams.Thailand

Phens Restaurant

Rechts neben dem *JW Marriott* gelegen und via Strand vom Hotel aus erreichbar - ist das Restaurant aufgrund seiner Lage sehr vom großen Hotel nebenan abhängig. Es ist kein Strandrestaurant (es liegt etwa 100 m zurückversetzt) und bietet eine einfache, günstige und dennoch feine Abwechslung von den teuren Hotelrestaurants. Die Atmosphäre ist freundlich, familiär, das Essen (thailändisch und kinderfreundlich) war gut. Neben dem Restaurant sind Massageliegen.

Laoleu Restaurant:

Sehr schön gemachtes, typisch thailändisches Restaurant an hübscher Lage am kleinen Fluss, etwas im Hinterland. Eine lange Holzbrücke führt zum rustikalen Restaurant mit Terrasse und Aussicht. Feines, noch original-thailändisches Essen (kann echt scharf sein, wenn man das wünscht) und lokale Spezialitäten wie spezielle Muscheln, Salat mit Lotus, Softshell-Krabben. Nicht ganz einfach zu finden – aber den kleinen Ausflug wert.
🖥 facebook.com/Chanakanmay999 🍴 Hinterland von Khuek Khak beim Rawai Muay Thai Stadium. DG 8.69953, 98.26428 / GMS N 8°41'58.308",O 98°15'51.407"

Kurarommai Khao Lak

Das typisch thailändische Lokal hat vorwiegend thailändische Gäste und bei unserem Besuch 2025 noch keine Speisekarte auf englisch. Dafür hatten sie Bilder ihrer Gerichte auf dem iPad. Außer den Klassikern wie Curries und Suppen gibt es hier exotischeres wie Pfeilschwanzkrebs. Das Essen ist frisch, die Lokalität einfach, aber sehr sauber. 🍴 Khuk Khak an der Hauptstraße 4, Landseite, Zwischen der Board Factory und dem Abzweiger zum Memories Beach.

Memories Beach Bar

Mehr als eine einfache Strandbar: Restaurant, Bungalows und Aktivitäten wie Volleyball, Lektionen in Surfen, Thaiboxen, Thai Kochkurse, Vermietung von Ausrüstung. Serviert wird traditionelles Thai Food und Barfavoriten wie Salate, Burger, Pasta und gegrillter Fisch und Fleisch. Falls das eigene Hotel kein „Private Dinner" am Strand anbietet, kann man dies hier buchen: Festgelegte Menüs ab 2800 Baht pro Pärchen, inklusive Cocktails, Vorspeise, Hauptgang, Dessert, Flasche Rot- oder Weißwein, Himmelslaterne.
Kontakt: ☏+66 93 578 5846, 🖥 memoriesbar-khaolak.com

🍴 Im Norden des Khuk Khak Strandes, knapp bevor man Pakarang Cape erreicht. 200 m nach der Tankstelle biegt man vom Highway 4 ab, etwa 2.5 km bis zum Strand. Oder man parkiert beim *Apsara Hotel* und läuft links über die Brücke. DG: 8.71976, 98.23473 / GMS: N 8°43'11.136", O 98°14'5.027"

Klong Koo Restaurant

Kleines einheimisches Restaurant an interessanter Lage: man sitzt mitten im Wald, im Bach mit den Füssen im Wasser. Gut für Mittagsessen oder einen Snack zwischendurch – nicht ganz optimal für Abendessen, da mit der Dämmerung viele Mücken kommen können. Auch so sollte man Mückenschutz nicht vergessen. ⏰ ca. 11-18 Uhr – abends haben sie wegen der Mücken oft nicht so lange geöffnet. Sonntags hat es viele Einheimische, die hierher zum Essen kommen. Das Essen ist thailändisch, einfach. Kontakt: ☎+66 87 883 3247 🍴 Khuk Khak, in der Nähe / auf dem Weg zum Sai Rung Waterfall. DG: 8.74765, 98.26759 / GMS: N 8°44'51.54", O 98°16'3.323"

MaMa Mr. Lek Restaurant

Am **Pakweeb Beach** gelegen. Der Weg zum Strand und Restaurant ist unbefestigt, aber mit dem Auto oder Motorrad zu schaffen. Daneben liegt nur das TUI Hotel. Das Restaurant liegt mit Sicht aufs Meer am Strand hinter einem kleinen Flüsschen, über das eine einfache Holzbrücke zum Sandstrand führt. Es hat Massage-häuschen, Tourenangebote (*Friendly Tours*), gratis WLAN, gratis Strandliegen bei Restaurantbenutzung. Alles was man braucht für einen Strandtag also – und absolut nicht überlaufen. Das Restaurant war fein, sie haben ebenfalls Frucht-Mojitos, die grösser (und günstiger) sind als in den Restaurants in Bang Niang. Den Sonnenuntergang kann man sehen, er liegt aber hier etwas "um die Ecke", dazwischen liegt ein kleiner Landvorsprung mit Bäumen und Felsen.

Weitere empfehlenswerte Restaurants im Norden von Khao Lak: River Garden Restaurant (an der 4, Nähe Sairung), *Chill Lay Restaurant* und *Krua Thai* (Pakweep Beach), *Be Friend Restaurant* und *Lomlay Seafood, Kates Kitchen* (Bangsak Beach), *Casablanca Deli*: im Hinterland von Khuk Khak, mit Streichelzoo, *Yen Ta Fo Ka* (noch weiter im Hinterland, typisch thailändisch)

Märkte: Nachtmärkte und Sonntagsmärkte

Auf allen Märkten, speziell dem **Markt bei Bang Niang** gibt es (wie für Thailand üblich) viele Möglichkeiten an Essen zu kommen – hier auch etwas für Experimentierfreudige. Wer keine frittierten Insekten oder knusprige Schweinehaut versuchen möchte, gönnt sich etwas Traditionelleres, wie Saté-Grillspieß oder Stir-Fry.

Garküchen

Thailands Küche ist nicht nur mit zahlreichen Restaurants in unterschiedlichen Kategorien und Preisklassen vertreten, sondern auch in unzähligen **mobilen Garküchen**. Man findet sie selbst in den kleinsten Orten, da viele Thailänder auswärts essen. Die Qualität dieser Miniküchen steht oft den großen in nichts nach. Vor allem, wenn man viele Einheimische dort kaufen oder essen sieht, kann man sich sicher sein, dass es schmeckt. Besucher sind nicht nur Durchschnittsbürger, auch Bankangestellte, Polizisten oder Wohlhabendere essen hier, oder lassen sich etwas einpacken. Man findet diese Imbisse in Nebengassen, vor Tempeln, Haltestellen und Touristenattraktionen sowie Märkten. Speisekarten fehlen häufig, gelegentlich hat es keine Stühle oder Tische. Zum Aussuchen deutet man auf die gewünschten Speisen, oft kann man vorher etwas probieren. Die Auswahl reicht von gekocht (Curries und Reisgerichte) über gegrillt (diverse Spießchen) bis zu solchen, die nur Süßes anbieten wie Pfannkuchen, Kokosmilch-Reismehlbällchen, Früchte etc. Wer wissen will, ob etwas scharf ist, frage nach „pät mai?". „Mai pät" ist nicht scharf, bei „pät pät" ist Vorsicht angesagt. Die meisten Eigentümer achten peinlich auf die Sauberkeit, aber auch dann entspricht die sicher nicht unserem westlichen Hygienestandard. Gut ist, dass Fleisch, Fisch und Gemüse in den Garküchen durchgekocht oder gebraten werden – und Kritisches wie rohen Salat kennt man in Thailand so nicht. Vorsichtig muss man mit Eiswürfeln in Getränken sein, wobei die mit den Löchern drin eigentlich sicher sein sollten. Im Zweifelsfall verzichtet man besser auf diese Getränke (serviert gelegentlich im Plastikbeutel) und nimmt eine Flasche oder Dose. Wir haben schon in diversen Garküchen gegessen – ohne negative Nachwirkungen. Meist war das Essen einfach, aber wirklich gut und schmackhaft, die Portionen vielleicht nicht riesig, dafür aber supergünstig.

Kaffee und Kuchen (und Frühstück)

Hier ein paar Orte, wo man in Khao Lak guten Kaffee, Gebäck oder ein Frühstück bekommt, falls man im Hotel keins hat (oder es verpasst hat). Viele normale Restaurants öffnen später. Manche der Kaffees sind aber länger offen: online Zeiten checken!

Pro-Tipp: Frühstück zum Mitnehmen: Jeder Hotelgast, der an einer frühmorgens startenden Tour teilnimmt, die eher startet, als das Frühstück im Hotel serviert wird, hat die Möglichkeit und das Anrecht, sich am Abend vorher an der Rezeption eine kostenlose Frühstücksbox zu bestellen!

In Nang Thong / La On

Delicacy Khaolak

Süßes, stilvolles Café mit frischen Blumen, die sie auch verkaufen. Etwas für die Instagrammer. Es gibt selbstgebackenes Gebäck, Café für Frühstück und Brunch. Geöffnet bis Abends. 🍴 Nähe McDonalds gelegen, auf der gegenüberliegenden Straßenseite.

Kinaree Bakery Souvenir

Einer der wenigen Plätze in La On für ein leckeres Frühstück, Café, aber auch Essen sonst (mittag- oder Abend). Sie servieren den besten Cappuccino in Khao Lak. Frisch renoviert, freundliches Personal. Offen von 8.30 - 21.30 Uhr. 🍴 La On an der Hauptstraße 4, gegenüber vom Nangthong Supermarkt.

The Eight Room Café

Das bekannte Mata Café existiert weiter im "The Eight Room by Mata Café". Leckerer Käsekuchen und Eiscreme, dazu Kaffeespezialitäten und Shakes. Außen modernes Holzhäuschen, innen schnuckeliges Dekor. Garten zum draußen sitzen hinter dem Haus. Gern besucht von Thailändern, trotz etwas höherer Preise. Geöffnet 10-19 Uhr.
🍴 La On, An der Hauptstraße 4 ziemlich nördlich aber vor der Einfahrt zum The Sands Hotel auf Meerseite. 💻 facebook.com/TheEighthRoom ☎ +66 80 875 8411

Vallhalla Villas & Teahouse

Neues, modern eingerichtetes Café. Auf dem Hügel gelegen mit phantastischer Aussicht durch große Rundbogenfenster auf das Meer und den Nangthong Strand. Das Menü enthält mehr Tee als Kaffeesorten, dazu Snacks und Getränke. Preislich teurer. 9-18.30 Uhr geöffnet. Achtung: Keine Parkplätze! 💻 valhallakhaolak.com

Duo Coffee

Kaffeespezialitäten und Süßes in Puppenhaus-kitschiger Atmosphäre. 🍴 La On an der Hauptstraße eine Querstraße südlich des Eight Room Café. 💻 facebook.com/pages/Duo-Cafe-Khaolak/128427524004721

In Bang Niang

The Bistro

Selbstgemachtes Brot, Baguettes, Sandwiches, Joghurt mit frischen Früchten, Smoothies, Müesli, selbstgemachter Fleischkäse. Wem der Sinn nach einem europäischen Frühstück steht, ist bei den Inhabern (Schweiz-thailändisches Pärchen) richtig. Geöffnet 8 - 15 Uhr.
🚶 Mitten in Bang Niang an der Straße vom Markt zum Meer.

Juice from Mars

Nach der bekannten Mars Bar, hat der englische Inhaber Mars (Marcel) einen neuen Shop eröffnet, wo er Kaffee, frische Säfte und Smoothies sowie leckere Sandwiches aus selbstgemachtem Brot und hausgeräuchertem Fleisch anbietet. Täglich 10-18 Uhr geöffnet. 🚶 Bang Niang, an der Straßenkreuzung der Einbahnstraße zurück zur Hauptstraße 4. 💻 facebook.com/Juice-From-Mars-1377710149023920

Jack & Cherry Bar and Café

Von Frühstück (ab 9.30 Uhr) bis Drinks Abends. Sympathische Betreiberinnen, feine und günstige Cocktails (Frucht Mojitos!) und Snacks. .
🚶 Direkt neben dem Bang Niang Markt an der Hauptstraße 4 (Richtung Khuk Khak).

Lan Tong 333 Dim Sum

Frühstück mal anders: Asiatisch. Dim Sum sind kleine chinesische Gerichte mit Fisch, Geflügel, vegetarisch oder süß. Die Speisen sind in kleinen Bastschalen arrangiert und werden im Heißdampf fertig gegart. Nur morgens geöffnet. Günstige, feine Auswahl an frischen Dim Sum und Suppe. Die ausgesuchten Dim Sum werden gedämpft und an den Platz gebracht. Dazu gibt es Eistee oder Getränke vom fahrenden Shop. 🚶 Ortseingang Bang Niang an der 4 Richtung La On. 300m südlich vom Polizeiboot.

In Khuk Khak / Pakarang

Oceanpana Bakery Café:

Mitten in Khuk Khak gelegen an der Straße zum Devasom und Andamania Hotel. Schickes französisch-schweizerisch inspiriertes Café mit feinen Getränken und Backwaren. Essen zum Mitnehmen oder dort essen: innen und im Garten. 💻 facebook.com/OceanpanaBakeryCafe

Coconut Homes & Café

Wer im Norden von Khao Lak untergekommen ist, findet hier in der Nähe des Coconut Beaches ein kleines, sauberes Resort mit eigenem öffentlichem Café mit hausgemachtem Kuchen auf deutsche Art, feinen Kaffeespezialitäten und Snacks. Vielleicht etwas abseits vom Schuss, dafür ruhig, idyllisch und sehr geeignet als Zwischen-Stopp auf einem Ausflug. Inhaber Franky hat das Resort hat nach dem Tsunami wieder aufgebaut: zurückversetzt vom Strand und mit eigenem Rettungsturm. DG: 8.72826, 98.24221, GMS: N 8°43'41.736" O 98°14'31.956"

Weitere bemerkenswerte „Kaffee-Stopps" außerhalb:

Hug Kapong Coffee – süßes Kaffeehäuschen bei Kapong.
Plai Wa – Kaffehaus inmitten eines kleines Sees bei Kapong
Dredger Café: Kaffee oben auf dem Bangmara Hill bei Takua Pa mit Aussicht.
Burong Café Takua Pa – Haustiercafé mit Papageien-Voliere.
360 Degree Coffee – Andaman Viewpoint Sky Crane: Essen, Trinken, Aussicht und Mini-Wasserpark Richtung Phuket
Tree Cups Phang Nga Coffee – ein Kaffee auf einem Baum unten bei Phang Nga.

Privates Dinner am Strand

In Restaurants direkt am Strand hat man in Khao Lak wegen der Lage nach Westen am Abend immer Sicht auf den Sonnenuntergang. Aber: wer etwas Spezielles will, der schaue, ob sein Hotel ein Privatdinner am Strand anbietet. Es gibt wenig Romantischeres als ein feines Essen bei Sonnenuntergang, mit Wellengeräuschen und die Füße im Sand. Und es ist oft günstiger als man denkt! Etwa so viel, wie ein gutes Restaurantessen zu Hause – nur hat man da all die Extras nicht dabei. Diese Hotels bieten Private Dinner an – auf Nachfrage auch für nicht eigene Gäste: *JW Marriott, La Vela, The Sands.* €€€
Ebenfalls Private Dinner at the Beach (etwas günstiger als in den Hotels) bietet das *Memories Bar und Restaurant* am Memories Strand.

Kerzen-Dinner beim Wasserfall im Regenwald:

Im *Sarojin* haben die Hotelgäste die Möglichkeit, ein Privatdinner bei Kerzenschein am Wasserfall zu buchen. Alles in allem ziemlich teuer – aber sicher ein einmaliges Erlebnis. €€€

Viel günstiger und für jeden erhältlich ist das Dinner ab 18 Uhr mitten im Dschungel beim Wasserfall nach vorheriger telefonischer Buchung beim *Suan Rim Naam*, dem kleinen Restaurant direkt beim Sai Rung Waterfall. (☏+66 89 971 5630, englisch sprechend). Das Restaurant ist sonst von 8-18 Uhr geöffnet.

Sunset Dinner Cruise

Schifffahrt auf dem Meer vor Khao Lak mit Nachtessen bei Sonnenuntergang. Entweder als Gruppe (bis 15 Personen) oder als Privatboot. Aloha Khaolak bieten tagsüber auch Schnorchelausflüge. Preise ab 2900 Baht für Erwachsene, 1300 Baht für Kinder.
Kontakt Tak via Whatsapp ☏+6681 737 5413, alohakhaolak@gmail.com
💻 facebook.com/profile.php?id=100047635757109

Thai Kochkurse

Man kann hier bestens selber thailändisch kochen lernen. Bei einigen Ausflügen gibt es Show-Cooking oder Kochdemonstrationen typisch thailändischer Gerichte, wie Pad Thai, Papaya-Salat und Tom Kha Gai sowie diversen Curries. Viele Hotels bieten Kochkurse an – das Gekochte wird danach gemeinsam gegessen.
Wer es persönlicher mag und vielleicht noch etwas mehr über das Kochen in Thailand erfahren will (zum Beispiel, wo man die Bestandteile herbekommt und worauf man bei den Zutaten achten muss), bucht einen privaten Kurs im Lieblingsrestaurant (wo vorhanden) oder zum Beispiel hier:

Pa Kin Na Ka Thai Cooking class. Auch *Pakinnaka Cooking Class* Ab 2 Personen durchgeführt. Morgens oder nachmittags. Inklusive Rund Trip Hotel-Markt-Kochschule, Markt-Tour, drei Gerichte, Essen und Trinken. 💻 khaolakcookingclass.com ☏ +66 88 760 0767
Pui Cooking: Inklusive Hotel-pickup, Marktausflug, 3 Gerichte und Getränke. 💻 puicooking.com, ☏+66 86 281 5103
Khaolak Thai Cooking Class by Ann, Kurse in deutsch, englisch, thai und schwedisch. 💻 annkhaolak.com ☏ +66 87 908 0289
Ning in Khao Lak Cooking Class: Ning führt einen erfolgreichen Videokanal und bietet Kochkurse an. 💻 facebook.com/people/Ning-in-Khao-Lak/100068285378071
Pams Restaurant&Cooking Class: Pam führt nicht nur ein feines Restaurant, sie bringt auch anderen das Kochen bei. 💻 facebook.com/Pams.Thailand

Jungle Cooking Class von Discovery Khao Lak: Kombination von einem Ausflug in den Khao Sok und kochen im Dschungel
- discoverykhaolak.com/tours/packagetours/khao-sok-jungle-cooking-class
Riverside Thai Cooking Class: von Apple, (deutsch/englisch) - riversidethaicooking.com
Suchanyas Kochkurs Khaolak Einzelpersonen 1700 Baht, Gruppen pro Person 1500 Baht inklusive Abholung. Kontakt Whatsapp +66 651616353
- facebook.com/profile.php?id=61571336795395 / sites.google.com/view/suchanyas-kochkurs

Foodie Culture Tours

Foodie Culture Tours sind Ausflüge für Essenliebhaber. Die etwas andere Art, die Umgebung von Khao Lak zu erkunden, kombiniert mit der Möglichkeit in Kontakt mit lokalen Leuten zu kommen und die thailändischen Spezialitäten kennenzulernen. Zum Beispiel die Tour: Local food tasting at hidden Takua Pa. Für 2500 Baht pro Person startet man ab 15 Uhr im Hotel, fährt nach Takua Pa und lernt bis am Abend das Essen kennen – von der Herstellung bis zum Probieren, von Fingerfood über Streetfood, Curries, Suppen, Meeresfrüchte etc. Takua Pa ist bekannt für seine chinesischen Bewohner, das spiegelt sich beim Essen wieder. Die Touren können an spezielle Diäten angepasst werden (glutenfrei, Allergien etc.). Kontakt: - foodieculturetours.com ☎+66 88 760 0767

Mealdropper

Essen liefern lassen geht auch in Khao Lak. *Mealdropper* ist ein Lieferservice mit Bestellung via App (für iOs und Android) oder Webseite: - mealdropper.com
Sicher nicht meine erste Wahl, um an Essen zu kommen bei so vielen Restaurants mit freundlichem Personal, aber eine Möglichkeit für Notfälle, wenn man zum Beispiel krank nicht aus dem Hotel kommt. Eine Vielzahl lokaler Restaurants hat sich inzwischen angeschlossen.

Laoleu Restaurant — Klong Koo

Private Dinner — Phu View Restaurant

Nai Muang Restaurant — Pams Restaurant

5 Restaurants und Essen

Cannabis und CBD

In Thailand gab es in den letzten Jahren Lockerungen in Bezug auf Cannabis. Seit 2018 durften Ärzte und Forscher Cannabis für medizinische Zwecke verwenden und erforschen. 2020 erlaubte ein weiteres Gesetz Thailändern bis zu sechs Cannabis-Pflanzen zu Hause anzubauen, um sie für medizinische Zwecke zu nutzen. Im Juni 2022 wurde Anbau und Konsum von Cannabis ganz entkriminalisiert. Bis dahin war der Gebrauch von Cannabis zu Freizeitzwecken in Thailand illegal und wurde sehr streng bestraft. Nun zeigt sich das Land von der liberalen Seite und profitiert von den Steuern und Einnahmen, die diese Produkte generieren. Auch wenn der Fokus immer noch auf der "medizinischen Anwendung" liegt, wird die Pflanze nun offen zum Kochen und in Lebensmitteln verwendet, als Kosmetika, Zusatz bei Massageölen etc. Auch zum Rauchen wird es angeboten. Es gibt dennoch Einschränkungen: Alle Angebote dürfen nur von Kunden ab einem Alter von 20 Jahren in Anspruch genommen werden und der Gehalt an berauschendem Tetrahydrocannabinol (THC) ist in den Produkten und Pflanzen auf 0.2% beschränkt – im Gegensatz zum Cannabidiol (CBD). Um Cannabis zu rauchen, muss man sich in einen Raucherraum eines zugelassenen Cannabis-Cafés begeben. Zur Erinnerung: das Rauchen ist auch für normale Zigaretten an öffentlichen Orten verboten.
Die Angebote in Khao Lak reichen von Gerichten mit Cannabisblättern (man kann das im Teig frittieren, wie es Restaurants wie *Cloud Nine Flavors Khao Lak* anbieten) über mit CBD angereicherte Getränke und Kekse (wie sie Bsp. *Juice from Mars* anbietet), bis zu richtigen Cannabisläden mit so interessanten Namen wie *SoHighSo, The New High, Sea Weed, The Stoner*... das 5-Blättrige Cannabisblatt ist überall zu sehen.
Nachtrag 2025: Inzwischen ist wieder in Diskussion und eventuell Planung, das einzuschränken.

Nachtleben in Khao Lak

 Khao Lak hat den Ruf einer Familiendestination nicht zu Unrecht: wer Aufregung und Partyleben sucht, findet mehr davon auf Phuket (namentlich Patong) oder auf Krabi und Pattaya. Man kann in unzähligen Restaurants am Strand den Sonnenuntergang beim Essen genießen. Oder man besucht eine der freundlichen Bars, Restaurants (teils mit Livemusik), den Nachtclub, den Beachclub oder das Cabaret. Auf den Nachtmärkten kann man shoppen und einkaufen, die schließen allerdings mit der Dunkelheit bald zu. Es finden regelmäßig Thaiboxkämpfe in den 3 Stadien statt. Kino hat es keines - wenn man von der großen Projektionsleinwand im Woods Bar und Bistro absieht, viele Bars haben aber größere Bildschirme auf denen sich Sportsevents schauen lassen.

Bars und Pubs

Es fällt auf, dass vor allem die älteren Bars im Landesinneren liegen. Das hat seinen Grund darin, dass beim Tsunami 2004 alle am Strand liegenden Bauten zerstört wurden und die Besitzer danach abgeneigt waren, dort wieder zu bauen. Das hat sich geändert: heute findet man wieder Bars am Strand– und meist hinter der Baumlinie, da direkt am Strand (als öffentlichem Grund) nicht gebaut werden darf. In den meisten Bars bekommt man außer Cocktails und Getränken auch (gut) zu essen.

Nachtleben in Khao Lak Village (südlich des Hügels)

Jo Jo Bar

In der Reihe der Bars hier wohl diejenige mit dem meisten Stil. Riesiges Drink-Sortiment, superfreundlicher Gastgeber Bishnu, der gerne Tipps gibt, was man unternehmen kann. 🏍 an der Straße zum Emerald Beach Resort.

Black Jack Sports Bar

Bar und Restaurant mit 4 Bildschirmen, viele Cocktails für 100 Baht, sehr freundliches Team. 🏍 Khao Lak Village, Nähe 4.

Tiger Bar

Thailand-typische Bar mitten in Lam Kaen / Khao Lak Village. Es läuft Rockmusik, Ein paar Straßenhunde liegen herum, Bis 20.30 Uhr ist Happy Hour, dann gibt es zum Chang Large ein kleines gratis dazu und zum

Cocktail ein Shot. Essen kann man hier nicht (aber nebenan). Sie bieten günstigen Wäscheservice.

Weitere Bars in Lam Kaen: *Absolute Bar, Why Not Bar, Khaolak Bar & Restaurant*

Nachtleben in Bang La On / Nang Thong

Walkers Inn

Typ englischer Pub. Bar und Restaurant. Sie zeigen regelmäßig live die aktuellen Sportübertragungen (AFL, NRL, Worldcup). Zum Essen servieren sie europäisches Essen wie Fish and Chips, Roastbeef und auch thailändisches Essen. Free Wifi. Wegen Covid mussten sie "downsizen" und sind jetzt 100m weiter südlich des ursprünglichen Standortes zu finden. Sie bieten morgens "full english breakfast" ab 8 Uhr. 📍 La On, am Highway 4, gegenüber dem Laguna Beach Hotel

Monkey Bar

Mit Reggae Musik und live Bands, die rockige Coversongs spielen. Öffnungszeiten variieren, in der Hauptsaison ab 16 Uhr. 📍 am Highway 4, landwärts etwas nördlich des Zentrums und Nang Thong Supermarkts. Die auffällige Fassade ist nicht zu übersehen.

WOODS Bar and Bistro

Die Bar liegt direkt hinter dem Nang Thong Strand und bietet neben Cocktails (und Essen: Kobe und Waygu Steaks?) gratis Tischbillard, Bildschirme zum Fußball schauen, eine Kinoleinwand, gelegentlich Live-Musik und Feuer-Shows. 📍 An der Straße beim Nangthong Strand hinter dem Mini-Leuchtturm dort, neben dem Alive Market.

The Snapper 2

Aus der ehemaligen Happy Snapper Bar in Khao Lak ist ein ausgewachsenes Restaurant geworden, das sich an einem neuen Ort befindet. Dachterrasse für Cocktails direkt unter den Sternen, ansonsten sitzt man gemütlich in der hübschen Gartenanlage. Das Essen ist thailändisch mit einzelnen westlichen Gerichten (Burger, Steak) und sehr gut gemacht – die Cocktailliste (und Mocktailliste) ist ausführlich und ausgezeichnet ausgeführt. Livemusik ab ca. 19.30 Uhr und angenehm hörenswert. The Snapper befindet sich an einer Seitenstraße zwischen La On und Bang Niang in Hügelrichtung ... ohne Taxi oder Motorrad kommt man schlecht hin – was ausgesprochen schade ist. Gastgeber Pitak und Aeh hätten mehr Besucher verdient, mit dem was geboten wird! thesnapper.net

Weitere Bars in La On, alle am Highway 4: *Dream Bar, Chang Bar, Sakai Bar* (Billard, Tischfußball, Sport schauen), *Green Mamba Bar, Forest Bar, Acoustic Bar* (Livemusik), *Khao Lak Beer Garden.*

Nachtleben in Bang Niang

Gecko Bar

Offen ab 19 Uhr in der Hochsaison, ab 21 Uhr in der Niedrigsaison. Geschlossen wird, wenn die Party vorbei ist. Sehr gute Late-Night Bar, geführt vom thailändischem Pärchen Black and Lin. Billard, Tischfußball, Wi-Fi. 🛵 Mitten in Bang Niang.

Mr. Chay Bar

Ebenfalls am Bang Niang Markt, auf der Südseite unter einem Tamarind-Baum. Geöffnet an Markttagen (Montag, Mittwoch und Samstag) ab 14 Uhr mittags bis 2 Uhr morgens. Mister Chay spricht Deutsch und Englisch.

Rusty Pelican

Das mexikanische Restaurant bezeichnet sich selber als "World famous". Offen von 12-22 Uhr. Nachos, Fajitas, Frozen Margaritas und eiskaltes Bier. 🛵 Hauptstraße 4 gegenüber dem Polizeiboot 🖥 rustypelican.business.site

Stjärn Bar, Starbar Khao Lak

Bikerbar mit weiblichem Chef. Chillige Atmosphäre, gratis Billard-tisch. 🛵 Gegenüber dem Polizeiboot 813. Zwischen Moo Moo Cabaret und Bang Niang Markt.

Sunset Boulevard Khao Lak (Sunset Biker Bar)

Neuere Bar und Restaurant, Deutsch-Thailändische Inhaber. Sehr gute Burger und Bier vom Fass. Servieren auch Tacos und thailändisches Essen. Teils Live Musik. Definitiv mehr als eine Biker Bar. 🖥 facebook.com/p/Sunset-Boulevard-Khao-Lak-100089825831356

Moose's Pub

Nordische Kneipe und europäische Sportsbar mitten in Bang Niang. 15 Biersorten, Cocktails, Burger. Öffnungszeiten ab 4 Uhr nachmittags bis spät (unter der Woche) oder später (Wochenende). Zu Sportsanlässen machen sie auch mal früher auf, damit man das dort anschauen kann. 🖥 moosespub.com

Piranha Bar

Lang etablierte, beliebte Bar und Stammkneipe in Bang Niang. Zum Abschluss gibt es einen Absacker-Kräuterschnaps. Ort zum Bundesliga und andere Fußballspiele schauen. Besitzer Pak ist sehr engagiert und hilft bei Ausflügen etc. 🖥 piranha-bar.com

Weitere Bars in Bang Niang: *Songs Bar, Toilets Bar* (einzige ohne 80er Musik oder Reggae), *Thai Bar & Weed Shop* (Livemusik)), *Piranha Bar, Fat Shark Bar* (Billard, Tischfußball), *Lan La Bar, Buffalo Bar*

Khao Lak Local Market

Um den Platz zu schaffen wurde eine beliebte Bar im Zentrum von Bang Niang abgerissen. Der im Dezember 2023 neu eröffnete "Local Market" ist ein weiter, mit Kies bedeckter Platz auf dem Essenstände und kleine Bars sowie Sitzgelegenheiten verteilt stehen, einer davon ein Foodtruck in einem amerikanisch-silbernen Trailer. Nachts mit Lichterketten beleuchtet und teils Live-Musik. Etwas zum Sitzen und Chillen. Der Charakter hat etwas Dorfplatzähnliches und nicht wie ein thailändischer Markt. 🚶 Bang Niang mittig, etwas neben der Hauptstraße zum Meer.

Kokulo Beach Club

Der Club / die Bar gehört zum La Vela in Bang Niang und punktet beim jüngeren, meist ausländischen Publikum neben den klassischen Cocktails und Essen durch moderne Einrichtung, fetzige Musik und häufige Themen-Events (Tiki, Afro, Frauen), Buffets und Feuershows. Zugang auch für Nicht-La Vela Gäste, nur Barzahlung. 🚶 Am Strand vor dem La Vela Hotel. Zugang via Bang Niang oder zu Fuß (oder per Fähre tagsüber) durch den Fluss von La On aus. 🖥 facebook.com/kokulobeachclub

Moo Moo Cabaret Show

Moo Moo ist Khao Laks Antwort auf das bekannte *Simon Cabaret in Phuket* und zeigt bunt-laute Ladyboy- / Drag Queen-Shows mit Vorstellungen jeden Abend um 20.45 Uhr. Dauer ca. 1 Stunde. Anscheinend auch für jüngere Personen geeignet. Zutritt für 300 Baht – das beinhaltet ein kostenloses Getränk. Nach der Show kann man mit den Darstellern Fotos machen (kostet!). . 🖥 facebook.com/MooMooCabaret
🚶 Bang Niang am Highway 4, gegenüber dem Riverside Guest House, Meerseite. knapp südlich dem Bang Niang Markt vor der Brücke.

Nachtleben in Khuk Khak und weiter nördlich

Build Factory - Nachtclub

Hipper Indoor und Outdoor Nachtclub. Modernes Gebäude und Einrichtung, Live Musik und bei Sportanlässen Live-Viewing auf großen Bildschirmen. Im Club entspannen sich sowohl Thailänder als auch Ausländer. Eintritt 300-400 Baht pro Person. 🚶 Am Highway 4, im nördlichen Teil von Bang Niang, gegenüber dem Wasserreservoir.

Restaurants, die Cocktails servieren und in denen man abhängen kann, finden sich an allen Stränden von Khuk Khak bis ganz oben nach Ban Nam Khem.

8Fish Khao Lak Bistro und Surf

Mehr Restaurant als Bar, aber direkt am schönen Strand eine Möglichkeit für Drinks zum Sonnenuntergang und danach. Bis 20 Uhr geöffnet. Sie vermieten Liegestühle. 🚶 am Khuek Khak Strand, links neben dem JW Marriott. 🖥 facebook.com/8fishkhaolak

Happy Beach and Restaurant

Einfaches Restaurant und Bar am oberen Ende des Bangsak Beach. Gutes thailändisches Essen mit den Füssen im Sand. Speziell: man kann hier am Strand freilaufende Schweine und gelegentlich Pferde antreffen und fotografieren. 🚶 Nördlichster Teil des Bangsak Beach neben dem Le Meridien und Graceland Hotel.
DG 8.80315, 98.25838 / GMS N 8°48'11.3", O 98°15'30.168"

Fireshows / Feuershows

Feuershows am Strand finden vor allem in der Hochsaison inzwischen an einigen Orten statt. Sie werden von Hotels und Restaurants organisiert, oft finden sie Samstags statt. Man sollte kurz vorher online nachforschen oder anfragen. Eine Feuershow ist kein Feuerwerk, das abgebrannt wird. Dabei wird von den Künstlern nachts mit brennbaren Flüssigkeiten und Pulvern und anderen Gegenständen und zu Musik eine spektakuläre und im wahrsten Sinn des Wortes heiße Show gezeigt.

Memories Bar (teils täglich, falls das Wetter es erlaubt) am Memories Beach
Mr. Bao Family Restaurant am PakWeep Beach
La Vela – Kokulo Beach Club mehrmals wöchentlich Bartender Fire Show
Pullman Khao Lak Beach Club

*X10 Beach Bar,
Karkinos Beach Club und Restaurant* vor dem *Apsara
Kalima Resort,
Meridien Hotel*

Thaiboxen - Muay Thai

Thaiboxen ist ein in Thailand beliebter Sport und die Teilnehmer trainieren lange und hart dafür. Manche Stadien in sehr touristischen Gegenden (ich schau' Dich an: Patong) präsentieren dem Publikum gespielte Kämpfe, aber andere nehmen das sehr ernst. Khao Lak entwickelt sich zunehmend zu einem Mekka für Muay Thai Fans. Es gibt inzwischen 3 Box-Stadions in Khao Lak für den thailändischen Nationalsport. Geworben wird mit Lautsprechern versehenen Autos mit Plakaten, die die Straße hoch und runter fahren: „Tonight, and Tonight only ...!". Alle Kämpfe starten um 21 Uhr. Buchen ist nicht nötig, man kann die Tickets an der Türe kaufen und hat generell von überall gute Sicht auf die Kämpfe.

Montag: *The One Bar* in Bang Niang
Dienstag: *Khao Lak Stadium*
Donnerstag: *Beyond Stadium*
Freitag: *Khao Lak Stadium.*

Khao Lak Boxing Stadium

Die Kämpfe finden freitags und gelegentlich dienstags statt, nach 21 Uhr. Ticketpreise sind abhängig vom Sitzplatz – für Getränke und Essen gibt es Stände. 🚗 Bang Niang, Neu etwa 1 km nördlich vom Bang Niang Markt – an der hinteren Straße.
🖥 facebook.com/kholakboxingstadiummuaythai

Beyond Boxing Stadium Khao Lak

Das Boxstadium liegt direkt neben dem Bang Niang Markt (Richtung La On) und ist von der Hauptstraße 4 aus gut sichtbar. Preis 1200-1500 Baht für die Tickets. Ein Bier kostet 80 Baht.
🖥 facebook.com/profile.php?id=61555748502105

The One Bar & Muay Thai Gym

An der Hauptstraße in Bang Niang zum Meer, nahe dem Bang Niang Markt gelegen (Richtung La On an der 4). Feine Cocktails und Muay Thai Lektionen schauen – richtige Kämpfe Montag abends.

Elephant Bar

Südlich vom Hügel findet man in der **Elephant Bar** ebenfalls Thai Boxing: Bar, Billard, Sport schauen und jeden Sonntag Thaiboxen-show ab 20.30 Uhr. Gratiseintritt (Getränke zu bezahlen). Sie bieten Trainingsstunden in Thai Boxen. An der Straße zum Emerald und Merlin Hotel.

Einkaufen in Khao Lak

Märkte

Im thailändischen Leben spielen Märkte eine große Rolle: dort deckt man sich mit Lebensmitteln ein oder geht aus Essen, wenn man – wie das offenbar häufiger in Thailand vorkommt – keine eigene Küche hat. So sind die Märkte in und um Khao Lak auch keine ausschließliche Touristensache. Wenn man einen Ort in Thailand wirklich kennenlernen möchte, sollte man den Markt besuchen.

Der Bang Niang Nachtmarkt

Der bekannteste **Nachtmarkt in Bang Niang** findet jeweils am **Montag, Mittwoch und Samstag-Nachmittag** statt – am größten ist der Markt am Samstag. Der Markt ist nicht zu übersehen – er liegt bei der Ampel in Bang Niang und hat tatsächlich einen Fußgängerstreifen, an dem zu Marktzeiten die Polizei teils für Ordnung sorgt. Gleich beim Eingang finden sich Essenstände, danach teilt sich der Markt in drei Hauptwege mit einem Mix aus Shops, die Verschiedenes anbieten – als Nachtmarkt hauptsächlich Souvenirs (Handwerksarbeiten, Seide, Seifen, Kleider...). Weiter hinten findet man, was man so fürs tägliche Leben braucht: Früchte, Gemüse, Fleisch, Fisch, Gewürze. Die Essensstände verkaufen Snacks aller Arten: Hühnerflügel, Klebereis, Pad Thai, Fleisch-Spießchen und mehr. Besonders Mutige versuchen sich an den frittierten Käfern und Larven. Neben dem Markt hat es kleine Restaurants und Bars, wo man sich hinsetzen und das Marktleben etwas beobachten kann. Der Bang Niang Nachtmarkt ist sehr auf ausländische Touristen ausgelegt und die Preise für Kleider und Essen sind höher als auf sonstigen lokalen Märkten. Es kam außerdem in den letzten Jahren vereinzelt zu Berichten von Besuchern, über Betrugsversuche: dass mehr Geld verrechnet wurde als auf der Speisekarte vermerkt ... oder es war erst gar keine Karte vorhanden.

Build Market (in Khuek Khak)

Der **Nachtmarkt** neben dem Nachtclub Build Factory, etwas weiter nördlich, gegenüber dem Stausee zwischen Bang Niang und Khuek Khak wurde erst 2018 eröffnet, dann 2020 geschlossen und ist seit 2023 wieder da. Er findet **Dienstag, Donnerstag, Samstag und Sonntag** statt – also abwechselnd zum großen Bang Niang Markt. Er ist wesentlich kleiner mit Souvenirs und einigen Essensstände. Die Shops sind in Schiffscontainern. Daneben hat es kleine Bars und Restaurants in denen man sitzen und etwas essen und trinken kann.

Alive Market (in La On)

Neuer, kleiner Abend-Markt in La On, mit Blick durch die Bäume auf den Sonnenuntergang am Meer. Essen Spezialitäten (wie Krokodil-Spießchen), saisonale Attraktionen und kleine Shops für Souvenirs und Handwerk. Außerdem eine große Leinwand für Filme oder Sport schauen bei der *Woods Bar & Bistro* daneben. ⏲ Täglich von 15-22 Uhr. 🖥 facebook.com/profile.php?id=100091986962087

Der Khuk Khak Freshmarket

Etwa 3 km nördlich von Bang Niang hat es an der Busstation (etwas zurückversetzt von der Hauptstraße 4) einen ausgedehnten Frische-Markt, der **täglich geöffnet** ist: von **frühmorgens** bis etwa Mittag. Hier decken sich die Einheimischen (und die Restaurantbetreiber) mit frischem Gemüse, Früchten, Fisch und Fleisch ein. Besucher können feine und frische Früchte kaufen und dem Handel der Einheimischen zuschauen.

Ruam Jai, täglicher Abendmarkt in Khuk Khak

Er liegt hinter der PTT-Tankstelle – Zugang via Tankstelle oder vom Highway 4 50m weiter oben. ⏲ täglich ca. 14-22 Uhr. Am Eingang finden sich Essensstände mit gekochtem Essen, weiter hinten Stände mit Grundnahrungsmitteln. Dazwischen ein paar Stände mit Kleidern oder Küchenutensilien. Der Markt ist überdacht, die Stimmung festlicher als die bei Morgenmärkten – Musik spielt und die Leute verhandeln, reden und lachen. Es gibt ihn erst seit 2019 und er ist zu einer festen lokalen Institution geworden.

Takua Pa Sonntagsmarkt

Am Sonntag findet **in der Altstadt von Takua Pa** ein sehenswerter Markt statt. Zum Sonntagsmarkt oder Takua Pa Walking Street genannten Markt finden Touristentouren statt, oder man besucht ihn auf eigene Faust. Ein Besuch ist sehr zu empfehlen. Mehr Info im Kapitel zu Takua Pa.

Weitere Märkte in der Umgebung:

Frische-Markt bei der Busstation Takua Pa: Den Markt wird man vor allem sehen, wenn man einen Zwischenstopp auf einer Tour macht, oder bei der Busstation hier umsteigt. Es ist ein klassischer, einheimischer Markt ausschließlich mit Lebensmitteln. Wie frisch der Fisch ist, ist anhand des Geruches gelegentlich fraglich. Hinter dem Markt ist ein Skate Park mit einem Graffiti des bekannten thailändischen Straßenkünstlers Alex Face.
Sonntagsmarkt in Kapong: er findet frühmorgens statt, malerisch oft noch im Nebel.
Samstagsmarkt am Fluss in Takua Pa: der Takua Pa River Market im neuen Stadtteil, südlich der 4 am Fluss.

Bangkan Sonntagsmarkt

Ebenfalls am Sonntag findet der neue Markt **bei Phang Nga** statt: **Bangkan** – am kleinen Flüsschen wird geshoppt, gegessen und entspannt. Momentan noch eine Attraktion, die momentan fast ausschließlich einheimische Besucher anzieht.

Allgemeine Waren, Supermärkte

Wer einkaufen will, ist mit den *7-Eleven*, von denen es in Khao Lak und Umgebung einige hat, sehr gut bedient, ansonsten gibt es eine Vielzahl von *Mini-Markets*. Bemerkenswert ist der *Mother Marché* in Khuk Khak, ein Supermarkt mit beachtlicher Größe und Auswahl. Seit 2020 gibt es einen *Tesco Lotus fresh*, ebenfalls in Khuk Khak in der Nähe der Tankstelle, der aber wenig Sachen im Sortiment hat. **Westliche Produkte** findet man im sehr gut sortierten *Nang Thong Supermarkt*. Er befindet sich in La On an der Ecke der Hauptstraße 4 und der Straße, die zum Nang Thong Strand führt.

Bang Niang Nachtmarkt

Fresh market Khuk Khak

Takua Pa Sonntagsmarkt

Saisonaler Markt bei Thai Muenag

Souvenirs

6 Märkte, Einkaufen, Souvenirs

Spezifische Waren:

Alkohol

Eine gute Auswahl an Wein und Spirituosen findet man im *Nang Thong Supermarket* in La On und im *Mother Marché* bei Khuek Khak. Ansonsten sind alkoholische Getränke nicht so leicht zu finden und es existieren Einschränkungen, dass man Alkohol nicht zu allen Zeiten kaufen kann (wobei das in Realität nicht überall gleich streng gehandhabt wird): Erlaubt ist es von 11 bis 14 Uhr und von 17 bis 24 Uhr. Zu religiösen Feiern und Wahlen kann es sein, dass man das nirgends bekommt. In Bars, Restaurants und Hotels ist alles vorhanden, wobei Wein sehr teuer ist.
Im *House of Wine* direkt hinter dem Bang Niang Markt hat man die beste Wein- und Whiskeyauswahl in Khao Lak. Der Besitzer berät einen gerne. Man kann kaufen und auch sitzen und trinken. 8-21 Uhr geöffnet.
Blue Zone auf dem Bang Niang Markt ist eine Bar für Bier- und Craftbier-Liebhaber. Geöffnet zu Marktzeiten.
Mao Mao Craft Beer Camp in La On unterhalb des Phu View. Thailändisches Craft Bier für Bierliebhaber. Biergarten (und Pakinnaka Kochklasse) vom international bekannten Koch Wannabee. Der einzige Ort in der Region mit preisgekrönten Craft-Bieren, die 2016 und 2019 bei den World Beer Awards ausgezeichnet wurden. 💻 foodieculturetours.com/mao-mao-craft-beer-camp

Kleider

T-Shirts, Badekleidung, Hosen und mehr gibt es in den vielen Touristenshops und Souvenirläden in Bang La On und auf den Märkten (z. Bsp. dem Bang Niang Market). Elegantere Kleidung in guter Qualität kann man sich **beim Schneider** machen lassen – das ist hier ziemlich günstig, wobei man nicht vergessen sollte zu handeln. Outlet Shops oder große Warenhäuser hat es in Khao Lak keine. Kleider in Übergrößen sind schwer zu finden. Im *Hawaiian Shirt Shop*, auf dem Bang Niang Markt hat man gute Chancen.

Elektronik

Markenelektronik ist von wenigen Ausnahmen abgesehen nicht wirklich günstiger als in Europa – außer es handelt sich um Fälschungen und dann ist Vorsicht angesagt, da die nicht importiert werden dürfen. Khao Lak ist kein guter Ort um Fotoapparat, Smartphone oder Tablet zu kaufen, dafür eignet sich Phuket besser. Ausrüstung für Unterwasserfotografie findet man in den Tauchshops und Tauchzentren. SIM-Karten, Batterien etc. im 7-Eleven.

Brillen, Kontaktlinsen

Optiker gibt es einige in Khao Lak, vor allem in Bang La On. Wer seine Brille kaputtgemacht hat, Kontaktlinsen braucht oder eine neue Sonnenbrille (auch mit Korrektur) ist am richtigen Ort. Die

Optiker beziehen ihre Ware aus Bangkok, es kann ein paar (4-5) Tage dauern, bis man eine neue Brille bekommt, dafür haben sie gute Auswahl und Qualität. Preislich sind sie oft wesentlich günstiger als zu Hause. Marken-Gestelle aller Anbieter sind bis 50% günstiger als in Europa. Ein Brillenpass oder Rezept vom Augenarzt ist von Vorteil, ansonsten vermessen sie selber die Augen. *Andaman Optik* in Bang La On (wird oft empfohlen). *NP Optical* in Bang Niang Beach. *Pro Optik* in Bang Niang

Souvenirs

Souvenirs aller Arten findet man in den Läden in Bang La On, auf dem Markt von Bang Niang, in manchen Bars oder Restaurants, an Straßenständen... Speziell für die Gegend sind:

Papier

Produkte mit *Sa Paper*, das aus Mulberry (Maulbeer) Baumrinde hergestellt wird, stammt aus Nordthailand. Es ist handgeschöpft, oft farbig mit sichtbaren Fasern. Es ist wird in Lampen und bemalten Papierschirmen verwendet, oder in Bücher, Bilderrahmen, Fächern und künstlichen Blumen verarbeitet. *Elephant Dung Paper* besteht aus Elefantendung. Bei der Herstellung geht aber jeglicher Geruch und Bakterien verloren, zurück bleibt ein dickes Papier mit sichtbaren Pflanzenfasern.

Schattenspiel-Figuren

Das Schattenspiel, *Nang Talung* genannt, ist spezifisch für Süd-Thailand und verwendet flache Puppen mit beweglichen Teilen. Gefertigt werden sie nicht aus Papier, sondern Kuh-oder Büffelhaut. Aufführungen damit finden gelegentlich an Märkten statt. Auf Märkten finden sich kleinere Versionen der Figuren oder Bilder von Fischen, Elefanten oder Landschaftsszenen, manchmal aus Papier geschnitten, mit erstaunlichen Details.

Thailändische Seide

Schals, Krawatten, Handtaschen, Bettüberwürfe, Kissen etc. aus bunter Seide. Bei den Kissen sollte man besser nur die Kissenbezüge nehmen und das nicht nur zum Platz sparen: die fertigen (oft dreieckigen) Kissen enthalten Naturfasern und gelegentlich Insekten, die man nicht unbedingt importieren will.

Lederwaren

Lederwaren aller Arten inklusive Leder von Schlangen, Fröschen, Echsen, Krokodilen, Kühen und sogar Hühnern finden sich auf vielen Märkten. Sie werden zu Schuhen, Gürteln, Geldbeuteln, Taschen etc. verarbeitet. Man sollte beachten, dass die Einfuhr von Krokodil- oder Schlangenleder in Europa verboten ist.

Kokosnussprodukte

Windspiele, hübsche Schalen, Salatbesteck, Affenstatuen und natürlich Kokosnussöl. Achtung: *Kokosnussöl* ist (wenn rein) unterhalb von 25 Grad fest und nicht mehr flüssig.

Thai Spa und Wellness Produkte

Ätherische Öle, Massage- und Körperöle, Kräuterpackungen und Kompressen, Peelings und Masken, geschnitzte Seifen – wunderbar feine Kunstwerke, die aussehen wie echte Blumen. Steinmörser und Pistill zum Herstellen von Thai Curry oder Zerkleinern von Gewürzen in der Küche.

Thailändisches Essen und Alkohol

Es ist unpraktisch (und teils verboten), frische Früchte oder gar frisches Fleisch oder Fisch zu exportieren Das gilt nicht für Fertigprodukte wie Snacks, getrocknete Durian, Kokosnuss Candy, fertige Thai Curry Mischungen, Gewürze. Westlicher Alkohol ist wegen der Besteuerung ziemlich teuer in Thailand, aber lokale Produkte können ebenfalls sehr lecker sein und sind recht günstig. *Sang Som Whiskey*, *Magic Alambic Rum* (Koh Samui) oder *Leo*, *Singha* oder *Chang Bier* lassen sich meist gut mitnehmen – gehören aber nicht ins Handgepäck (außer man hat das auf dem Flugplatz gekauft).

Cashew Nüsse

Der beliebte Nuss-Snack ist aufwendig in der Herstellung. Die Nuss wächst von einer harten Schale geschützt einzeln am Ende einer fleischigen roten Frucht. Die Hüllen werden in der Sonne drei Tage lang getrocknet, da die gummiartige Hülle sehr säurehaltig ist und bei Kontakt Hautbrennen verursacht. Die Röstöfen werden deshalb von jemandem unterhalten, der von Kopf bis Fuß bedeckt ist, bis auf einen schmalen Schlitz bei den Augen. Sobald die Nüsse abgekühlt sind, wird die Kohle abgekratzt. Jede Nuss muss danach einzeln von einem Arbeiter zum Öffnen in ein Gerät eingespannt werden, das in der Lage ist die harte Schale zu knacken.
Wer die Augen offen hält, kann die Nüsse am Baum um Khao Lak entdecken. Sie werden hier in der Gegend angebaut, geerntet und verarbeitet. Es gibt eine kleine *Cashew Nuss Fabrik* an der Hauptstraße 4 in Bang Muang, nördlich von Khao Lak, die besichtigt werden kann. Ausflüge dafür sind nicht ausgeschrieben, man muss bei den lokalen Touranbietern nachfragen. Fabrik ist vielleicht etwas übertrieben, aber immerhin werden in dem Gebäude und dem Land dahinter Cashews aus dem Norden verarbeitet.

Elefanten

Natürlich nicht die lebenden und nicht ihr Elfenbein, aber da Elefanten das Symbol für Thailand sind, kann man sich an den Besuch mit einem kleinen Souvenir erinnern.

Bilder (gemalte)

Das etwas andere Souvenir sind von einem lokalen Künstler gemalte Bilder. Man kann eines der fertigen ausgestellten Bilder kaufen, oder welche nach Vorlage (oder Idee) malen lassen. Die Gemälde auf Leinwand werden ohne Rahmen geliefert und können gerollt einfach mit dem Handgepäck mit nach Hause genommen werden oder per Post geschickt.
Nasin Art von der talentierten Künstlerin Atchara Nuntong. Aktuell ohne Galerie – sie findet sich aber am Bang Niang Markt oder hier: 💻 facebook.com/Nasin-Art-Gallery-Khao-Lak-1551872855043006
In's Gallery hinter dem Bang Niang Markt vom Künstler Inplaeng Fansai, der 2012 von Krabi nach Khao Lak gezogen ist. Abends dient die Studiofront als Mojito-Bar.
💻 facebook.com/Ingallerykhaolak

Antiquitäten

Es kann gar nicht so viele Antiquitäten geben, wie sie in Thailands Antiquitäten-Shops angeboten werden. Experten des Nationalmuseums schätzen, dass es sich bei neun von zehn angebotenen Stücken um Fälschungen handelt – die allerdings oft so exzellent gemacht sind, dass sogar einheimische Händler darauf hereinfallen. Antiquitätenfälschen hat sich vor allem im Norden zu einem eigenen kleinen Industriezweig entwickelt. Echtes ist also selten und dann sollte daran gedacht werden, dass jede Antiquität die ausgeführt wird, eine Exportgenehmigung vom Department Of Fine Arts braucht. Buddha Statuen (egal in welcher Größe und wie alt) dürfen überhaupt nicht ausgeführt werden!

Schmuck, Gold, Silber, Edelsteine, Perlen

Günstigen Schmuck aus natürlichen Materialien gibt es an vielen Orten. Vorsicht ist geboten bei Produkten aus Muscheln, Horn oder Leder (ev. von geschützten Tieren?). Hübscher Silberschmuck kommt aus dem Norden Thailands. Auf Ausflügen nach Phuket wird oft die *Gems Gallery* angeboten, das sind Profis – allerdings zu entsprechenden Preisen. Wer kein Spezialist ist, lasse sonst die Finger davon, da es viele Fälschungen gibt, auch bei Perlen: Obwohl aus Phuket natürliche Perlen kommen, sind manche davon künstlich: aus geleimten Perlenstaub.
Khaolak Gems & Silver: Juweliergeschäft mit großer Auswahl und kompetenten Beratung. 💻 facebook.com/khaolakgemandsilver

Beim Schneider

In Khao Lak hat es Schneider. Viele. (2019 waren es um die 30, Post-Covid hat das etwas abgenommen). Manche davon haben mit Taktiken begonnen, wie sie unten in Patong schon lange gebräuchlich sind: sie stehen auf der Straße und sprechen jeden an. Ich mag das nicht besonders, auf der anderen Seite: so ein Besuch beim Schneider ist tatsächlich etwas, was man in Thailand einmal machen kann. Man findet an wenigen Orten so günstig maßgeschneiderte Kleider.
Deshalb folgt hier eine **kleine Anleitung**:
Es ist von Vorteil, vorher einen Plan zu haben, was man machen lassen will und was man ausgeben will. Es gibt verschiedene Möglichkeiten: Kleider, die nicht mehr ganz passen, kann man ändern lassen. Man kann sein Lieblingskleid oder -Anzug, -Hose oder -Hemd mit einem anderen Stoff (oder Länge etc.) nachnähen lassen. Man kann etwas ganz neu auf sich schneidern lassen. Als Vorlage dienen zum Beispiel Bilder aus Mode-Heften.
Man wählt aus den *Stoffen* im Laden. Die Super-Sonderangebots-Preise im Schaufenster gelten für Stoffe minderer Qualität, im Verkaufsgespräch bekommt man die besseren zu deutlich höheren Preisen angeboten – da hängt der Preis vom eigenen Verhandlungsgeschick ab. Ist das Gewünschte nicht vorrätig, holen sie aus anderen Läden Proben. – Hierbei sieht man übrigens gut, dass diese „vielen" Schneiderläden oft dieselben Besitzer haben ... und nähen lassen diese paar Besitzer vermutlich an denselben Orten.
Zum *Preis* kann ich nur empfehlen zu handeln. Damit und mit Mengenrabatt (wenn man gleich mehrere Teile herstellen lässt) bekommt man aber einen fairen Preis. Eine Anzahlung ist üblich – es empfiehlt sich aber, den Rest erst zu zahlen, wenn man alles hat und zufrieden ist.
Nach der Auswahl von Modell und Stoff folgt das Anmessen.
Man vereinbart alles und verabredet einen Termin in ein paar Tagen, an dem man wieder zum Schneider kommt zur Anprobe. Bei der sind die Kleider noch ziemlich provisorisch, sie werden angezogen und der Schneider notiert mit seiner Kreide die zu machenden Änderungen. Beim nächsten Termin kann man dann das fertige Produkt anprobieren. Passt irgendwo etwas nicht richtig oder muss geändert werden, muss man halt noch einmal kommen. In der Regel passt es, man bezahlt (mit Kreditkarte) und geht mit den maßgeschneiderten Kleidern nach Hause.

Ein paar Worte zum verwendeten Stoff: Es werden einem hochwertige Stoffe angeboten: Cashmere, Wolle, Seide usw. Es soll jedoch vorgekommen sein, dass dann anderes Gewebe verarbeitet wurde als angepriesen: Polyester, synthetische Fasern. Wem es wichtig ist, was es für ein Stoff ist, sollte sich bei der Gewebeauswahl auf der Rolle überzeugen, ob es sich um natürliche oder synthetische Fasern handelt. Das kann z.b. durch eine Brennprobe geschehen. Man zieht ein paar Fäden aus dem Gewebe (leicht möglich an den Schnittstellen der Geweberollen) dann zündet man sie an. Natürliche Stoffe und Fasern wie Wolle oder Seide brennen nun langsam weg, während die synthetischen Produkte schnell abbrennen und eine blaue Flamme zeigen, wie beim Öl oder Gas. Wenn man dem Schneider misstraut, wiederholt man das beim Anprobieren des ersten Zuschnitts.
Schneider: Monty The Tailor (oft empfohlen), Mark One Tailor, The Best Tailor, Mr. Tailor, Khaolak Tailor House und viele mehr.

Tattoos und Bamboo Tattoo

Tattoos werden von vielen Leuten heute als Souvenir angesehen: vor allem die mit traditionellen Motiven und Methoden gestochenen. In Thailand gibt es das traditionelle **Sak Yant** (oder Yantra) **Tattoo**, bei dem alte geometrische Muster unter Gebeten aufgetragen wurden. Ursprünglich wurde dies von Buddhistischen Mönchen an Kriegern praktiziert, die nach Schutz und Stärke im Kampf suchten. Der Ort und das Muster des Tattoos wurden dabei vom Tätowierer bestimmt. Die Tattoos werden mittels einer langen metallenen Spitze oder Bambus, der punktscharf zugespitzt wird, in die Haut gebracht. Die Nadel wird in Tinte getaucht und wiederholt in die Haut gestochen.
In Khao Lak gibt es einige **Tattoo-Studios**, die mit Bambus stechen (allerdings ohne begleitende Gebete), häufiger sind jedoch moderne Geräte und Tinte – und die Auswahl der Motive und des Stechortes ist dem Kunden überlassen.
Ein Bambus Tattoo schmerzt genau gleich, verletzt die Haut aber weniger als ein klassisches Tattoo und verschorft deshalb kaum. Nach einem Bambus Tattoo muss man weniger lange warten, bis man wieder ins Wasser (Pool oder Meer) darf, als nach einem normalen Tattoo. Da das eine offene Wunde ist, muss man bei diesen wegen der erheblichen Infektionsgefahr zwei Wochen verzichten, beim Bambus Tattoo anscheinend nur zwei Tage, wenn man es mit Olivenöl oder Vaseline schützt.
Tattoo-Studios

In La On: *Rong Bamboo Tattoo, Top's Tattoo*
In Bang Niang. *CT Bamboo Tattoo, Noom Tattoo, Jack Tattoo, Maori Tattoo and Bar, Thai Smile Tattoo* (und viele mehr).

ZU TUN UND ZU SEHEN

Tauchen, Schnorcheln und die Inseln

 Khao Lak war lange bevor es touristisch bekannt wurde ein Geheimtipp für Taucher und Schnorchler. Inzwischen bekannte, schöne Tauchorte liegen direkt in der Nähe im Meer vor der Küste: die neun **Similan Inseln, Koh Bon** (20 km nördlich der Similan), **Koh Tachai** (45 km nördlich), Richelieu **Rock** (85 km nördlich), **die Surin Inseln** und Wracks wie die **Boonsung, Premchai** und **Sea Chart**.

Ausflüge und Tauchkurse kann man an zahlreichen Orten buchen. Die Spanne reicht vom Halbtagesausflug bis zu mehrtägigen Touren, bei denen man auf dem Tauchboot übernachtet. Man kann dieselben Ausflüge auch machen, wenn man nur schnorchelt.

Tauchen ist ein toller Sport. Die Unterwasserwelt so nahe (und lange) erleben zu können ist wunderbar – und hier, wo man es geradewegs an so tollen Tauchplätzen anwenden kann, lohnt es sich umso mehr das zu lernen. Bei der Auswahl achte man darauf, dass der Kursgeber PADI oder SSI qualifiziert ist.

Die Ausbildung hat es in sich und man muss einige Tage darin investieren. Wer unsicher ist, kann einen (ein- oder zweitägigen) **Einführungskurs** machen – bei dem man hier oft schon einen richtigen Tauchgang auf den Similan bis 12 m Tiefe inklusive hat.
Die Preise sind nicht ganz ohne, allerdings muss man bedenken, was das beinhaltet: Material (Schnorchel, Flossen, Maske, Anzug, Flasche, Weste), Lernmaterial und geführte Ausflüge unter Aufsicht an die Tauchorte.
Kinder können ab 8 Jahren den „**Bubblemaker**", einen Einführungskurs im Pool machen: bis zwei Meter Tiefe. Dabei werden sie von den Eltern und einem erfahrenen Tauchlehrer begleitet und instruiert. Das Mindestalter für Junior-Tauchkurse ist 10-12 Jahre

Schnorcheln vor Khao Lak: Khao Na Yak

Schnorcheln und Tauchen um Similan und Surin

7 Schnorcheln und Tauchen

Schnorcheln bei Khao Lak selber

Obwohl Khao Lak ein guter Ausgangspunkt für Tauch- und Schnorcheltouren ist (speziell auf die vorgelagerten Inseln wie Surin und Similan), eignet sich das Meer direkt vor Khao Lak selber nicht so gut dafür. Das Wasser fällt nur sehr langsam ab und der Sand wird durch die Wellen, die hier nicht von einem Korallenriff vor der Küste gebrochen werden, oft aufgewirbelt, so dass die Sicht nicht optimal ist. Dies gilt nicht nur für die Regenzeit, in der das Meer speziell aufgewühlt ist, auch sonst ist das Schnorcheln vom Strand aus hier unspektakulär. Es gibt dennoch in der Nähe sehr schöne Stellen:

Schnorchel-Ausflüge zur vorgelagerten Halbinsel Khao Na Yak.
Seit dem Tsunami haben sich die Korallen erholt und sind gewachsen. Bei den minigartenähnlichen Tischkorallen im 2 bis 4 m tiefem Wasser finden sich Papageienfische, Löwenfische, Muränen, Sepia, Riesenmuscheln. Vom Longtailboat aus entdeckt man die Unterwasserwelt. In einem Schnorchelausflug beim Veranstalter ist die Ausrüstung enthalten, sowie ein einfaches Mittagessen am einsamen Strand und nicht-alkoholische Getränke. Die Ausflüge starten morgens, nach 15 Uhr ist man wieder zurück im Hotel. Sie finden nur von November bis etwa Ende März statt. Bei stärkerem Wellengang verschiebt man das besser, da die Sicht wegen dem aufgewühlten Sand stark eintrübt. Preise zwischen 1800-2800 Baht pro Person, abhängig von Touranbieter, Wochentag und Anzahl Personen. Die Touren werden auch als Privat-Tour angeboten, dann teilt man das Longtailboat nicht mit anderen Touristen.
Unbedingt T-Shirt mitnehmen und im Wasser anziehen als Sonnenschutz! Korallenfreundliche Sonnencreme verwenden.

Anbieter Schnorchelausflüge:
5Star Motorbikes: 🖥 khaolak.de/schnorcheln
Discovery Travel Khao Lak: 🖥 discoverykhaolak.com
Khaolak Guru: 🖥 khaolakguru.net
Seadragon Dive Center: 🖥 seadragondivecenter.com
Und weitere Tauchzentren – siehe deren Internetseiten. Achtung: Ausrüstung ist teils separat zu mieten!
Oder man fragt im Stamm-Restaurant, denn es kennt sicher jemand jemanden, der ein Boot hat (und Ausrüstung), wie zum Beispiel *Pak von der Piranha Bar*.

Khaolak Underwater Museum

Etwa 4 km vor dem Nang Thong Beach gibt es eine Tauchstelle, an der im etwa 15 m tiefen Wasser Verschiedenes versenkt wurde und jetzt Korallen ansetzen und Lebensraum für diverses Meeresgetier bildet. Es hat einen Militärjeep, ein Motorrad und ein Schiff. Spannend für Anfänger bis mittelgute Taucher.

Tauchschulen und Tauch-/Schnorchel-Ausflüge

Hier eine (unvollständige) Liste von Anbietern in Khao Lak:
Sea Dragon Dive Center 🖥 seadragondivecenter.com
IQ Dive 🖥 iq-dive.com
Khao Lak Explorer 🖥 khaolakexplorer.com
Sea Bees Diving 🖥 sea-bees.com/diving-khao-lak
Wetzone Divers 🖥 wetzonedivers.com
Andaman Snorkel Discovery 🖥 andamansnorkeldiscovery.com
LOMA Diving Adventure: 🖥 loma-diving.com
Go 2 Similan 🖥 go2similan.com
Khao Lak Explorer Diving Center: 🖥 khaolakexplorer.com
Pirate Divers: 🖥 piratediversinternational.com
Monkey Dive Hostel: günstiges Hostel und Tauchzentrum in La On. 🖥 monkeydivekhaolak.com
Flippers Dive Khao Lak 🖥 flippers-dive.com
Andaman Scuba Diving 🖥 andamanscuba.com
Big Blue Diving Khao Lak 🖥 bigbluedivingkhaolak.com
Raya Divers 🖥 rayadivers.com

Die Similan Inseln

Nur etwa 70 km vor der Küste liegt der **Similan Island Marine National Park**. Zu den 140 km² gehören neun Inseln, nur zwei davon sind für Touristen zugänglich: Insel Nr. 4 und 8. Auf diesen Inseln gibt es Toiletten und ein Restaurant und sie sind Ziel vieler Tagesausflüge. Eintritt in den Nationalpark kostet für Erwachsene 500 Baht, für Kinder 250 Baht – bei Ausflügen ist das meist inklusive.

Ablauf einer Tagestour Schnorcheln / Sightseeing bei den Similan Inseln:
Man wird im Hotel an der Lobby abgeholt (Zeit: früh am Morgen, abhängig davon wie viele andere Hotels angefahren werden, zwischen 7 Uhr und 9 Uhr). Man wird zum Pier gebracht – meist der **Thap Lamu** (im Süden), gelegentlich **Bang Muang** (im Norden).

Abhängig von Organisator und Ebbe/Flut. Am Hafen wird man ausgerüstet mit Schnorchel, Flossen und Maske (alles passend auf die Größe und auch in Kindergrößen). Vor der Bootsfahrt gibt es ein paar Minuten Informationen über die zu besuchenden Inseln, Tauch- und Schnorchelstellen und man hat die Möglichkeit Tabletten gegen Seekrankheit zu nehmen, die sie dort gratis anbieten (Wirkstoff: Dimenhydrinat 50mg). Empfindlichen empfehle ich das, ansonsten ist es gut, eine „für den Fall" mitzunehmen – denn die darauf folgende Fahrt mit dem **Speedboat** kann rasch sehr holperig werden, wenn der Wind auffrischt. Auf dem Boot müssen Schwimmwesten getragen werden. Reden kann man wegen dem Motorenlärm nicht viel, aber es gibt gratis Getränke und gelegentlich sieht man fliegende Fische. Die Überfahrt dauert etwas über eine Stunde. Die Inseln bieten wunderschöne, runde Gesteinsformationen und türkis-blaues Wasser mit vielen bunten Fischen und Korallen. Oft wird dann erst mal an einer Stelle **geschnorchelt**, zum Beispiel in der **Donald Duck Bay, Honeymoon Bay oder Princess Bay**. Wenn man Glück hat sieht man Schildkröten (die teils mit Bananen angefüttert werden) und ganz sicher sieht man Korallen und viele, viele bunte Fische. Eine Einweg-Unterwasserkamera oder wasserdichte Kamerahülle lohnt sich hier. Das Wasser ist warm (oft an die 30 Grad) und die Sicht meist gut (außer es hat viel Wind). Nach dem Schnorcheln (so ein Stopp geht etwa 30 bis 45 Minuten) geht es zur **„Hauptinsel" Nummer 8** mit weißem Strand. An dem legen *alle* Ausflugsboote an, also ist nicht viel mit paradiesischer Ruhe. Die Insel hat einen Aussichtspunkt: **Sail Rock**, der relativ leicht erreichbar ist – eine kurze Kletterpartie, die man auch barfuß hinter sich bringen kann – was aber eine im wahrsten Sinne „heiße Sache" sein kann auf den sonnengebrannten Felsen. Besser man hat Trekking Sandalen dabei (möglichst wasserfeste). Mittagessen findet auf der Insel hier oder auf Nr. 9 statt zusammen mit den anderen Touristen. Es gibt (ganz anständiges) Buffet und danach die Möglichkeit, etwas auszuruhen, bevor man sein Schnellboot finden muss und es (nach einem weiteren Schnorchelstopp zum Beispiel bei **Ko Payu**, Insel Nr. 7) zurück geht. Zwischendurch gibt es immer wieder Früchte und Getränke, so dass für alles gesorgt ist. Zurück am Pier gibt man die ausgeliehene Schnorchelausrüstung zurück (und zahlt für verlorenes Material), verteilt sich auf die Autos und wird zurück zum Hotel gebracht.
Selber mitbringen: Sonnenschutz (korallenfreundlich, hoher SPF und wasserfest), Badetücher, Badehosen oder -Anzug, T-Shirt und Hose, wasserfeste Sandalen, Fotoapparat (eventuell mit wasserfester Hülle).

Achtung: Der Nationalpark und die Inseln sind vom 1. Mai bis 31. Oktober geschlossen!

Um das Ökosystem zu schützen gelten seit 2018 folgende Regeln:
Es ist nur noch 3325 Besuchern pro Tag erlaubt, die Similans zum Strandbesuch und zum Schnorcheln anzufahren (vorher waren es mehr als doppelt so viele). Auf den Inseln im Koh Similan National Park zu übernachten ist nicht mehr erlaubt. Einweg-Kunststoffe sind verboten. Die Anzahl Taucher an den Tauchspots im Similan National Park wurde auf 525 täglich begrenzt.

Koh Tachai

Die nördlichste Insel vor den Surin Islands. Der Strand ist blendend weißer Sand, den man leider seit Mai 2016 und auf unbekannte Zeit nicht mehr betreten darf. Es finden noch Schnorchel-Ausflüge finden in die Nähe statt. Die Transfer-Zeit hängt davon ab, welcher Hafen benutzt wird: Zwischen einer Stunde vom nördlichen Hafen bis 90 Minuten vom südlichen Pier.

Die Surin Inseln

Noch weiter nördlich liegen die Surin Inseln, die zu den besten Tauchgebieten in Thailand mit einer unglaublichen Unterwasserwelt gehören und ebenfalls von Khao Lak aus leicht erreichbar sind. Man kann auf den Inseln übernachten, aber die Plätze in den Bungalows oder Zelten sind sehr begrenzt. Alternativ gibt es Tagesausflüge oder besser **Live-Aboards** (Übernachtung auf dem Tauchboot), die trotz fehlendem Komfort lohnen.
Es gibt keinen regulären Fährbetrieb, weder auf Similan noch auf Surin – aber man kommt mit den Anbietern der Ausflüge hin und zurück.

Tagesausflug Schnorcheln / Tauchen:
Abholung vom Hotel ca. 7 Uhr. Fahrt zum Pier. Überfahrt mit dem Speed Boat zu den Surin Inseln. Schnorcheln in der **Maeyai Bucht** bei Chong Khat und Mittagessen auf der Insel **Chong Khat** beim Surin Informations-Zentrum. Ev. Besuch des Moken-Dorfes: auf der isolierten Insel lebende Seenomaden. Mittagessen am Strand im Nationalpark, Schnorcheln vor **Ao Tao** und bei **Pak Kard**. Danach Rückfahrt zum Pier und Transfer zum Hotel. Zurück ca. 18 Uhr.

Bei all diesen Ausflügen auf die westlich der Küste liegenden Inseln und Tauch-/Schnorchelgebiete lohnt es sich vorher einen Blick auf das **Wetter** zu werfen. Bei Wind (und Sturm) ist nicht nur die Überfahrt ruppiger, sondern auch die Sicht im Wasser schlechter. Außerdem muss damit gerechnet werden, dass es dann zu Änderungen im Plan kommt.

Koh Pah

Die kleinste Insel vor Khao Lak, direkt vor Ko Kho Khao. Man nennt sie auch "the unseen island", da man praktisch über sie stolpern muss um sie zu finden. Sie besteht eigentlich nur aus feinem, weißen Sand(strand): eine stattliche Düne, die vor allem bei Ebbe zum Ausruhen einlädt. Ein ruhiger Platz zum Relaxen und vielleicht Schnorcheln, wobei die Sicht stark variieren kann. Man kann sie via Longtailboot besuchen, eine Übernachtung ist nicht möglich. Buchbar zum Beispiel bei der *Memories Beach Bar* oder *Khaolak Wonderland Tours and Café*. 🖥 m.facebook.com/KhaolakWonderlandTours

Wasserfälle

Die Gegend um Khao Lak ist reich an Flüssen und Wasserfällen, die meisten davon in überschaubarer Größe. Die Fälle und die darunterliegenden Becken sind nicht nur Ausflugsziel für Touristen, sondern auch für die Thailänder (am Wochenende) und unter der Woche sieht man gelegentlich, wie sie für Körperpflege und zum Wäsche waschen benutzt werden.

Sai Rung / Pak Weep Waterfall (Rainbow Waterfall)

Sai Rung ist der im nördlichen Khao Lak am besten zugängliche Wasserfall. Der insgesamt 60 m hohe Wasserfall wird in etwa 20 m Höhe von einer breiten Stufe unterbrochen, die das Wasser recht imposant in die Tiefe stürzen lässt. Ein kühles Bad ist hier so gut wie immer möglich, da der Wasserfall fast immer Wasser führt und sich selbst am Ende der Hochsaison (im April) noch Wasser im unteren Becken befindet. Diese macht den Wasserfall zu einem beliebten sonntäglichen Ausflugsziel für viele Thaifamilien.

🚗 Knapp oberhalb des Pakarang Cape die Panoramastraße 4005 nach Takua Pa nehmen. Nach ca. 750 m geht es zum Wasserfall rechts ab: Schild Richtung „Rainbow Waterfall". Nach weiteren rund

1.5 km gelangt man zum Parkplatz am Ende der Straße beim kleinen Restaurant (*Suan Rim Naam*). Das Parken auf dem Privatparkplatz kostet pro Auto oder Motorrad 20 Baht, pro Fahrrad 10 Baht. Restaurantbesucher parken gratis. Man kann die Fische und Schildkröten im Bach füttern – ein Futterstand ist vorhanden. Nur ein kurzer Spaziergang (ca. 5 Minuten) und man ist am Wasserfall.
DG 8.74143, 98.27988 / GMS N 8°44' 29.148", O 98°16'47.568"

Ton Chong Fa Waterfall

Der fünfstufige Ton Chong Fa Wasserfall in den Hügeln direkt hinter Khao Lak führt das ganze Jahr über Wasser, so dass einer Abkühlung bzw. Dusche in den meist knietiefen bis hüfthohen Wasserlöchern nichts im Wege steht. Am Ende der Hochsaison im April ist das Baden aufgrund des herrschenden Wassertiefstands meist nur noch im großen Wasserloch der zweiten Kaskade möglich.

🚶 Zum Ton Chong Fah Wasserfall gelangt man über die kleine Straße, die in Höhe des Kilometers 62,7 in Bang Niang von der Hauptstraße 4 abzweigt. Der Straße folgt man etwa 6 km durch die schöne Landschaft An der Schranke, der Einfahrt zum **Lamru Nationalpark**, in dem der Wasserfall liegt, zahlt man 100 Baht Eintritt (Kinder 50 Baht) und parkt dahinter auf dem Parkplatz.
DG 8.65626, 98.28714 / GMS N 8° 39' 22.536", O 98° 17' 13.703"

Nach einem recht anstrengenden Fußmarsch durch schattigen Wald von ca. 15 bis 20 Minuten gelangt man zur ersten Kaskade des 200m hohen Wasserfalls. Wer weiter hinauf möchte, findet rechts neben dem Wasserloch einen kleinen ausgeschilderten Weg nach oben. Es lohnt sich, denn bei der obersten, fünften Stufe fällt das Wasser mehr als 20 m in die Tiefe und mit etwas Glück kann man den seltenen Schwalbenschwanz, andere hübsche Schmetterlinge, Insekten und Vögel beobachten. Der *Nature Trail* führt danach weiter. Der Weg bis zum Ende (dem Lam Ru Yai Kanal) ist etwas über 4 km. Die Dauer wird mit 4 Stunden angegeben und da der Trail im Nationalpark liegt, sollte man ihn nur mit Führer machen.

Der Wasserfall ist sehr hübsch – allerdings ist das der einzige Ort in Thailand, wo wir uns einmal Blutegel aufgelesen haben. Sie sind zwar ziemlich eklig, aber gesundheitlich ungefährlich. Tatsächlich sind sie ein Zeichen für eine ziemlich naturbelassene Umgebung. Entfernen lassen sie sich entweder indem man wartet, bis sie voll sind und von selbst loslassen (etwa 20 Minuten) oder indem man sie vorsichtig abkratzt (nah an der Haut).

Auch hier gilt: Mit der Eintrittskarte kann man den Nationalpark innerhalb der nächsten 72 Stunden mehrmals besuchen. – Zum Beispiel um im Lam Ru Nationalpark die kurze Küstenwanderung zum *Small Sandy Beach* zu machen, oder den *Lam Ru Wasserfall* bei Kapong zu besuchen.

Ton Pling Waterfall

Der Wasserfall liegt südlich am Fuße des Berg Lak und ist Teil des Lamru Nationalparks – auch wenn man hier keinen Eintritt zahlen muss. Es ist ein gut erreichbares Ausflugsziel. Einstufig, aber in drei Teile geteilt, mit einem massigen Stein im Wasser direkt davor. Von der Holzbrücke, die früher über das Becken unter dem Wasserfall führte, sind nur noch die Reste der Betonpfeiler sichtbar. Hierher kommen - außer Touren - oft einheimische Kinder zum Baden und Mütter zum Kleider waschen. Der kurze und steile Weg geht von der Hauptstraße 4 ab zu einem Parkplatz sehr nahe am Fall.
🚶 DG 8.61556, 98.24542 / GMS N 8°36'56.016", O 98°14'43.511"

Ton Tham Waterfall

Kleiner Wasserfall und Höhle mit Fledermäusen. Unter dem Wasserfall ist ein Becken, in dem man baden kann (in/nach der Regenzeit). Nicht einfach zu erreichen und deshalb kein normales Ausflugsziel. Die Straße ist zum Teil sehr schlecht, aber für geübte Rollerfahrer oder vorsichtig auch mit einem normalen PKW passierbar. Am Ende der passierbaren Straße, die von Lastwagen zum Holztransport benutzt wird, läuft man zu Fuß ca. 30-45 Minuten bis zum Wasserfall. Um ihn zu erreichen, muss man eine wackelige, rutschige Stahlleiter ersteigen.
🚶 Im grünen, hügeligen Hinterland. Der Weg geht zwischen dem Sai-Rung Wasserfall und dem großen Buddha an der Straße nach Takua Pa ab. DG 8.74136, 98.30659 /GMS N 8°44'28.896", O98°18'23.723"

Bor Hin Wasserfall

Auch Bo Hin genannt. Es ist der nördlichste Wasserfall, der zu Khao Lak gezählt werden kann. In der Regenzeit (oder nach Regen) ist er einen Besuch wert, in der Trockenzeit führt nur der Teil auf der rechten Seite Wasser und die dann trockenen Felsen sind etwas unspektakulär. 🚶 Auf Höhe des Bangsak Beach geht es vom Highway 4 ab ins Landesinnere, die Straße ist gut und führt durch

ältere Palmenplantagen direkt zum Parkplatz gleich beim Wasserfall.
DG 8.7744, 98.2799 / GMS N 8°46'27.84", O 98°16'47.639"

Lampi Wasserfall

Ein netter dreistufiger Wasserfall, am besten zu besuchen am Morgen oder am späten Abend. Das Becken unter dem Wasserfall ist tief genug, dass man hier schwimmen kann – was die Thailänder gerne tun. Hier hat man immer Leute, der Wasserfall ist ein beliebter Besuchspunkt nach Touren. 🚶 Etwa 30 Minuten südlich von Khao Lak, neben der Hauptstraße 4 geht die Straße ab. Der Weg vom Parkplatz bis zum Wasserfall ist kurz (ca. 5 Minuten zu Fuß). Wenn man über die (etwas baufällige) Brücke nach links geht, kommt man rasch zur 2. Stufe des Falles, bei der man auch baden kann. Vor den Fällen hat es Toiletten, bei den Fällen eine Dusche / Umziehkabine. Man zahlt Parkeintritt. 100 Baht pro Person, 30 pro Fahrzeug.
DG 8.46443, 98.28009 / GMS N 8°27'51.948", O 98°16'48.324"

Ton Prai Wasserfall

Noch etwas weiter südlich gelegen ist dieser dreistufige Wasserfall, der nach einem etwas anstrengenden (aber nur 700 m langen) Fußweg durch den Dschungel über Wurzeln, Bambus-Brücke, und Stein erreicht wird. Der Wasserfall ist dafür relativ ruhig und nicht so stark besucht und man kann darunter baden.

🚶 Der Wasserfall liegt 30 km südlich von Khao Lak. Der Weg von der Hauptstraße 4 (Straße 1030) führt über 6 km und wird zunehmend enger und bewaldeter. Beim Visitor Center bezahlt man Eintritt (100-200 Baht), da die beiden Fälle zum **Khao Lampi–Hat Thai Mueang National Park** gehören.
DG 8.43654, 98.30888 / GMS N 8°26'11.544", O 98°18'31.968"

Weitere Wasserfälle

(Beschreibungen in den zugehörigen Kapiteln)

Bei Kapong:
Lam Ru Waterfall. Er gehört zum Lam Ru Nationalpark, liegt aber rund 35km Luftlinie entfernt bei Kapong.

Im Norden:
Tam Nang Wasserfall im Si Phang Nga Nationalpark. Eine echter Geheimtipp.

Im Khao Sok:
der **Mae Yai** Waterfall,
Wing Hin Waterfall,
Sip Et Chan Waterfall,
Ton Kloi Waterfall

Im Süden:
Ton Sung - Phu Pha Sawan Waterfall

Bei Phang Nga:
Sa Nang Manora Forest Park
Raman Waterfall Forest Park,
Namtok Song Phraek im Ton Pariwat Sanctuary
Tao Thong Wasserfall (flach, mit Hängebrücke)

Auf Phuket:
der **Bang Pae** Waterfall im Norden beim Gibbon Project
der **Ton Sai**.

Tempel und Religion

In Thailand gibt es keine offizielle Staatsreligion und es herrscht Religionsfreiheit. 95% der Einwohner gehören aber dem Theravada Buddhismus an – der König von Gesetzes wegen. Thailands Buddhismus hat eine starke Unterströmung von Hinduismus und ein thailändisch-chinesischer Teil praktiziert diverse chinesische Volksreligionen, inklusive Taoismus. Ein Teil der Bevölkerung vor allem im Süden sind Muslime, diese machen etwa fünf Prozent der Gesamtbevölkerung aus. Christen sind nur etwa ein Prozent.

Buddhistische Mönche sieht man vor allem morgens durch die Straßen wandern. Sie haben meist eine Schale mit sich in der sie Essenspenden empfangen. Frauen können im Theravada Buddhismus nicht Mönch (oder Nonne) werden, aber sehr viele Männer haben als Jungen eine Zeit als Novize in einem Kloster verbracht – früher war das die einzige Möglichkeit, an eine (höhere) Ausbildung zu kommen. Heute gibt es dafür das staatliche Bildungssystem, welches aber oft mit den Tempeln und Mönchen zusammenarbeitet. Es gilt immer noch als ehrenvoll und bringt der Familie Verdienst (gutes Karma), wenn die Söhne eine Zeitlang im Kloster als Novizen leben.

Der Besuch der Tempel steht Touristen frei, allerdings sollte man sich **respektvoll verhalten** und anständige Kleidung tragen:
- Miniröcke oder kurze Hosen und Oberteile mit Spaghettiträgern sind nicht okay, genau so wenig wie oben ohne bei Männern. Manche Tempel verkaufen oder vermieten beim Eintritt passende Kleidungsstücke.
- Vor dem Betreten des Tempels muss man die Schuhe ausziehen. Bei den Tempeln hat es deshalb oft Schuhregale, oder man stellt sie einfach vor den Stufen auf den Boden.
- Nicht auf die Türschwelle treten: da leben die Hausgeister, wenn man denen auf den Kopf tritt, bringt das Unglück.
- Keine Buddha Figuren anfassen oder besteigen. Es wird schon am Flugplatz darauf hingewiesen, dass man keine Buddha Figuren und Bilder kaufen und ausführen soll.
- Fotografieren mit Respekt: auf Blitzen verzichten, Personen vorher fragen, ob sie einverstanden sind.

Die Thailänder sind aber wirklich sehr locker, was das Verhalten der Touristen angeht und in den Tempeln ist die Atmosphäre auch oft alles andere als gedämpft.

Tempel und Schreine in Khao Lak

Wat Khomniyaket - Khuek Khak Tempel

An der Hauptstraße direkt bei der Einfahrt des JW Marriott gelegen. Durch das auffällige Tor muss man etwas nach hinten laufen. Sehr schöner, neu renovierter, klassischer und imponierender thailändischer Tempel mit Tierfiguren im umgebenden Park, die auf den animistischen Teil der Religion deuten. Wer nur einen Tempel ganz in der Nähe hier besuchen will, sollte diesen wählen.

Wat Pattikaram

An der Hauptstraße 4, gut sichtbar, südlich des Hügels beim Tonprai Wasserfall gelegen. Größere klassische Tempelanlage. Wer südlich vom Hügel wohnt, kann diesen besuchen.

Wat Phanat Nikhom

Ein kleiner, aber feiner Tempel in weiß-gold in der Nähe des Polizeibootes in Bang Niang (gleiche Seite, etwas zurückversetzt und Richtung Khuk Khak). Abends bunt beleuchtet.

Wat Khuek Khak

Wat Samnak Song Daeng

Geisterhaus

Wat Phanat Nikhom

8 Tempel und Religion

Wat Phadung, Tham Phothi Wat

In Bang Niang in Richtung Strand hinter dem Andaman Hub Medical Center hat es eine Tempelanlage mit einem großen, sitzenden weißen Buddha, dessen silberne „Krone" fast darüber zu schweben scheint.

Wat Tao Gong

Kleiner **chinesischer Tempel** in Khuk Khak. Von der 4 fährt man unter einem Tor auf die Nebenstraße, wo er sich hinter einer Einfahrt verbirgt. Es ist ein kleiner taoistischer Schrein, der von chinesischen Migranten der Insel Hai Nan erbaut wurde und Bun Tao Gong gewidmet ist: ein Gott und Beschützer der Fischer. Besonders interessant ist ein Besuch zu chinesisch Neujahr und dem Vegetarian Festival. DG 8.69914, 98.25202 / GMS N 8°41'56.904", O 98°15'7.272"

Poh Ta Khao Lak

Kein Tempel, sondern ein Schrein auf dem Pass südlich von Khao Lak. Der sogenannte **Shrine of the Khao Lak God** befindet sich gegenüber der Polizeistation. Jeder Autofahrer, dem die Existenz des Schreines bekannt ist, hupt in Ehren beim Vorbeifahren dreimal, um den Segen für eine gute Weiterfahrt zu erhalten. Einheimische lassen verschiedene Gaben wie Räucherstäbchen, Früchte, Feuerwerk, Papiergeld, Kränze oder keramische Figuren da.

Weitere Tempel

(Beschreibungen in den einzelnen Kapiteln)

Südlich von Khao Lak bei Thai Mueang:
Wat Tha Sai – sehr hübscher Holztempel direkt am Strand
Leng San Keng Shrine – chinesischer Tempel in Thai Mueang

Bei Kapong:
Wat Pak Mok mit Stuckfiguren und chinesischem, dicken Buddha
Wat Inthaphum
In Phang Nga:
Wat Suwan Kuha – bekannter Höhlentempel mit liegendem Buddha
Wat Thamtapan – der Drachenmaul- und Höllenbilder-Tempel.
Wat Bang Riang – Tempel in 3 verschiedenen Stilen auf den Hügeln.
Wat Bang Thong – Riesiger Tempel mit fast 70 m hohem, goldenen Zentralturm.
Dragon Cave Temple – Höhlentempel auf mehreren Ebenen mit Aussicht.

In Takua Pa:
Wat Khongkha Phimuk – rundumvergoldet und innen mit Spiegelmosaik
Big Buddha von Takua Pa – Klosteranlage Ban Dok Daen zwischen Khao Lak und Old Takua Pa.
2 **Chinesische Tempel**: beide bei der Altstadt von Takua Pa.

Beim Khao Sok:
Wat Tham Phanthurat der Affen-Tempel

Auf Phuket:
Wat Chalong – einer der größten und bekanntesten Anlagen.

Drei Tempel Tour

Viele Tourenanbieter bieten „drei Tempel Touren" an, mit unterschiedlichen Tempeln. So gut wie immer dabei ist *Wat Suwan Kuha* in der Höhle und häufig *Bang Riang* auf dem Hügel. Es ist eine ganztägige Tour, inklusive Transfers, Tempeleintritte und Mittagessen / Getränke. Man wird morgens im Hotel abgeholt und besucht nacheinander die Tempel, wobei man etwas über die Religion und die Geschichte erfährt. Leider kommt diese Information oft etwas kurz, da viele Tourenanbieter ihre Aufgaben mehr im Transport sehen, als etwas über Land und Leute zu erzählen. Dazwischen gibt es feines Mittagessen in einem thailändischen Restaurant, abends wird man wieder zurück gebracht. Weil die Tempel teils entfernt liegen bedeutet das langes Autofahren, weshalb diese Tour nicht unbedingt etwas für Kinder ist. Man kann sie aber auch auf eigene Faust unternehmen oder anders zusammenstellen.
Zum Beispiel (nach Norden): *Khuek Khak Tempel, Big Buddha* und *Wat Khongkha Phimuk* und der *chinesische Tempel* in der Altstadt von Takua Pa. Oder (nach Süden): *Wat Pattikaram, Leng San Keng Shrine* bei Thai Mueang und *Wat Tha Sai* - Holztempel direkt am Strand direkt darunter.

Geisterhäuser

Vor vielen Häusern in Thailand stehen diese kleinen Häuschen oder Schreine – meist auf Stelzen oder einem Sockel. Die Größe variiert von Schuhschachtelgroß bis zur Größe eines kleinen Einfamilienhauses. Es sind Geisterhäuser, Schreine für die Naturgeister in Thailand. Eigentlich sind das Reste des alten animistischen Glaubens, der aber vom Buddhismus geduldet wird. Sobald ein Grundstück erbaut wird, errichtet man diese Häuser für die hier lebenden Geister, um sie zu beschwichtigen. Man findet sie auch an unfallträchtigen Straßen. Den Geistern werden Opfergaben in Form von Speisen und Getränken gemacht und der Stil ist meist attraktiver als das Hauptgebäude – damit die Geister nicht dorthin wechseln ...

Der Tsunami 2004

 Khao Lak war eine der am härtesten betroffenen Regionen des Tsunamis, der im Dezember 2004 nach dem Erdbeben im Indischen Ozean auftrat. Ein Großteil der Landschaft an der Küste wurde dabei zerstört. Die lokale Wirtschaft war ebenfalls stark betroffen. Zu dem Zeitpunkt befanden sich viele Resorts im Aufbau und wurden vom Tsunami überrollt. Dies und der Verlust an Menschenleben (über 4000 – in Phuket waren es 300) warf die aufsteigende Tourismusdestination stark zurück. Inzwischen hat sich Khao Lak aber erholt – die Hotels wurden wieder aufgebaut, die lokale Infrastruktur ebenfalls und die nicht vom Tourismus abhängige Population ist auf einem Level wie vor dem Tsunami. An Landschaft und Gebäuden ist (vor allem für das unerfahrene Auge) heute nichts mehr erkennbar von der Verwüstung, es gibt jedoch Plätze, an denen der Folgen des Tsunami gedacht wird.

Navy Boat 813

Eine bleibende Erinnerung an den Tsunami liefert das Navy Boat 813, das von der Welle ins Landesinnere geschoben wurde und das immer noch dort liegt – inzwischen ist es ein Denkmal. Das Boot ankerte vor der Küste und hatte die Aufgabe, auf ein Mitglied der königlichen Familie aufzupassen: den Enkel, der vor Khao Lak Jetski fahren war. Die Kraft des Tsunamis hat das fast 25 m lange Boot losgerissen und es ins Innere des Landes getragen. Der Enkel kam dabei ums Leben. Seine Mutter, Prinzessin Ubolratana war an Land und konnte sich mit anderen in die oberen Stockwerke des Flora Resorts flüchten, wo sie überlebten. Das eindrucksvolle Militärboot liegt heute an derselben Stelle, an der es angeschwemmt wurde – fast 2 km vom Meer entfernt im Landesinneren. Man ließ es als Memorial stehen. Über die Jahre wurde die Umgebung entwickelt, früher lag es auf der Seite, einsam in einem weiten, grünen Feld, heute ist das Boot und das Feld befestigt und Gedenktafeln und Museum daneben erinnern an das Ereignis. Zusammen mit den neu errichteten Beton-Strukturen daneben wird es als Tsunami Memorial Phangnga bezeichnet. Einige

Souvenir-Anbieter haben Hütten aufgestellt, wo sie mit „Free Information here"-Schildern und ein paar Fotos an den Wänden Touristen anziehen wollen.

🛬 Landseitig etwas hinter der Hauptstraße 4 gelegen, gegenüber dem Bang Niang Markt.

International Tsunami Museum

In der Nähe des Memorials (seit 2018 direkt davor) liegt das *International Tsunami Museum*. Es bietet für 300 Baht Eintritt in kleine, ziemlich karge Räume mit Fotos und vor allem Videos, die in Dauerschlaufe auf Bildschirmen in den Räumen laufen mit allgemeinen Informationen über Tsunamis – und weniger Info über die Auswirkungen des Tsunami auf Khao Lak selber. Das Museum wurde mit internationaler Hilfe vor allem mit dem Ziel der Weiterbildung errichtet. Einige der Filme kennt man von YouTube, es sind Augenzeugenberichte und -aufnahmen die einem deutlich machen, welche Kraft diese Welle hatte ... und dass es nicht (wie man sich das oft vorstellt) eine meterhohe Flutwelle ist, sondern eine unaufhaltsame Macht, die deshalb so gefährlich ist, weil sie eine Menge Trümmer mit sich schwemmt, die alles zerdrücken und weiter zerstören.

Das *Tsunami Memorial Museum* etwas weiter vorne, in dem das Augenmerk auf das Leben in Khao Lak vor und nach dem Tsunami lag, musste in der Covid Zeit leider geschlossen werden.

Tsunami Memorial auf der Naval Basis

Direkt neben dem Sea Turtle Conservation Center auf der Phang Nga Naval Base gelegen findet man die Überreste eines weiteren Militärbootes und Erinnerung an den Tsunami von 2004. Das **Coastal Reconnaissance Boat T 215** der Küstenwache war eingeteilt als Begleitung für die Prinzessin Ubolratana. Das fast 20 m lange Schiff hatte eine Verdrängung von 31 bis 35 Tonnen, zwei Dieselmotoren, einer Besatzung von neun und war bewaffnet mit Kanone und Maschinengewehr. Es befand sich vor der Küste vor dem La Flora Resort, als der Tsunami kam, es beschädigte und zum kentern brachte. Der ganze Aufbau wurde dabei abgerissen – vom Boot ist nur noch die untere Hülle und die Abdeckung vorhanden, es sieht also wesentlich weniger repräsentativ aus als das Navy Boat 813 in Bang Niang. Heute liegt das Boot T 215 ebenfalls wo es angespült wurde. Es ist umgeben von einer kleinen Wasserfläche, wurde mit einer Infotafel versehen und ist das Tsunami Memorial der Naval

Base - direkt neben der Schildkrötenstation.
🛖 Die Naval Base und der Golfplatz befinden sich ein paar Minuten südlich von Khao Lak, vor dem Hügel Lak – auf dem Weg zum Tab Lamu Pier. DG: 8.58113, 98.23397 / GMS: N 8° 34' 52.068" O 98° 14' 2.291"

Tsunami Memorial in Ban Nam Khen

Ein vom Tsunami stark betroffener Ort war das Fischerdorf Ban Nam Khen, nördlich der Strände von Khao Lak. Dort steht heute der Ban Nam Khen Tsunami Memorial Park, etwas westlich des Dorfes (und des Piers zu Ko Kho Khao) am Strand. Der Park ist gut unterhalten und hat ein kleines Museum mit vielen Fotos. Das Memorial besteht aus zwei längeren Wänden. Eine ist aus Beton und geformt wie eine Welle, die gegenüberliegende Wand ist bedeckt mit Kacheln und Namensschildern, manche mit Fotos, andere mit frischen Blumen. Eine Wand voller Leute, die es nicht mehr gibt, die man aber nicht vergessen hat, darunter einige Europäische Namen.
🛖 An der Landzunge nahe dem Pier zur Insel Ko Kho Khao.
DG 8.85919, 98.26523 / GMS N 8° 51' 33.084"O 98° 15' 54.828"

Ban Nam Khem Tsunami Museum

Das Museum wurde im Februar 2022 neu eröffnet. Ein berührendes Video führt in das Thema ein: die Auswirkungen, die der Tsunami 2004 hatte. Es gibt Informationen über den Schutz vor zukünftigen Tsunamis und was die Kinder in der Schule darüber lernen. Außerdem viele Erinnerungsstücke, die geborgen wurden. Im Innenhof liegen 2 der Fischerboote und vom Dach aus hat man eine gute Sicht auf die Umgebung. ◐ von Mittwoch bis Sonntag 8.30-16.30 Uhr. Der Eintritt ist frei – sie freuen sich über Spenden. 🛖 In der Nähe des Tsunami Memorials aber landwärts gelegen. Man folge den Hinweistafeln.
DG 8.6067645, 98.2617416 / GMS N 8° 36' 24.352", O 98° 15' 42.269"

Navy Boat 813

Tsunami Memorial Ban Nam Khem

Ban Nam Khem Tsunami Museum

9 Tsunami 2004

Tsunami Warnsystem

Wegen dem Tsunami hat man ein Warnsystem eingerichtet – das im April 2012 nach einem Erdbeben vor Sumatra erfolgreich getestet wurde und das eine Warnung etwa zwei Stunden vorher herausgeben kann – genug Zeit um höher-gelegenen Grund zu erreichen. Die Schilder, welche die Evakuations-Routen anzeigen, sieht man heute an vielen Orten an der Küste, auch wenn einige davon inzwischen ziemlich ausgebleicht sind. Sie führen auf erhöhten Grund, wohin man sich im Falle einer Tsunami-Warnung zurückziehen sollte. AN Orten wie der Insel Ko Kho Khao, die keine nennenswerte Erhebung aufweisen, wurden extra „Tsunami-Shelter" erbaut, mehrstöckige Gebäude aus stabilem Beton.

Elefanten

Asiatische Elefanten sind vom Aussterben bedroht. Von den um 1900 in Siam (wie Thailand damals hieß) etwa 200'000 wild lebenden Elefanten finden sich heute noch (optimistisch geschätzt) etwa 3500. Die Tiere wurden seit Jahrhunderten als Nutztiere zum Bewegen von Lasten eingesetzt – und an ihrer Anzahl wurde im Krieg die Macht des Herrschers gemessen. Das Waldschutzgesetz von 1989 hat in Thailand tausende Arbeitselefanten und ihre Mahouts arbeitslos gemacht. Auch deshalb versuchten die meist mittelosen Besitzer mit Hilfe ihrer Tiere Geld von den Touristen zu bekommen. So ein Elefant verzehrt rund 200 Kilo Nahrung am Tag und er muss bewegt, versorgt und unterhalten werden. In Thailand sind die Elefanten zusammen mit der Familie aufgewachsen und die Kinder mussten lernen, mit den Elefanten umzugehen, sie zu pflegen und mit ihnen zu arbeiten. Der Haken, den man oft sieht, ist dabei praktisch nur ein Zeichen für die Mahout-Ausbildung. Elefanten gehören in Thailand praktisch zur Familie, deshalb kümmern sich Mahouts meist gut um ihre Tiere. Natürlich gibt es Ausnahmen.

Touristen-Attraktionen mit Elefanten werden heute sehr kontrovers diskutiert. Man sollte bedenken, dass das trotz allem Wildtiere sind, auch wenn die meisten heute in Gefangenschaft geboren und aufgewachsen sind; die Haltung erfolgt trotz aller Bemühungen nicht „artgerecht": sie haben oft keinen Auslauf nachts, sie werden mit diversen Methoden trainiert. Gelegentlich finden sich bei derartigen Touristenattraktionen deshalb Tiere, die dafür nicht geeignet sind –

männliche Elefanten kommen periodisch in die Must und reagieren dann aggressiv. Unfälle beim Elefantenreiten kamen deshalb vor. Andererseits gibt es für die Tiere sonst kaum mehr etwas zu tun – und einfach in die Wildbahn entlassen kann man so einen Haus- oder Arbeitselefanten auch nicht. Daneben werden die Gebiete, in denen sich die Elefanten sicher aufhalten und selber versorgen können, immer weniger. Im Süden hat es nur noch im Khlong-Saeng - Khao Sok Waldkomplex wildlebende Elefanten.

Elefantenreiten

Wer Kontakt hat mit Elefanten kann auf folgendes achten, um einzuordnen, wie die Elefanten behandelt werden:
- Hat der Elefant an den Gelenken, am Kopf oder am Hinterteil Narben oder Wunden? Diese können von den Werkzeugen der Mahouts stammen oder vom Kratzen an Bäumen. Weißes oder violettes Pulver an den Stellen wird zur Wundversorgung eingesetzt.
- Schüttelt der Elefant ständig mit dem Kopf oder weist er andere Verhaltensauffälligkeiten auf?
- In welchem Zustand ist die Farm? Haben die Elefanten genug Platz?
- Wann und wo finden eventuelle Elefantenritte oder sonstige Aktionen statt: Um die Mittagszeit ist es auch für die Elefanten eine Qual, wenn sie ohne Schatten lange in der prallen Sonne sein müssen.

Wir waren früher diverse Male in Elefantencamps, bei verschiedenen Anbietern. Nur bei einem haben wir uns unwohl gefühlt: damals einer der größten Anbieter beim Khao Sok Park. Der ziemlich große, männliche Elefant hatte einen Mahout, der sichtbar nervös wurde, als Junior beim anschließenden Füttern zu nahe an den Elefanten kam. Ein paar Wochen danach verunfallte in demselben Park ein Touristenpärchen, weil zwei Elefanten aufeinander losgingen.
Heute reiten wir nicht mehr. Es gibt zahlreiche Elefantencamps, die auf tierfreundlichere Aktivitäten mit und um Elefanten setzen – und je mehr Leute die wählen und nicht reiten, desto mehr wird das angeboten:

Andere Aktivitäten mit Elefanten

Zusammen mit Elefanten baden gehen: Da hat es unterschiedliche Anbieter in Khao Lak – ich empfehle vorher abzuklären, wie das ist, ansonsten badet man statt in einem sauberen fließenden Gewässer mit dem Elefanten in einem ziemlich trüben Tümpel.

Interaktion mit Elefanten: Beobachten, füttern und eventuell waschen. Das haben wir vor ein paar Jahren entdeckt und bevorzugen das seitdem statt des Reitens. Manche Camps bieten ein- bis mehrtägige **„Mahout-Programme"** an oder weitere Aktivitäten wie **Papier herstellen aus Elefantendung** oder Kochkurse.

Liste freundlicher Anbieter für Elefanten-Kontakte in der Umgebung von Khao Lak:

Khao Lak Elephant Home – Elefanten füttern und baden, Mahout Programm (nur Erwachsene). Beim Memories Beach.
🖥 khaolakelephanthome.com
Khao Lak Elephant Sanctuary – neuer Anbieter beim Sai Rung Wasserfall. Elefanten beobachten und Info, ganztägiges Mahout Programm, Kombi mit anderen Aktivitäten. 🖥 khaolak-elephantsanctuary.com
Phang Nga Elephant Park – etwa 20 Minuten von Khao Lak auf dem Weg nach Phang Nga bietet „Ethical Elephant Tours" und Elefantenkontakt. 🖥 Phangngaelephantpark.com
Elephant Hills – beim Khao Sok: 2 bis 4 Tages-Touren inklusive Info und Elefanten füttern. Unterkünfte im Regenwald und auf dem Cheow Lan Lake in Luxuszelten. Empfehlenswert, aber nicht günstig €€€. 🖥 elephant-hills.com
Phuket Elephant Sanctuary – Nur schauen und ev. füttern. Park mitten auf Phuket. 🖥 phuketelephantsanctuary.org

Und ein Negativ-Beispiel:
Der Elefant, den man unten im Khao Lak Village, neben der Straße sieht (bevor es den Hügel hoch geht). Das ehemalige *Asia Elephants* (neu *Khao Lak Elephant*) ist 2024 kein klassisches Camp mit Reiten mehr. Es gehört neu der Besitzerin des Nai Muang Restaurants, die sich erbarmt hat. und sich bemüht, das zu verbessern. Auf dem Schild steht: "Kein reiten, kein baden, nur füttern. Ein Spaziergang mit dem Elefant zum Wasserfall". Der einsame weibliche Elefant steht allerdings die meiste Zeit des Tages am Bein angekettet im Schatten der Bäume hier. Uns hat er Leid getan, aber wir wollten das dennoch nicht unterstützen. Es gibt genug Plätze, bei denen die Tiere wesentlich besser behandelt werden.

Heiße Quellen

 Thailand hat 114 heiße Quellen, die meisten davon nicht kommerziell genutzt, weder zur Energiegewinnung noch in Bädern. Auch um Khao Lak gibt es heiße Quellen dank der Aktivität der indo-australischen Platte, die (weit) vor der Küste unter die Eurasische Platte rutscht. Namentlich nördlich von Khao Lak bei Ranong, oder südlich in Krabi, wo einige Hotels das als touristische Attraktion anbieten. Die Quellen hier im Süden von Thailand riechen übrigens kaum nach Schwefel – im Gegensatz zu denen im Norden, werden aber genau so heiß: Man kann in ihnen Eier kochen.

Rommanee Hot Springs

Die öffentlichen heißen Quellen oben beim Khao Sok haben eine sehr gute und saubere Infrastruktur. Es hat Garderobengebäude und vier verschiedene Becken mit unterschiedlichen Temperaturen, das heißeste so heiß, dass man Blasen bekommen kann, dort, wo das Wasser eingelassen wird. ⏰ von 8-19.30 Uhr. Sie werden von thailändischen Familien benutzt, die zusammen etwas für ihre Gesundheit tun wollen und sind bei asiatischen Touristen so beliebt, dass sie inzwischen auch chinesisch angeschrieben sind. Der Eintritt kostet 50 Baht für Erwachsene, Kinder sind gratis.
🖥 rommaneehotspring.com (nur thailändisch)
🚗 Etwa 40 km nördlich von Khao Lak vor dem Khao Sok Nationalpark. DG 8.82665, 98.43297 / GMS N 8°49'35.76", O 98°25'58.691"

Ban Bo Dan Hot Springs

Öffentlich zugängliche, eingefasste heiße Quellen auf Hotelgelände: *Hot Spring Beach Resort and Spa*. Tagesbesucher erlaubt.
🖥 thehotspringbeach.com
🚗 Südlich von Khao Lak, etwa 10 km unterhalb von Thai Muang gelegen. DG: 8.30735, 98.27383 / GMS: N 8°18'26.46" O 98°16'25.788"

Kapong Hot Springs

Die heißen Quellen von Kapong liegen im Landesinnern knapp außerhalb des Lam Ru Nationalparks bei Kapong. Sie entspringen in einen kleinen Fluss und sind fast komplett unerschlossen – wenn man von ein paar zu Bademulden aufgeschichteten Steinen im Flüsschen absieht. Inzwischen gibt es einen Verkaufsstand beim Parkplatz, an

dem man Getränke kaufen kann – und Eier mit einem Körbchen um sie in den Quellen zu kochen.
DG: 8.66979 98.47132 / GMS N 8° 49' 11.244" O 98° 28' 16.752"

Aussichtspunkte

 Hinter der flachen Westküste von Thailand mit den wunderbaren Sonnenuntergängen über dem Meer liegt hügeliges Land. Die Küstengebiete bestehen aus Sandstränden oder Mangrovenwäldern. Imposante Kalksteinfelsen erheben sich unten bei Phang Nga und oben im Khao Sok. Um etwas vom Umland zu sehen, empfiehlt sich der Besuch eines oder mehrerer Aussichtspunkte. Hier eine Übersicht, genaue Beschreibung in den einzelnen Kapiteln.

Andaman View Point und Coconut Viewpoint

Aussichtspunkt oberhalb von Khao Lak (nicht zu verwechseln mit dem ähnlich genannten *360° Viewpoint* knapp oberhalb der Sarasin Bridge). Gut mit Roller oder Auto selbst zu erreichen. Parkplatz und die Möglichkeit etwas zu trinken und zu essen. Aussicht auf das Meer aus einer etwas erhöhten Lage. Tagsüber schön, einsam, etwas unspektakulär – extrem schön aber zum Sonnenuntergang und eine tolle Alternative zum Phu View Restaurant.

Kurz vor dem Bangsak Village Richtung Norden auf der nicht zum Strand gerichteten Seite. Die Einfahrt ist beschildert.
DG 8.76819, 98.2734 / GMS N 8° 46'5.484", O 98°16'24.239'

Khao Khai Nouy

Aussichtspunkt mit wundervoller Aussicht vor allem früh morgens, wenn die Hügel von leichtem Morgennebel bedeckt sind.

Der Viewpoint befindet sich nur etwa 30 Minuten südlich von Khao Lak. Die Straße geht vom oberen Teil des Straßen-Dreiecks der 4240 hoch. Mit einem normalen PW kann die Fahrt hoch schwierig werden. Mehr Info im Kapitel "der unentdeckte Süden".
DG 8.55965, 98.29488 / GMS N 8°33'34.74", O 98°17'41.568'

Phu Ta Cho Viewpoint

Auch Phutajor. Ein landwärts und sehr abseits gelegener Aussichtspunkt mit Blick über das hügelige weite Land. Morgens hat man vom 860m hohen Gipfel Sicht auf das Nebelmeer, was vor allem nord–thailändische Besucher anzieht. Er liegt in der Nähe von Kapong über eine Stunde Fahrt von Khao Lak entfernt. Oben ist man zumindest tagsüber oft alleine mit der Aussicht. Mehr Info im Kapitel Kapong. DG 8.68694, 98.5224/GMS N 8°41'12.984", O 98°31'20.64"

Khao Sok Viewpoint

Der direkt neben der Hauptstraße gelegene Aussichtpunkt findet sich auf dem Weg in den Khao Sok Nationalpark, etwa eine Stunde Fahrt nördlich von Khao Lak. Leider wird er von Transport oder Taxi normalerweise nicht angefahren. Es lohnt sich Halt zu machen, da es einer der wenigen Orte im Park ist, an dem man einen Überblick über die hügelige Landschaft hat – ohne davor hängende Leitungen. Mehr Info im Kapitel Khao Sok.
DG: 8.88534, 98.50255 / GMS N 8°53'7.224", O 98°30'9.179"

Samet Nangshe Viewpoint, Beyond Skywalk, Ao Toh Li Viewpoint

Mit wunderbarem Blick auf die Phang Nga Bucht. Die Aussichtspunkte liegen etwas über eine Stunde Fahrt südlich von Khao Lak. Samet Nangshe, ist zusammen mit dem daneben gelegenen Aussichtspunkt **Ao Toh Li** im Kapitel Phang Nga ausführlich beschrieben. Wunderschön ist die Aussicht zum Sonnenaufgang über dem Meer, deshalb gibt es jetzt früh startende Touren dorthin, oder man übernachtet grad dort oben. Direkt daneben wurde ein Glasbodenweg gebaut, den man seit 2024 besuchen kann.
DG: 8.23999, 98.44634 / GMS: N 8°14'23.964" O 98°26'46.824"

Khao Nang Hong View Point

Die Straße zwischen Phang Nga und Krabi ist eine der schönsten in der Gegend (aber sehr kurvig), der Viewpoint nur ein kleiner Stopp unterwegs. Genauere Beschreibung im Kapitel Phang Nga.
DS 8.53515, 98.5593 / GMS N8°32'6.54", O 98°33'33.479"

Thailändische Massage

 Die Thailändische Massage ist weltbekannt und heute eröffnet in Khao Lak kaum ein Hotel, das nicht auch ein Spa integriert hat und Massagen sowie weitere Behandlungen anbieten.
Die traditionelle Thai Massage hat eine Geschichte von über 2500 Jahren. Laut den Anwendern laufen eine Vielzahl unsichtbarer Energielinien durch den Körper. Der Masseur benutzt seine Hände, Ellbogen, Füße, Fersen und Knie um entlang dieser Linien Druck auszuüben und Blockierungen zu lösen, damit die Energie frei durch den Körper fließen kann. Viele Thailänder glauben an den positiven Effekt dieser Massagen auf die Gesundheit und zur Behandlung von Krankheiten. Nach einer Sitzung sollte man sich sowohl entspannt, als auch energetisiert fühlen. Obwohl Spas erst in den 1990ern in Thailand eingeführt wurden, ist es heute eine der beliebtesten Spa Destinationen der Welt. Außer den traditionellen Thai Massagen wird eine Vielzahl internationaler Behandlungen angeboten, inklusive Aromatherapie, schwedische Massage und mehr.

Außer im **Hotel-Spa** kann man sich **am Strand massieren lassen**. Vorteile: Vor Ort, sehr günstig (ab 300 Baht), teils mit schöner Aussicht aufs Meer. Nachteile: die Qualität ist sehr abhängig von der massierenden Person, es kann auch im Schatten sehr heiß werden am Strand. Zum eigenen Schutz würde ich mir die Unterlage gut anschauen und eventuell das eigene Badetuch dazwischen legen. Bei der Massage am Strand wird durch den Badeanzug massiert.

Man findet die kleinen Holzhütten mit Liegen neben großen Hotels und an gut besuchten Stränden wie dem Memories, White Sand Beach, Coconut Beach.

Eine weitere Möglichkeit sind **Massagesalons**. Das ist eine Stufe besser als am Strand, je nach Qualität auch mehrere Stufen, wodurch sie an einen wirklich guten Hotel-Spa herankommen. In Phuket / Patong haben wir das *Let's Relax* häufiger besucht, das ich sehr empfehlen kann. Dort kam es auch nie vor, dass mir ein „happy ending" vorgeschlagen wurde ... was gelegentlich noch heute in Massagesalons vorkommen kann, allerdings kaum in Khao Lak.

Massagesalons in Khao Lak (Auswahl)
Bangniang: *Bangniang Slimming and Massage*,
Parsap Massage, 💻 facebook.com/parsapp,
Bussaba Thai Massage 💻 thaimassagekhaolak.com,
La On: *Casi Thai Massage*, *Ying Thai Massage*, *Coconut Massage*

🖥 coconut-massage-khao-lak.business.site,
Namfon Massage 🖥 namfon-massage-khao-lak.business.site
Khuek Khak: *Didi Massage*
La Vita Sana Khao Lak Neue, moderne und große Wellnessoase in Khao Lak bei Bang Niang. Restaurant und Café. Preise höher, aber typisch für einen modernen Spa. 🖥 lavitasanakhaolak.com

Hier der **Beschrieb eines Spa-Besuchs** (hochwertiger Hotel Spa: *Quan Spa* im *JW Marriot*)

Man wird mit einem kalten Tuch (es ist heiß draußen) und einem erfrischenden Getränk empfangen. Dann geht es in den Spa-Bereich. Im eigenen Zimmer kann man sich ungestört umziehen: Ausziehen bis auf die Unterhosen – und eventuell Wechsel in die angebotenen, Einmal-Unisize-Netz-Unterhosen, Bademantel und Badeschuhe. Vor dem Start der Massage gibt es ein Fußbad und ein Fuß-Peeling, wobei einem erklärt wird, was jetzt kommt. Danach legt man sich auf die Massageliege. Erst auf dem Bauch, dann (wenn sie es einem signalisiert) auf den Rücken, zum Schluss kurz sitzend. Thailändische Massagen findet durch Stoff statt (Kimono oder Tuch) und ohne Öl – es gibt aber Misch-Massagen oder Aromatherapie- oder schwedische Massage. Die nicht massierten Körperteile werden abgedeckt, damit man in den klimatisierten Räumen nicht friert. Während der Massage hat man meist Blick auf ein hübsches Blumenarrangement auf dem Boden und lauscht sanften Klängen. Ich schaffe es regelmäßig dabei einzudösen, meiner Frau ist die Massage dafür aber meist zu … energ(et)isch.
Wieder angezogen lässt man die Wellness-Stunde mit einem süß-scharfen Ingwer Tee ausklingen.
Vom Preis her ist das mit 2500-3000 Baht etwa 10mal höher als die Strandmassage. Allerdings wird einem hier mehr geboten und im Vergleich zu Massagen in Europa ist es immer noch günstig. Es lohnt sich Packages zu buchen, so vorhanden.

Bambusfloss fahren

Minigolf

ATV

Kajaken

Turtle heaven

Ton Pling Wasserfall

10 Aktivitäten bei Khao Lak

IN DER NÄHE

Khao Lak Lam Ru Nationalpark

Der Khao Lak Lam Ru Nationalpark ist 125 km² groß und reicht vom Meer im Westen bis ins hüglige Hinterland im Osten. Er hat den Namen nach seinen höchsten Erhebungen bekommen: Lak und Lam Ru (1077 m.ü.M.). Der Teil, den man auf dem Weg nach Khao Lak durchquert (über den Hügel) ist nur ein Ausläufer. Der Eintritt in den Park kostet 100 Baht für Erwachsene, 50 Baht für Kinder 5-14 Jahre. Das Ticket kann während 72 Stunden verwendet werden – auch bei anderen Parkeingängen.

Der Chong Fa Wasserfall bei Khao Lak befindet sich hier im Park - wie auch **der Lam Ru Wasserfall** und der **Hin Lad Wasserfall** im östlichen Ende des Parks bei **Kapong**. Die **heißen Quellen** von Kapong befinden sich knapp außerhalb.

Das Hauptquartier liegt etwa 50 m neben der Hauptstraße 4, in Richtung Meer, der Weg ist beschildert und geht oben auf dem Hügel zu Khao Lak ab. Beim Visitor Center / Hauptquartier hat es ein **Restaurant** mit Aussicht aufs Meer. ⏱ 8-18 Uhr. Unterkünfte und Camping sind möglich, nur nach Voranmeldung.
🚶 DG 8.62685, 98.23904 / GMS N 8°37'36.66", O 98°14' 20.544"

Small Sandy Beach

Beim Hauptquartier startet der kurze, 1.5 km lange **Hat Lek Nature Trail** entlang dem Cape. Dauer etwa eine Stunde mit Aussichtspunkten über Küste und Meer und einem schönen, einsamen Strand: dem Small Sandy Beach.
Unbedingt genug zu trinken und festes Schuhwerk mitnehmen – auch wenn der Weg hier nicht so anspruchsvoll ist.
Es gibt einen kürzeren Weg zum **Small Sandy Beach**: er startet genau oberhalb des "kleinen Sandstrandes" von der Hauptstraße 4, etwa 1.2 km vom Hauptquartier entfernt (angeschrieben). Die Strecke geht ca. 400 m durch den Wald abwärts.

Im Park hat es diverse weitere Wanderwege, zum Beispiel den 5 km langen **Namtok Ton Fa Nature Trail** – für diese braucht man aber einen Führer, den man beim Hauptquartier bekommt.

Khao Lak Minigolf

Minigolf in Khao Lak ist etwas für die ganze Familie, wenn man mal Abwechslung vom Strand will. Der Platz liegt inmitten grüner Pflanzen und tropischer Landschaft, was den Ausflug auch bei Sonnenhitze erträglich macht. Die Bäume geben Schatten, dazwischen sprudelt ein Bächlein. Die Anlage ist in und um einen „alten Tempel" im Stil von Angkor Wat gebaut und die Bahnen sind gut präpariert. Von den Schwierigkeitsgraden ist für jeden etwas dabei. Nach dem Golfen bekommt man im kleinen Restaurant auf der Anlage gratis eine Flasche Wasser und feuchte Tücher zum Abkühlen. Tipp: Mückenschutz mitnehmen! Preis: 450 Baht für Erwachsene, 350 Baht für Kinder.

🚶 An der Straße zum Chong Fah Wasserfall, Bang Niang Beach Landseite. (Beschildert). 🖥 khaolakminigolf.com
DG 8.67177, 98.2574 / GMS N 8°40'18.372" O 98°15'26.64"

Khao Lak Labyrinth / Spiegelkabinett

Das Labyrinth wurde 2017 angelegt und befindet sich direkt neben der Minigolfanlage, zu der es gehört. Eintritt in das Labyrinth alleine ist 150 Baht pro Person. Kombiniert mit dem Minigolf ist der Eintritt 500 Baht pro Person. Kinder ab 120 cm Größe zahlen den Erwachsenenpreis. Man bekommt eine kleine Flasche Wasser und ein kaltes Tuch gratis dazu. Die Anlage ist gepflegt, die neuen Hecken sind übermannshoch. Als Attraktionen gibt es im Labyrinth mehrere kleine Gärtchen, einen Wegweiser, der in Richtung aller möglichen Großstädte auf der Welt zeigt und eine überdimensionierte Bank. Das Labyrinth ist allerdings ziemlich klein. Gut für etwa 5-15 Minuten. Von der Hochbank aus hat man eine Übersicht auf das Labyrinth selber ... nicht aber auf die restliche Landschaft. Ich empfehle, das Labyrinth nur in Kombination mit der Minigolf-Anlage – und das als Kombipaket gleich anfangs zu kaufen. Neuste Erweiterung ist seit 2025 ein Spiegelkabinett.

The Park Khao Lak

Ein komplett ausgerüsteter kleiner Park am Strand zwischen dem X10/La On und dem La Vela. Man kommt entweder über eine kleine Zufahrtsstraße von der Hauptstraße 4 hin oder indem man über den Strand läuft. Der Park hat Spazierwege unter Bäumen, eine kleine Arena, eine Meerschildkrötenstatue, Toiletten (auch für Behinderte),

Parkplätze (auch für Behinderte), kleine leere Gebäude, die vielleicht für Massage oder Restaurants gedacht waren. Das hier vorhandene Restaurant, das *Chumpoo* hat es aber vorgezogen, knapp außerhalb beim Parkplatz zu bleiben – wahrscheinlich am ursprünglichen Standort. Es bietet typisch thailändisches und günstiges Essen, mit Massageplätzen und Liegenvermietung. Der Park hat etwas Kurioses, wie er so "fertig" und irgendwie verlassen da liegt. Besucher hatte es selbst in der Hochsaison wenige – und die meisten zieht es direkt an den schönen Strand davor: wunderbarer Sandstrand mit ein paar Felsenketten. Dank den anwesenden Restaurants ist das aber ein einfach zu erreichender, ziemlich einsamer Strand mit ausgezeichneter Infrastruktur – und darum perfekt für Besucher mit einem kleinen Budget, die etwas nicht Überlaufenes suchen.

Zwischen dem Park und dem *La Vela* (*Kokulo Beach Club*) verläuft ein kleiner Flusslauf. Bei Ebbe etwa knietief, bei Flut geht das Wasser bis an die Hüften und stellt ein Hindernis für die Strandspaziergänger dar. Ein findiger Unternehmer hat sich das aber zu Nutzen gemacht und bietet zur Saison **Fährfahrten** für 20 Baht pro Person an. Praktisch stellt der Fluss die Grenze zwischen den Ortschaften La On und Bang Niang dar.

Khaolak Skywalk

Eine etwas kuriose neue Attraktion, die (auch 2025) noch nicht einmal einen offiziellen Namen hat: Ein Glasbodenweg auf den Stausee hinaus. Eine 2023 neugebaute, top moderne Anlage mit Parkplätzen, Rampe, Tierfiguren (Schildkröte und Delfin) und Toilettenhäuschen (in denen das Wasser nicht funktionierte). Der etwa 10 m lange Glasbodenweg führt auf der östlichen Seite auf den See hinaus – man hat also Top-Aussicht auf den Stausee, aber sonst leider kaum etwas. Der See ist hübsch, ein beliebter Ort zum Joggen morgens oder abends und für Freizeitaktivitäten wie Aerobic und Yoga.

⚓ Am Stausee gegenüber der *Build Factory* in Bang Niang. Gratis-Zugang und Parking. DG 8.67917, 98.25429 GMS N 8° 41' 22.624", O 98° 1' 4.794"

Golf

Golf kam vor über 100 Jahren unter der Regierung von König Rama V nach Thailand. Nachdem es erst nur von den adligen und anderen Mitgliedern der High Society gespielt wurde, hat in den letzten 10 Jahren die Popularität von Golf in Thailand stark zugenommen und wird heute von Thailändern und Besuchern gleichermaßen gespielt. Die Beliebtheit liegt auch an den vergleichsweise niedrigen Kosten für eine Mitgliedschaft in den Golfklubs und niedrigen Course Fees. Man braucht in Thailand keine Greencard um Golf zu spielen, aber Caddies sind obligatorisch. Sie kosten pro Runde 200 Baht aufwärts plus Trinkgeld in der gleichen Höhe. Dress-Code ist Golfkleidung: Hemd mit Kragen und Shorts. Badeshorts sind nicht erlaubt. Dazu Golfschuhe – wo man sie nicht mieten kann, kann man sie häufig günstig erwerben.

Tublamu Royal Navy Golf Kurs bei Khao Lak

18 Loch, 6825 Yard, par 72. Der Golfplatz auf dem Gelände der Royal Thai Navy ist seit 2002 dem öffentlichen Publikum zugänglich. Er liegt nahe dem Sandstrand von Son Ngam in Ao Khao Lak – das ist die Originalbucht von Khao Lak südlich des Hügels. Der Golfplatz bietet hübsche Aussichten auf die Bucht und die grünen Hügel landwärts. 2004 wurde er vom Tsunami zerstört, ist jedoch komplett wieder aufgebaut worden und wird gut unterhalten.
Täglich geöffnet von 6.30-18 Uhr. tublamunavygolfcourse.net
Die Naval Base und der Golfplatz befinden sich ein paar Minuten südlich von Khao Lak, vor dem Hügel Lak, auf dem Weg zum Tab Lamu Pier. DG: 8.58475, 98.24708, GMS: N 8°35'5.1", O 98°14'49.487"

Kirinara Golf

Neuerer 9 Loch Golf Kurs nahe Khao Lak bei Takua Pa an der hübschen Pakweep Straße. Der Name Kirinara bedeutet Berg und Fluss, was die Umgebung ganz gut beschreibt – wenn man von thailändischen Bergen (Hügeln) ausgeht. Man kann als Mitglied oder Gast spielen und die Geräte mieten. Auch als Nicht-Mitglied kann man hier im Café mit Terrasse und Aussicht etwas trinken gehen.
kirinara.com   DG: 8.80293, 98.34565 / GMS N 8°48'10.548", O 98°20'44.34"

Ratchaprapha Dam Golf Course

Nahe dem Khao Sok Nationalpark, beim Cheow Lan Lake und dem Damm gelegen bietet dieser Golfplatz eine einmalig schöne Lage mitten in der grünen Landschaft des Khao Sok Nationalparks mit exzellentem Layout. Der Platz ist etwas für sportlichere Naturen, da eher fordernd. 🏌 Nur wenig unterhalb des Damms beim Stausee.
DG: 8.96139, 98.80689/ GMS: N 8°57'41.004" O 98°48'24.803"

Aquella Golf & Country Club

Golfplatz, Clubhaus und Restaurant bei Thai Mueang. Sehr gut gepflegter Platz, schönes Clubhaus. Hochwertige Caddies und Golfwagen mit GPS. Ziemlich teure Ride along fee, wenn man nicht spielt und auch die Miete der Ausrüstung (wenn nötig) kostet alles einzeln. 💻 aquellagolf.com

Katathong Golf & Resort

Ein Golfplatz inmitten der grünen Hügel der phantastischen Landschaft bei Phang Nga. Man kann beim Spielen diverse Wasserfälle hören und sehen. In der Gegend war historisch eine Zinnmine und das Klubhaus wurde im Sino-Portugisischen Stil erbaut und enthält Erinnerungsstücke an diese Zeit. im Café mit Terrasse und Aussicht kann man auch als Nicht-Mitglied etwas trinken gehen 💻 katathong.com
🏌 Neben der 4090, die von Khao Lak nach Phang Nga führt.
DG:8.55993, 98.48155 / GMS: N 8°33'35.748" O 98°28'53.579"

Tennis

 Es gibt keine öffentliche Sportanlage, aber diese Hotels und Resorts besitzen einen Tennisplatz, auf dem man als Tagesbesucher (gegen Gebühr) spielen kann:

Khao Lak Village: *Merlin Resort*.
Nang Thong / La On: das *Centara Seaview Resort* (2 Plätze).
Bang Niang: das *La Flora*
Khuk Khak: das *J.W.Marriott*,
Pakarang: das *Takolaburi Cultural Resort & Spa*

Bamboo Rafting - Bambusfloss fahren

Eignet sich als romantischer Ausflug und für Familien mit kleineren Kindern. Das Flüsschen, auf dem man fährt ist hat wenig Strömung und kaum Stromschwellen, dafür gleitet man auf den rustikalen Bambusflössen bequem (da vom Führer gesteuert) und halb im Wasser sitzend durch den grünen Wald und sieht Pflanzen, vielleicht Schlangen, Warane, Vögel und Schmetterlinge. Dauer zwischen 40 Minuten und 1 Stunde, während der man etwa 3km zurücklegt. Von Januar bis März hat es eventuell wenig Wasser, dann muss über manche Stellen gelaufen werden. Normalerweise passen 2 auf ein Bambusfloss, bei wenig Wasser ist es nur 1 Person, das kostet nicht extra.

Preis: Kinder von 4-7 Jahren kosten 400 Baht, Erwachsene 600 Baht.

Bamboo Rafting ist oft Teil von Ausflügen, man kann es aber auch einzeln buchen oder selbst vorbeischauen.

Ausrüstung: Schwimmzeug, wasserfeste Tasche, wasserfeste Hülle fürs Telefon, Moskitospray, Handtuch. Man kann seine Wertsachen in einem abschließbaren Fach in der Station lassen.

Bambusfloss fahren bei Khao Lak

Auf dem Lam Ru Yai Fluss, südlich des Hügels Lak und vom Khao Lak Village landeinwärts. Es gibt diverse Anbieter.

🎣 DG 8.6064724, 98.2715001/ GMS N 8° 36' 23.301", O 98° 16' 17.4"

Komols Corner Bamboo Rafting
Sie haben ein Restaurant vor Ort in dem man essen und gegebenenfalls warten kann. Sie bieten neben einzelnen Fahrten von etwa 40 Minuten Dauer noch Halbtages- oder Tagesausflüge in Kombination mit der Bambusflossfahrt. ☏ +66 95 410 1988 (Whatsapp)
🖥 komolcorner.com und facebook.com/KomolCorner

Sutingroup Bamboo Rafting
Direkt neben Komols Corner. Beim Warten kann man ebenfalls etwas trinken oder essen.
☏ + 66 96 653 9696 (Whatsapp), 🖥 facebook.com/sutingroupbamboorafting

Lungrong Bamboo Rafting
günstigerer Anbieter weiter oben am Fluss mit gemischten Rezensionen, was die Sicherheit betrifft. ☏ +66 97 990 2607

Weitere Orte zum Bambusflossfahren:
Bamboo Rafting beim Khao Sok auf dem Sok Fluss.

Fahrradausflüge

Vom Fahrrad aus sieht man sehr viel mehr von der Umgebung als aus einem Fahrzeug und gerade auf den vielen kleinen Nebenwegen ist es sicher und schön. Andererseits ist es in Thailand speziell in der heißen Jahreszeit eher anstrengend mit dem Bike unterwegs zu sein, auch wenn die Gegend um Khao Lak weitgehend flach ist und sich für diese Transportmöglichkeit wirklich anbietet. Das mag mit ein Grund sein, weshalb man hier hauptsächlich Touristen auf Fahrrädern sieht – und auch bei diesen eher die sportlichen und entsprechend ausgerüsteten. Dabei vermieten viele Stellen Fahrräder, wie die Hotels selbst. Es gibt Tourenanbieter für Fahrradausflüge, die wissen, welche Strecken schön und gut machbar sind und einen Führer mitschicken, der lohnenswerte Zwischenstopps und interessante Punkte kennt und zeigt. Wer selber plant, sollte darauf achten, die richtungsgetrennte Hauptstraße 4 möglichst wenig zu kreuzen.

Ideen für Bike-Ausflüge:

Kleine Rundtour Khao Lak:
Tsunami Memorial – kleiner Tempel – Ton Chong Fa Wasserfall – zurück nach Khao Lak und Marktbesuch (Fresh Market morgens) – den Highway 4 queren – zum Tempel Wat Phadung mit der großen weißen Buddha Statue – am Strand von Bang Niang relaxen – zurück.

Rund ums Wasser-Tour:
Khao Lak – nördlich zum Sai Rung Wasserfall – etwas essen in einem der Restaurants dort im Fluss – den Highway 4 queren – beim Memories Beach ans Meer – Pause in der Memories Beach Bar (Alternativ an den White Sand Beach und etwas trinken im Coconut Café) – durchs Hinterland zwischen Strand und Highway 4 zurück nach Khao Lak.

Takua Pa Altstadt
Khao Lak – Khuk Khak – über die neue schöne Straße 4147 (ev. mit Abstecher zum Sairung Wasserfall) – Takua Pa Altstadt: Kombi mit Marktbesuch am Sonntag und Essen da – Retour.

Takua Pa Kultur
Transport bis zum Little Amazon – Frischemarkt Takua Pa – Iron Bridge – Wat Khogkha Phimuk (mit goldenem Chedi), Eis oder Taosor Cake in einem der Kaffees / Bäckereien – Takua Pa Altstadt – Rückfahrt über die Panoramastraße 4147 nach Khao Lak.

Koh Kho Khao Tagesausflug.

Khao Lak – Tsunami Memorial Ban Nam Khen (ca. 23 km flache Straße – leider die 4 – vielleicht Transport bis dort organisieren) – Pier – Ko Kho Khao – Fahrt in den Norden der Insel und zurück mit Abstechern und Zwischenstopps an den Stränden – Pier – Khao Lak.

Khao Laks Süden

Ev. Transport über den Hügel – Ton Pling Wasserfall – ins Hinterland zum Bambusflossfahren und ATV – ans Meer: Tap Lamu Pier – Naval Base – Sea Turtle Conservation Center – zurück.

Phang Nga

Die Gegend um Phang Nga bietet landschaftlich schöne Strecken und Touren, die kombiniert werden können mit Boot oder Kajak-Fahren in der Phang Nga Bucht und dem Besuch diverser Höhlen, Tempel und Wasserfälle.

Wer trotz Reiseführer unsicher ist, bucht eine der **geführten Biketouren**, auf denen interessante Punkte (Wasserfälle, Dörfer, Herstellungsbetriebe, Tempel) angefahren werden. Manche der Touren sind kombiniert mit Kajakfahrten oder Baden im Flüsschen. Touranbieter für Fahrradtouren und weitere umweltfreundliche Touren: *Green Biking Club*, Ausflüge in Deutsch und Englisch.
🖳 greenbikingclub.com

ATV / Quad

ATV oder Quads sind vierrädrige, geländegängige Motorräder, die nach einfacher Einführung selber gefahren werden können. Es geht über holprige Waldwege, teils durch Flüsschen und auf Hügel. Auf die Straße darf man damit in Thailand nicht. Ausflüge können bei den Touranbietern gebucht werden, oder man macht das selber. Preise starten bei etwa 500 Baht für 15 Minuten bis 2500 Baht für 1.5 Stunden. Passagiere (Kinder) fahren günstiger. Offiziell darf man ab etwa 15 Jahren nach einer Einführung selbst fahren. Viel Spass und Abenteuer draussen!

Khaolak Andaman ATV Bamboo Rafting

Am Fluss, an dem das Bambusflossfahren stattfindet, gibt es einen Anbieter für Quad fahren, außerdem Camping, Bambusfloss und Nachtsafaris.
🖳 facebook.com/khaolakmyfriendbamboo kiengkhuresort@gmail.com

Kiangkhaolak ATV
Quad fahren beim Khao Lak Village südlich des Hügels. Der Anbieter betreibt auch eine Unterkunft. Abwechslungsreiches Gelände, abseits der Hauptstraße 4. Kontakt via Website: 💻 facebook.com/kiangkhaolakresort.

Amazon ATV
Geschwisterpärchen, das ATV Ausflüge in Khao Lak anbietet. Am spricht Englisch, seine Schwester JJ Deutsch. Neue Fahrzeuge, individuelle Touren möglich. Kontakt per Whatsapp +66 86 682 2432

Garden House ATV
Der Nachfolger von ATV Sairung hat neue und mehr Fahrzeuge, befindet sich aber noch am selben Platz: an der Straße zum Sairung Wasserfall. Ausflüge in die Gummibaumplantagen, Wald, durch den Fluss und zum Wasserfall. Kontakt +66 81 367 4394, Jinamon16@gmail.com
💻 facebook.com/profile.php?id=61550552828407

Reiten / Horseriding

Khao Lak Horse Riding am Laem Khan Beach südlich des Hügels Lak. Sie offerieren Reiten am Strand bei Sonnenuntergang für Anfänger bis erfahrene Reiter. Die Pferde gehen teils ins Meer schwimmen. Preise starten bei 700 Baht pro Person und 30 Minuten. Kontakt via Whatsapp +66 94 950 3306 💻 facebook.com/Khaolakhorseriding

Der *Kirinara Golf Course Khao Lak* (bei Takua Pa) hat einen Pferdestall und bieten Einzel- und Paket-Lektionen an, auch für Anfänger. Trails in die Hügel um Takua Pa. 💻 kirinara.reservation@gmail.com +66 93 6144759

Thai Boxing Kurse

Muay Thai ist die traditionelle Kampfkunst Thailands mit Wurzeln, die hunderte Jahre zurückgehen. Bei dem Kampfsport werden Tritte und Schläge auch mit Knie und Ellbogen eingesetzt. Statt hier nur den **Profikämpfen wie im Thai Boxing Stadion** in Khao Lak zuzuschauen, kann man selbst an Kursen teilnehmen. Die **Kurse** sind für absolute Anfänger genauso geeignet wie für Profis. Eine typische Session besteht in Gruppenrennen, Skipping, Stretching, Schatten-boxen, Technikunterricht, Sparring, Arbeit am Sack und mehr.
Khao Lak Muay Thai and Muan Boran: Mitten in La On, Training Camp für

alle Level, Gruppentrainings 300 Baht oder Privatlektionen ab 800 Baht pro Stunde. 🖥 khaolakmuaythai.com
Rawai Muay Thai :Traditionelles Trainingszentrum, mit Unterkunft. 🖥 rawaimuaythai.com
Empire Muay Thai: Muay Thai, Dance Fitness, Yoga, MMA, Boxing, Jiu Jitsu Anfängerkurse. 🖥 empire-muay-thai.com
In der *Memories Bar* beim Pakarang Cape kann man ebenfalls open-air Training buchen.

Yoga in Khao Lak

Manche Hotels bieten Kurse an, es gibt Yoga-Kurse außerhalb, zum Beispiel am Strand und manche Anbieter geben Privatstunden.

Khao Lak Hot Yoga: Bietet auch Privatstunden im Hotel des Gastes an. 🚶 Oben fast beim Tsunami Memorial in Ban Nam Khen.
🖥 facebook.com/KHAOLAKHOTYOGA
Khao Lak Palm Hill Yoga 🚶 La On, Nähe Nangthong Supermarkt. 🖥 facebook.com/khaolakpalmhillyoga
Soul Friend & Spiritual Garden, Yoga und Meditationskurse, Klangheilung Kurse, Buchshop spezialisiert auf spirituelle Literatur, Café. Eine interessante Mischung, der Laden liegt im nördlichen Teil von La On, gerade bei Dr. Chusaks Klinik. 🖥 soulfriendworld.com

Surfen Khao Lak

Khao Lak hat sich einen Ruf als chilliger Surf Spot erworben. Der Ort besitzt gute Surfplätze, die ihn auch außerhalb von Thailand beliebt machen. Nang Thong Beach hat anständige Wellen, ebenso der **Bang Niang Beach** beim Flusskopf. Am bekanntesten ist aber der **Pakarang Beach** mit dem **Riff bei Cape Pakarang**. Die Wellen sind mit 1 bis 3 m nicht sehr hoch, dafür aber lang und konsistent, also gut für Anfänger geeignet. Bei stärkerem Wind oder zur Monsunzeit ist das für erfahrene Surfer interessant, dann kommen aus ganz Thailand die Leute hierher. Es findet sich wegen Reef Breaks und Beach Breaks, den unterschiedlichen Winden und den Gezeiten aber immer etwas. Am besten ist das Surfen an der Andaman–Küste **von Ende April bis Mitte November** zu den heftigeren Winden der Monsunzeit. Dann sind die Bedingungen auch nahe beim Strand so, dass man damit schon Erfahrung haben sollte – und es empfiehlt sich wegen den in der nassen Jahreszeit plötzlich auftretenden Strömungen (Rip Currents), den Rat von lokalen Experten zu holen. Surfboards zum mieten und

Info über die besten Plätze zum Surfen finden sich an vielen Orten, das Herz der Surfszene ist aber beim *Memories Beach*.
🖥 *facebook.com/khaolaksurftown*

Pakarang Surf Shop

Am *Pakarang Beach* ganz im Norden von Khao Lak gelegen ist der Surf Shop Teil des *Memories Beach Club* ist, wo man bei Getränk und Snacks eigentlich immer Surfer findet. Dort können Surfboards gemietet oder Surf-Lektionen gebucht werden. Stand up Paddle und Body Boarding sind weitere Optionen. Surflektionen gibt es ab 1000 Baht pro Stunde. Preis Bordmiete: 1 Stunde 200 Baht, 2 Stunden 300 Baht, Tag: 500 Baht, 1 Woche 3000 Baht. 🖥 pakarangsurfshop.com und bettersurfthailand.com
🚶 DG: 8.71976, 98.23473 / GMS: N 8°43'11.136" O 98°14'5.027"

Salt Surf Café

Kombiniertes Café / Board shop mit balinesischen Surfboards und Treffpunkt der Surfer in Khao Lak. Sie bieten Surflektionen für Anfänger bis Fortgeschrittene, auch für Kinder. 🚶 Am Pakarang Beach gelegen, etwas nördlicher als der Memories Beach, neben dem Apsara. 🖥 saltsurf.club

Board Factory / Rip Curl Shop

Hier werden Boards zum Surfen, Stand Up Paddling und Skateboarden professionell direkt in Khao Lak hergestellt. Sunova Surfboards ist eine weltweit bekannte Marke. In ihrem Gebäude kann man im *Rip Curl Shop* nicht nur die Bretter kaufen, sondern auch auf dem Skatepark abhängen und das Graffiti des bekannten thailändischen Künstlers Alex Face hier bewundern, der gerne hier surft. 🚶 Ca. 200 m nach dem Abzweiger zum Memories Beach auf Meerseite. 🖥 sunovasurfboards.com/en/the-board-factory

Weitere Hotels und Anlagen bieten Surflektionen und vermieten Boards. Das *Kokotel Khao Lak Lighthouse* in La On hat sich als Surf-Hotspot weiter südlich etabliert.

Skate Parks in Khao Lak

Wer an Land surfen möchte (also skaten), kann das an einigen Orten in Khao Lak. Interessanterweise finden sich an vielen dieser Orte Graffiti von Thailands bekanntem *Künstler Alex Face* – der kommt offenbar gelegentlich hierher zum Surfen und Skaten.

Bangsak Beach Skate Park *by Garang:* Phang Ngas erster Surf Skating Rink. Knallrote Oberfläche, dekoriert mit Korallenmustern. Der Erbauer hat das nach seinen persönlichen Vorlieben geschaffen, um mit Wellen-Rampen Surfen zu simulieren. Daneben liegt ein stylisches Café, *Garang Artisan Ice-Cream*, das hausgemachtes Eis in lokalen Geschmacksrichtungen serviert. Hier gibt es ebenfalls Skate-Lektionen und man kann Bretter mieten. ⏲ 10-19 Uhr. 🖥 garangicecream.com

Boeing Skate Park: Hinter der Bus-Station in Takua Pa. Ein kleiner Park beim Fluss mit einer 20m langen Wellenbahn, der längsten in der Gegend. Alex-Face Graffiti mit skatendem Häschen-Mädchen Mardi.

The Board Factory*:* Vor der Abfahrt zum Memories Beach liegt die *Board Factory*, hier kann man nicht nur skaten, sondern zuschauen, wie Sunova und Suns Bretter hergestellt werden. Café und Shop inklusive. Alex Face Graffiti von plantschender Mardi. 🖥 sunovasurfboards.com

Memories Beach Bar Skate Park: Die perfekte Beton-Welle zum Surfen üben, bevor man sich in die richtigen Wellen gleich nebenan begibt. Surf-Skate-Lektionen durch lokale Surfer. Restaurant und Bar direkt am Strand.

Laybay Skate Park*:* Neuer Park im La Vela Hotel in Bang Niang. Surf-Skate-Lektionen. Nahe am Strand.

Angeln / Sportfischen

Um Khao Lak herum gibt es viel Wasser (sowohl Salz- als auch Süßwasser) und Thailand hat in Punkto Fische einiges zu bieten. Die Einheimischen fischen, um ihren Lebensunterhalt damit zu bestreiten, man sieht sie häufig angeln: von der *Sarasinbrücke* nach Phuket, von Quais und von Fischerbooten aus (kleinen wie großen). Sportfischer finden in Thailand einige der am schwierigsten zu fassenden Spezies, darunter exotische „Monster" wie Arapaima, den Giant Mekong Catfish und den großen Alligator Gar.

Süßwasserfischen: Außer der Möglichkeit, wirklich beachtliche Fische in Seen zu fangen (bei Phang Nga, auf Phuket oder in Krabi), werden Ausflüge zum „Jungle-Fishing", Lure Fishing sowie Fly-Fishing im Khao Sok Nationalpark angeboten. Manche der Ausflüge sind ganzjährig durchführbar und beinhalten eine Übernachtung in einem der schwimmenden Bungalows auf dem Cheow Lan See, andere, wie das Fly-Fishing finden vom September bis Juni statt. Halbtagesausflüge kosten ab 6000 Baht pro Person.

Salzwasserfischen: Von Schiffen aus, entweder als Tagesausflug oder mehrtägige Ausflüge mit Übernachtung an Bord. Preise ab 20'000 Baht pro Tagesausflug.

Fishing Khaolak: Touranbieter, der sich aufs Fischen spezialisiert hat. 🖥 fishing-khaolak.com

Wasserschildkröten

 Wer Glück hat, trifft Wasserschildkröten in freier Natur an, zum Beispiel bei einem Tauch- oder Schnorchelausflug. Die anderen können diese faszinierenden Tiere in den Auffang- und Zuchtstationen besuchen, von denen es südlich von Khao Lak zwei hat. 2018 gab es eine kleine Sensation, als erstmals seit etwa 15 Jahren wieder eine Wasserschildkröte ihre Eier am Strand abgelegt hat – bei Khao Lak in der Nähe des *The Haven* Hotels in Bang Niang. Über 100 Schildkröten sind erfolgreich geschlüpft. In den Folgejahren kamen die Schildkröten zurück! Die Brutplätze werden jeweils gesichert und abgesperrt, bei sehr ungeschickt lokalisiertem Gelege werden die Eier eingesammelt und in die Aufzuchtstationen gebracht.

Phangnga Coastal Fisheries Research&Development Center

Das **Turtle Sanctuary** oder der „Schildkröten-Himmel" wurde 1985 gegründet. Anfangs eine Forschungsstation mit dem Ziel, Muscheln und Shrimps zu züchten, wurde es 2002 in das heutige Zentrum umgebaut. Ziel des Zentrums ist, einen umfassenden Bereich des marinen Lebens unterzubringen, zu vermehren und zu schützen. Dazu forschen sie auf diesem Gebiet auch draußen im Meer und setzen Vorschriften für das Fischen. Sie suchen nach Möglichkeiten, die Tiere zu erhalten und zu züchten (auch für kommerzielle Zwecke). Hier findet man die verschiedenen Schildkrötenarten (und Fische, Krebse, Riesen-Muscheln, Seesterne und mehr) in großen Salzwasserbehältern aus Beton, zwischen denen man laufen und in die man schauen kann. Es sieht etwas grob aus, erfüllt aber seinen Zweck und die Tiere hier sind wirklich speziell. Im Center finden sich 4 gefährdete Schildkrötenarten: Grüne, Riddley-, Hawksbill- und Lederrücken-Schildkröte. Diese Spezies finden sich in der Andamansee. Sie werden ausgebrütet und verbringen die ersten Monate hier, um dann mit etwa 8 Monaten freigelassen zu werden. Es hat Tanks für kranke und verletzte Tiere.

🚗 Das Zentrum liegt an der Straße entlang dem Thai Muang Strand, etwa 30 km südlich von Khao Lak. Der Abzweiger auf diese Straße ist im Ort Thai Muang an der Hauptstraße 4 – durch den Metalltorbogen (der neben dem chinesischen Tor steht). Wenige Kilometer weiter ist man da. ⏱ Montag bis Freitag 8.30-16.30 Uhr, es gibt keinen Führer, man kann sich selbst umschauen.
DG 8.42029, 98.24212 / GMS N 8°25'13.044", O 98°14'31.631"

Wer Anfang März in Khao Lak ist, sollte das jährlich stattfindende **Turtle Festival** hier besuchen. Es findet ein großer Jahrmarkt an der Straße zum Zentrum statt mit vielen Ständen zum Essen und Shoppen (alles überdacht), Mini-Riesenrad und Infoständen über Seeschildkröten und Umweltschutz. Wer Glück hat, kommt rechtzeitig zum Freilassen der geschlüpften Schildkröten. Mit einer Spende darf man dann selber eine Schildkröte am Strand ins Meer freilassen – leider kommunizieren sie nirgendwo wann genau das stattfindet.

Sea Turtle Conservation Center Phang Nga Naval Base

Bei Thap Lamu auf dem Gelände der Navy findet sich die **Royal Thai Navy's Third Fleet Sea Turtle Nursery**. Wie weiter südlich werden hier junge Seeschildkröten aus verschiedenen Gebieten des Andaman Meeres eingesammelt. Sie werden gefüttert und behalten, bis sie stark genug sind, um für sich selbst zu sorgen und dann zurück ins Meer entlassen. Die Gebäude mit den Tanks sind für Touristen frei zugänglich – anfassen sollte man die Meeresschildkröten jedoch nicht. Man sieht verschiedene Gattungen in unterschiedlichen Entwicklungsstadien (meist aber Green Turtles), auch einige größere Exemplare, die wegen Verletzungen hier gelandet sind. Es hat hier keine anderen Meerestiere wie in Thai Muang, aber die Anlage ist gut gepflegt, sauber, hat Informationstafeln und Ausstellungsstücke.
Um auf das Navy Gelände zu kommen, muss man durch die Eingangskontrolle, bei der man die ID hinterlegt (1 pro Fahrzeug reicht und man kann als Privatperson ohne Gruppe und thailändischem Führer rein). Beim Turtle Heaven, das am Meer liegt, zahlt man pro Person 100 Baht und bekommt einen Besucher-Ausweis, den man dann am Ende beim Verlassen des Geländes zurück gibt.
Direkt neben dem Conservation Center liegt das **Boot T 215**, auch ein Tsunami-Wrack, aber nicht ganz so ansehnlich wie das berühmtere Polizeiboot 813.

Naval Basis und Golfplatz befinden sich südlich von Khao Lak und dem Hügel – auf dem Weg zum Tab Lamu Pier.
DG: 8.58113, 98.23397 / GMS: N 8°34'52.068" O 98°14'2.291"

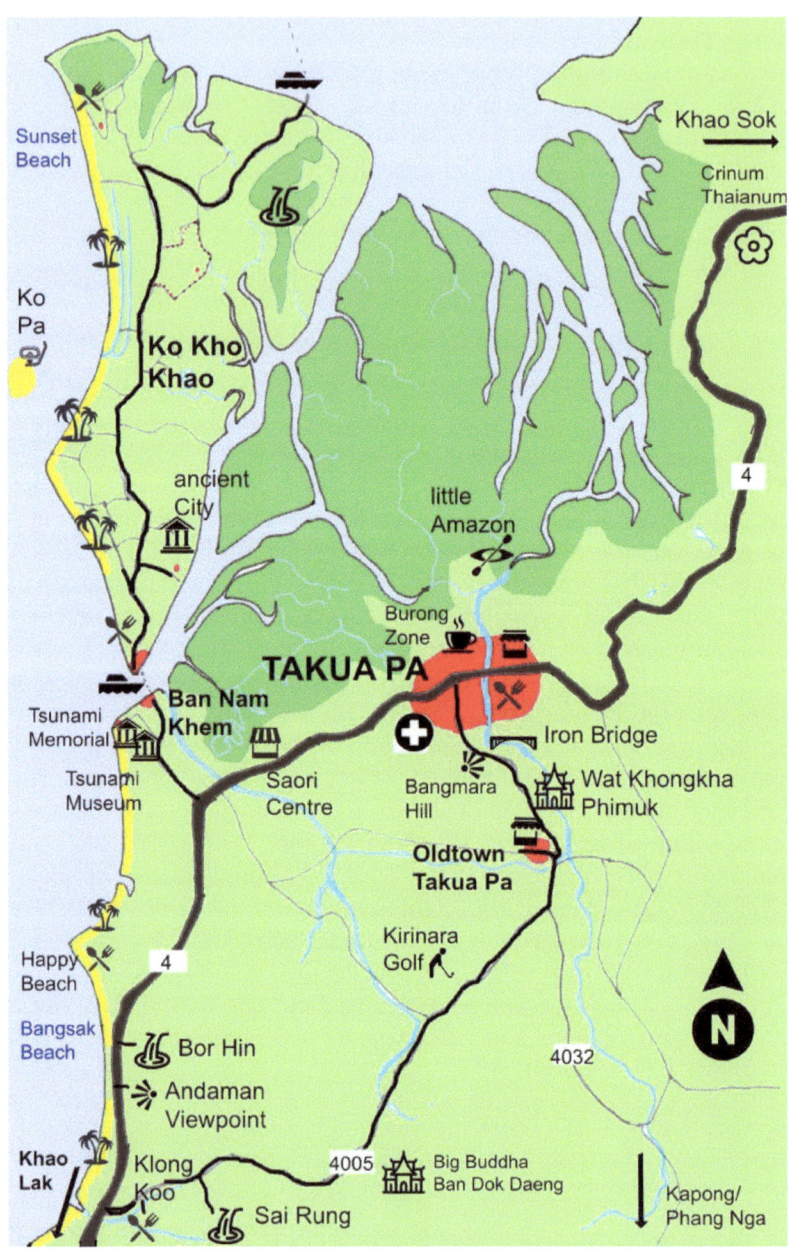

Karte 8 Takua Pa und Ko Kho Khao

TAKUA PA, KO KHO KHAO UND DER NORDEN

Takua Pa

Takua Pa ist das Handelszentrum der Region und entsprechend belebt. Die meisten Leute fahren bequem durch den neuen Stadtteil (Yan Yao genannt) und verpassen dadurch die Altstadt (Sri Takua Pa), die etwas verborgen etwa 7km südöstlich liegt. Dabei handelt es sich aber um die Hauptattraktion – wenn man vom großen Takua Pa Hospital – dem Hauptkrankenhaus in der Gegend absieht.

Der direkteste Weg von Khao Lak nach Takua Pa ist der Highway 4, der gut ausgebaut und verkehrsreich am Krankenhaus, den neuen Regierungsgebäuden, Schule und dem hiesigen Frischemarkt (hinter der Busstation) vorbeiführt. Der schönere Weg von Khao Lak nach Takua Pa (vor allem in die Altstadt) ist aber die **Pakweep-Straße: die 4005**. Sie ist neuer und ein landschaftlicher Leckerbissen. Auch mit dem Fahrrad ist sie gut zu bewältigen, da fast ohne Steigungen. Von Khao Lak aus führt die 4005 ab der Hauptstraße 4 (beim Kilometer 71,8) 23 km durch grüne Wälder und Plantagen. Unterwegs kommt man am **Sai Rung Wasserfall** und Kloster Ban Dok Daeng mit dem **großen Buddha** vorbei. Man fährt auf ihr bis zur 4032, der man nach links (Norden) folgt bis zur T-Kreuzung. Noch einmal links und man ist direkt in der Altstadt.

Ein Songthaew von Khao Lak aus schlägt mit etwa 1500 Baht hin und zurück zu Buche.

Takua Pa Old Town

Die Altstadt geht bis ins 13. Jahrhundert zurück und sich den Charme der alten thailändischen Kultur erhalten. Sie ist sehr sehenswert und kompakt genug, um sie einfach zu Fuß zu erkunden – es handelt sich um etwa 2 Blocks – besonders eine etwa 300m lange Straße.

Das Stadtbild ist in der Altstadt durch die alten **Arkadenhäuser** sehr chinesisch geprägt. Man nennt den Baustil Sino-Portugiesisch. Die Architektur und Traditionen der Bewohner hier gehen auf die Zinnminen-Industrie zurück. Erbaut wurde Takua Pa 43 vor Christus, damals nannte man sie noch **Tok Kloa** – also Kardamom (das Gewürz). Nachdem hier Zinn gefunden wurde, erlebte die Stadt unter

König Rama VII ihre Blütezeit. Viele Chinesen kamen hierher, um in den Minen zu arbeiten. Sie brachten ihre Kultur und Traditionen mit, die man hier überall erleben kann. Häuserstil, Dekorationen, **chinesische Tempel** und Altare, chinesische **Lampions, Mooncakes,** dem großen **Vegetarian Food Festival** "Jia Kew Ong Chai" im September oder Oktober (je nach Mondkalender)

Jedes zweite bis dritte Jahr im September wurde die Innenstadt ein paar Tage lang bis zu einem Meter hoch vom Fluss überflutet. Wer gut hinsieht, findet die Messlatten für die Wassertiefe an einigen Gebäuden. Die Bausubstanz leidet darunter, aber die Häuser haben einen gewissen morbiden Charme. Mit vielen Wandmalereien, chinesischen Hausschreinen und der Arbeit und dem Einsatz der hier lebenden Leute ist es ein wahres Schmuckstück. Noch schöner sieht es aus, seit Ende 2022 endlich die störenden Oberleitungen vor den Gebäudefronten entfernt wurden.

In der Altstadt, am Ende der Marktstraße gibt es einen chinesischen Tempel, der **Guan Yu Shrine** – wer zur Zeit des chinesischen Neujahres hier ist, sollte diesem unbedingt einen Besuch abstatten. Ein weiterer, neuerer chinesischer Tempel findet sich knapp außerhalb.

Hinter der Altstadt findet man beim **Thung Phra Pho Park** meist einen Parkplatz und kann dabei einen Blick auf den dort stehenden mächtigen **Motor eines der Zinnabbauschiffe** hier werfen, die vor Jahren vor der Küste den Sand nach Zinn durchsiebt haben – einer der Gründe, weshalb es in Khao Lak angeblich so schön feinen Sand hat. In einer Scheune beim thailändischen Tempel **Wat Na Muang** trifft man überraschend auf verschiedene alte Buddha- Statuen des Tempels, der hier stand und an den Säulen finden sich die Hochwassermarken und Daten der Überschwemmungen vergangener Jahre.

Im nahen **historischen Park** stehen **Reste der alten Stadtmauer** und die alte **Residenz des Gouverneurs**. Auch das alte Schulgebäude der **Tao Ming School** lohnt einen Blick.

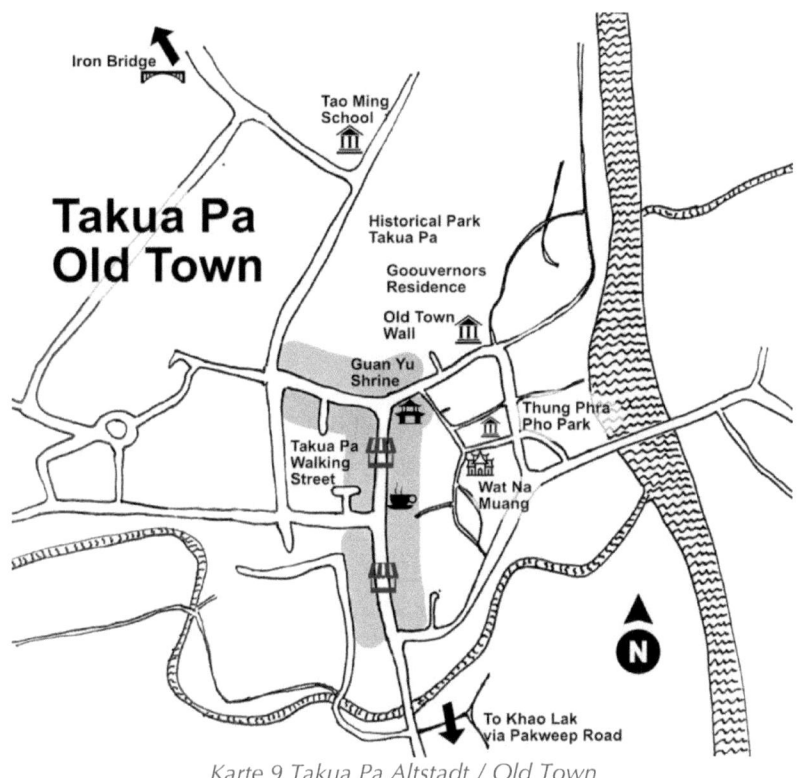

Karte 9 Takua Pa Altstadt / Old Town

Takua Pa Sonntagsmarkt

In der Hauptsaison findet in der Altstadt von Takua Pa jeden Sonntag Nachmittag ein **historischer Straßenmarkt** statt, der inzwischen von Touristentouren angesteuert wird. Der als **Takua Pa Walking Street** angepriesene Sonntagsmarkt findet nachmittags von 15-20 Uhr in der Sri Takua Pa Road statt. Inzwischen nicht nur in der Hauptsaison. Es lohnt sich sehr, hindurch zu schlendern, die Atmosphäre aufzusaugen, ein paar ungewöhnliche Snacks zu probieren und zu sehen, wie Handwerker Batik herstellen oder die filigranen Schattenfiguren aus Rinderhaut stanzen. Souvenirs gibt es sonst wenige zu kaufen und die Esswaren sind zu gut, als dass sie es bis nach Hause überleben würden.

Takua Pa Vegetarian Festival

Jährliche, neun Tage dauernde Feier beginnend am Abend des 9. Mondmonats des chinesischen Kalenders (im Oktober oder

November). Es feiert den Glauben der chinesischen Gesellschaft, dass Abstinenz (von Fleischessen, Hühnchen, Meeresfrüchte und Milchprodukten) während dem 9. Mondmonat dabei hilft, die Gesundheit und Geisteskraft zu bewahren und die taoistischen Götter und Vorfahren zu ehren. Während den 9 Tagen tragen die Teilnehmer des Festivals nur weiß. Das Festival besteht aus Umzügen (oft vom **Guan Ou Shrine** startend) am 1. und am 9. Tag des Festes. Mit Feuerwerk vertreibt man die schlechten Geister. Es gibt auch Feuerlaufen und manche lassen ihren Körper und die Wangen mit scharfen Gegenständen durchbohren – dabei geht es aber nicht ganz so "grausam" zu wie unten in Phuket.

Boon Soong Iron Bridge - Khok Kanoon Eisenbrücke

Die alte und schmale 200m lange Eisenbrücke wurde von der Familie Boon Soong für ihre Zinnminen-Arbeiter 1968 gebaut, um über den Fluss zur Arbeit zu kommen. Die Brücke besteht fast komplett aus Eisen, das aus alten Zinnminen-Schiffen stammt und überquert den Takua Pa Fluss. Sie befindet sich eigentlich auf Privatgrund, ist aber offen für Besucher (ausgenommen die eingefallene Fabrik am anderen Ende, die von einem hohen Zaun umgeben ist). Heute wird sie noch rege von der lokalen Bevölkerung benutzt (mit dem Roller) und ist beliebte Touristenattraktion. Die Begehung ist abenteuerlich, da die Eisenplatten, aus denen sie besteht, teils schon wieder ziemlich dünne Stellen und Löcher aufweisen, obwohl sie nach der Jahreszahl auf einer der Platten erst '57 renoviert wurde. Das bedeutet 2557 (nach thailändischem Kalender), was jetzt 2025 (2568) vor 11 Jahren war. Mit etwas Glück lassen sich von der Brücke aus Wasserbüffel und Reiher beobachten. Nachtrag 2025: im trockenen Flussbett wurden Bäume (Palmen) angepflanzt. 🚶 An der Straße zwischen Altstadt und Neu-Takua Pa.
DG 8.85317, 98.35402 / GMS N 8°51'11.412",O 98°21'14.472"

Bangmara Hill und Dredger Café

Direkt gegenüber der Eisenbrücke befindet sich auf dem Bangmara Hügel eine neue **Aussichtsplattform**.
Sie gehört zum **Dredger Café** – und ist eine etwas kuriose Mischung von buntem Plaster-Tierfiguren-Park, Café auf mehreren Etagen mit Aussicht, Hängebrücken und vielen Instagram-Fotopunkten. Am bekanntesten ist die große weiße Hand, aber es hat auch eine Türe zum Himmel und bunte verschiedenfarbige Rahmen. Man kann die Eisenbrücke von oben sehen und hat einen guten Blick über das

schöne Land. Um hochzukommen, bezahlt man unten an der Straße direkt gegenüber der Brücke 60 Baht pro Person, um die etwa 200 Stufen hochzulaufen (oder etwas mehr, wenn sie einen hochfahren). Ein Teil des Eintrittsgeldes bekommt man beim Getränkekauf im Café oben abgezogen. Die Getränke sind fein, die Aussicht ist gut. Etwas Vorsicht ist geboten, falls man mit kleinen Kindern unterwegs ist: thailandtypisch fehlt es an Absperrungen und ähnlichem – man sollte Kinder also immer gut im Auge behalten.

Wat Khongkha Phimuk

Ein Tempel mit sehr viel "Bling–bling"! Der recht neue, buddhistische Tempel bei Takua Pa besticht durch seinen Prunk außen und innen. Der Chedi neben dem klassisch rot–goldenen Tempel in thailändischem Stil ist rundum vergoldet und innen komplett mit Spiegelmosaik ausgestattet. Die Erbauer stammen offenbar aus Indien, die Buddha Bilder an den Wänden haben den typisch indisch-kitschigen Stil. Sehenswert!
🚶 Zwischen Altstadt und Neu-Takua Pa
DG 8.84074, 98.36307 / GMS N 8°50'26.664", O 98°21'47.051"

Saori Foundation Center

Diese Einrichtung wurde nach dem Tsunami ins Leben gerufen um Frauen, die ihre Männer verloren haben, eine Einkunftsquelle zu verschaffen. Hier ist jeder von Montag bis Samstag herzlich willkommen. Man kann den Frauen bei der Arbeit zuschauen und die fertigen Produkte kaufen. Die sind nicht nur hübsch, das dient auch einem guten Zweck. Zur bunten Palette gewebter Stoffe und hübscher Designs gibt es T–Shirts, Kappen, Taschen, Kissen und Spielzeug. Sie beliefern sicher die Märkte der Umgebung. Der Stoff wird im Handwebstuhl hergestellt, jeder ist ein Unikat – Vorlagen gibt es keine. 🚶 Das Saori Zentrum liegt von Khao Lak aus in Richtung Norden und Takua Pa. Von der Hauptstraße 4 geht es kurz nach dem Ortsausgang von Ban Muang links. Man fährt durch den offiziell aussehenden Eingang, der Saori Workshop liegt dann links. Das Gebäude ist unauffällig, im Innern 2 Räume: der Workshop und der kleine Shop, in dem sie ihre Produkte verkaufen.
🖥 facebook.com/saorifortsunamithailand

Wat Samnak Song Daeng, Big Buddha von Takua Pa

Die Klosteranlage mit dem großen goldenen Buddha liegt an der 4005, der Straße zwischen Khao Lak (Sai Rung Wasserfall) und Takua Pa Altstadt. Der Buddha und die zu ihm führende Treppe wurde 2018 neu erbaut und bis 2021 fertig errichtet. Sehr eindrücklich ist die Nagatreppe mit den mehrköpfigen Schlangen, die links in Gold, rechts in Perlmuttweiß. Von der Plattform oben hat man eine nette Aussicht in das hügelige bewaldete Hinterland.
🛕 DG 8.75989, 98.3203 / GMS N 8°45'35.604", O 98°19'13.08"

Kwan Puk - Tree Tunnel

Als Aussichtspunkt angepriesen, liegt dieser Baumtunnel an der Straße 401 zwischen Takua Pa und Khao Sok. Die Straße führt hier unter überhängenden Bäumen durch, der Anblick ist vor allem interessant, wenn sie blühen oder im Morgennebel.
🛕 DG 8.8047669, 98.380524 GMS N 8° 48' 17.161".O 98° 22' 49.886"

Little Amazon: die Mangroven bei Takua Pa

Little Amazon oder "kleines Amazonas" wird die Gegend hier genannt, weil deren Mangroven und Wasserläufe an den südamerikanischen Amazonas erinnern. Vom Pier aus finden geführte Ausflüge mit dem Kajak in die Kanäle in den Mangroven statt. Man fährt dabei durch Banyan-Bäume und Sumpfgebiete. Auf der Tour kann man diverse Vögel beobachten und sieht Reptilien wie Schlangen (auf den Bäumen), Warane und Frösche und – wenn man Glück hat – Affen. Dafür, dass sie so nahe an einem Ballungszentrum liegt, ist die Gegend erstaunlich naturbelassen und artenreich. Ein Ausflug hierher eignet sich für jeden, auch untrainierte Personen und Kinder, da man im Kajak herumgefahren wird.
Die Mangroven sind ein Halbtagesausflug, den man bei Tourenanbietern buchen kann – manchmal kombiniert zu längeren Touren. Alternativ kann man sich hier sehr einfach vom nächsten Taxi hinbringen lassen. 🕐 täglich 8 -17 Uhr.
💻 facebook.com/TK.Amazon

Essen in Takua Pa

Takua Pa hat eine vielfältige Restaurantlandschaft, in der sich thailändische Küche mit chinesischer und westlicher Küche mischt:

Khrua Nong (Khruanong) Restaurant

Das vielgelobte klassisch thailändische Restaurant hat eine umfangreiche Speisekarte und günstige Preise. Es wird seit 20 Jahren vom Paar Ae und Nok geführt und 3 Jahre in Folge im thailändischen Michelin Guide erwähnt. Am beliebtesten sind die gebratenen Garnelen mit Garnelenpaste und das Omelett mit Krebsfleisch. 🍴 An der Hauptstraße 4 durch Takua Pa in der Nähe (gegenüber) dem Krankenhaus.

Pun Thong Dim Sum

Original chinesisches Restaurant, umfangreiche Speisekarte mit für uns ungewöhnlichen kleinen Köstlichkeiten. Im Preis etwas höher als der thailändischer Schnitt. 🍴 Takua Pa, Nähe 7-eleven zwischen Hauptstraße und Frischemarkt.

The Fifth Steak & Restaurant

Restaurant mit einem Mix aus thailändische und englischem (europäischen) Essen. Empfohlen ist das "gesalzene Schweine-fleisch" Tom Yam. Das Steak ist okay – aber für Asien typisch etwas zu fest durchgebraten. 🍴 An der Straße 4, etwa 400m östlich des Takua Pa Krankenhaus.

Burong Zone Takua Pa

Haustiercafé mit Papageien (Ara und Kakadu) und anderen Vögeln (Lovebirds). Kein Eintritt, wenn man etwas trinkt. Man kann die Vögel unter Aufsicht füttern und zahlt eine Futterration von 20 Baht als Eintritt in die Voliere. Café ◷ 11-21 Uhr. Das Freiflug-Vogelhaus ist offen von 11-18.30 Uhr. Vorsicht mit dem Schmuck, der offenbar gerne gestohlen wird von den Vögeln –die Schilder sind zwar nur auf thailändisch, und die Google Übersetzung amüsant ("Warnung! Seien sie Vorsichtig mit Schmuck! Für das Verschwinden der Ehefrau übernimmt der Laden keine Haftung"), aber die Bilder dazu sind eindeutig. Die Vögel können ziemlichen Lärm machen – und meine Frau fand den Geruch im Verkaufsraum, wo man auch sitzt, und trinkt etwas gewöhnungsbedürftig. 🍴 Takua Pa, im Hauptort, nördlich der Hauptstraße 4, an einem kleinen See.
DG 8.86969, 98.32949 / GMS N 8°52'10.884", O 98°19'46.164"
💻 facebook.com/profile.php?id=100083322455412

Chinese Temple   Wat Khongkha Phimuk

Old Town Takua Pa   Sonntagsmarkt Takua Pa

Bangmara Hill, Dredger Café   Eisenbrücke Boon Soong

11 Takua Pa Attraktionen

Baan Yai Ice Cream

Restaurant, eigentlich eine Eisdiele, die selbstgemachtes Eis sowie Getränke und Snacks serviert. Unscheinbare Fassade, aber man sitzt in thailändischer Garten-Atmosphäre mit urchigen Holztischen und Sitzbänken. Ein guter Platz, um im Schatten unter den Bäumen der Hitze zu entfliehen und eine Pause einzulegen. Wifi und Toiletten nach westlichem Standard. 🚶 In Takua Pa direkt am Takua Pa Fluss, etwas südlich der Straße 4 hinter dem Frischemarkt. DG 8.8642, 98.3471 / GMS N 8°51'51.12" / O 98°20'49.559"

Saraan Icecream Homemade

Typisch thailändische Eisdiele – mit klassischen und für uns vielleicht etwas ungewohnten Geschmacksrichtungen (Litschi, Durian) und Toppings wie Maiskerne, verschiedene Früchte, Reis. Serviert in herzigem Shop mit Sitzgelegenheit im Garten. Beliebt bei Thailändern. ⏲ 11.30-17.30 Uhr.
🚶 Nähe der Iron Bridge in Takua Pa.
DG 8.8501034, 98.3489306 /GMS N 8° 51' 0.372", O 98° 20' 56.15"

Kopi Kuapa Café in der Altstadt von Takua Pa

Das Kaffee mitten in der Altstadt und an der Straße, an der der Sonntagsmarkt stattfindet, hat leckere Kaffee- und Teevariationen und eignet sich bestens für einen Ruhestopp. Es liegt in einem über 100 Jahre alten Haus und hat einen Innenhof. Man darf sich durch die Front nicht abschrecken lassen. Zu Zeiten des Sonntagsmarktes kann es überlaufen sein. Neben Snacks und Getränken, kann man hier auch richtig fein Essen gehen Sie bieten wenig Gerichte an (auf einer Karte ohne Preise), die sind dafür perfekt gekocht sind, wenn auch nicht riesige Portionen. 💻 facebook.com/kopikuapacafe

Taosor Cake

Taosor Kuchen ist ein beliebtes Dessert in Takua Pa. Er ähnelt dem chinesischen Mondkuchen (**Mooncake**), ist aber kleiner. Mooncake ist ein chinesisches Gebäck. Es besteht meist aus gebackenem, dünnen Blätterteig um eine süße, dichte Füllung mit mehreren ganzen Eigelben im Zentrum, als Symbol für den Vollmond. Seltener werden Mooncakes gedämpft oder frittiert serviert. Traditionelle haben einen Aufdruck des Chinesischen Zeichens für Langlebigkeit oder Harmonie und den Namen der Bäckerei, sowie Dekorationen wie Monde, Blumen, Hasen (als Symbol für den Mond). Die Herstellung ist aufwändig, weshalb sie als seltene Delikatesse gelten. Auf Foodie-Touren kann man ihn versuchen, zum Beispiel in der *Bäckerei Tuangarat*, die das beliebte Gebäck herstellt und verkauft. Ein Familienbetrieb, der sie nach 100 Jahre altem Rezept herstellt. Oder bei *Taosor JaeYee*, oder *Taosor Nantawan* (bei der Altstadt).

Ko Kho Khao

Nördlich von Khao Lak, fast auf Höhe von Takua Pa, liegt eine Insel, nur durch eine zehnminütige Bootsfahrt vom Festland entfernt. Auf Ko Kho Khao findet man vor allem die Leute, die eine Stranddestination in Thailand suchen, welche nicht allzu weit entfernt liegt, aber dennoch ruhig ist. Ruhig ist Ko Kho Khao sicher – die langen goldenen Strände sind ihr Hauptanziehungspunkt, sie sehen aus, wie die in Khao Lak weiter südlich. Das Wasser ist vielleicht nicht ganz so klar und hat nicht das Tierleben, das sich auf den Similan oder auf Surin Inseln findet, aber man kann darin schwimmen, romantisch den Strand entlanglaufen und die Sonnenuntergänge genießen. Vorsicht ist etwas geboten am Hapla Beach, von dem gelegentlich berichtet wird, dass es Sandflöhe haben kann. Die Insel ist etwa 16 km lang und besteht hauptsächlich aus Sandstrand im Westen, flachen, grasigen Hügeln in der Mitte und Mangrovenwälder im Osten. Es gibt einige Hotels dort und die entsprechende Infrastruktur mit Taxis und Restaurants. Am belebtesten ist der Ort grad am Pier, wo sich Restaurants, Tourenanbieter und Einkaufsmöglichkeiten finden. Die im Buch beschriebenen Ausflüge lassen sich (alle) auch von der Insel aus unternehmen.

Transport

Die Insel ist mehr ein Ort zum Sein als zum Besichtigen, aber wer das möchte, nimmt vom **Baan Nam Kem Pier** beim Dorf Bang Muang aus gegen wenig Geld die **Fähre oder ein Wassertaxi** auf die Insel. Der Preis für die kurze Überfahrt mit einem der kleinen Wassertaxi ist pro Person 20 Baht und für das Fahrrad/Motorrad ebenfalls 20 Baht. Die Autofähre geht in der Hochsaison ca. alle 30 Minuten bis 1.5 Stunden und kostet für das Auto ca. 150 Baht und pro Person 20 Baht – man zahlt auf der Fähre. Fährbetrieb ist von morgens ca. 7.30 Uhr bis abends ca. 18 Uhr. Die 2 Fähren warten an den Piers und fahren zeitgleich ab. Die Zeittafel ist auf der Fähre selbst angegeben – mit dem Vermerk, dass sie jederzeit wechseln kann. ☏ Buchungen: +66 61 2088740 / +66 61 1732254.

Nachts geht gar nichts mehr, wie wir dort erfahren mussten – und einen Arzt gibt es auf der Insel nicht.

Taxis sind am Pier zu finden und bringen einen zu den Resorts oder den Stränden. Preise für einen Weg und ein Taxi: Nahe Resorts 150 Baht für maximal 3 Personen, zu den meisten anderen Resorts und zum Hapla Beach 300 Baht für maximal 5 Personen, zum Sunset Beach oder rund um die Insel 500 Baht für maximal 5 Personen.

Lustig sind die "Achtung Wasserbüffel kippt Auto"-Schilder auf der Insel. Wasserbüffel hat es reichlich im Norden ... also besser Abstand halten. Die ebenfalls ausgeschilderten Hirsche haben wir nicht gesehen. Außerdem hat die Insel die größten Tsunami-Evakuations-Routen-Schilder von ganz Thailand. Kein Wunder, ist sie doch durchgehend flach. Die Routen führen dann auch hauptsächlich zu extra erbauten Tsunami-Sheltern: höhere hausartige Strukturen, die heute gut unterhalten werden.

Pier: DG 8.86554, 98.27409 / GMS N 8°51'55.944", O 98°16'26.724"

Restaurants auf Ko Kho Khao

 Neben den Restaurants in und bei den Resorts (alle am Strand im Westen) finden sich an der Anlegestelle der Fähre und sonst ganz im Norden am Strand kleine Restaurants.

Harbour Restaurant Ko Kho Khao

Das Restaurant direkt am Pier. Gut zum Warten und etwas trinken, wenn die Fähre zurück nicht ganz dann geht, wenn man das gerne hätte... Mit Aussicht auf den Hafen und das Kommen und Gehen der Wassertaxis am Pier, der Autofähre und der Fischerboote.

Narakorn Restaurant

Das Restaurant liegt im Norden der Insel an einem kleinen See, über den eine abenteuerliche Hängebrücke führt. Gutes Essen und Getränke und man kann dabei die bunte Vogelwelt betrachten: Bienenfresser, Eisvögel, Kormorane und weiße Reiher.

Sunset Beach und Sunset Restaurant

Der Strand im Norden der Insel ist durchgehend gelber Sandstrand. Hier hat es auch tolle Infrastruktur wie ein Strandrestaurant, Liegen, Duschen, Toiletten – alles sauber und gut unterhalten. Am Strand selbst stehen Schaukeln und Instagram-Fotopunkte. Sehr aufmerksame Angestellte, die helfen, wenn man einen Quallen-Unfall hatte. (Die hatte es leider bei unserem Besuch hier reichlich, mit Baden im Meer war da nichts). Hat auch abends offen – schließt aber wie alles auf der Insel eher früh. ☺ täglich 9-20 Uhr. Lohnend als Ausflugsziel per Rad oder Roller von Khao Lak aus. Links neben dem Sunset Beach wurde die Bungalow-Anlage (*Cousin Resort*) fertig gebaut, also gibt es hier nun eine Unterkunft.

Sunee Restaurant

Alternativ liegt landwärts im Norden dieses typisch thailändische Restaurant, das von Besuchern ob des feinen Essens hochgelobt ist. Es hat abends bis 23 Uhr geöffnet.

Pirate Restaurant

Mitten auf der Insel gelegene urige Bar und Beiz, serviert thailändisches Essen und sehr gute Burger und gute Pizzas. Preise ev. etwas höher. Geöffnet ab 15 Uhr.

Fahrradfahren auf Ko Kho Khao 🚲

Laut manchen ist Ko Kho Khao eine der besten Fahrrad-Destinationen in der Gegend von Khao Lak. Eine Inselrundfahrt macht sich gut als Tagesausflug mit ihren kilometerlangen, verschlafenen, verkehrsfreien Straßen und Wegen, endlosen, verlassenen Stränden und flachen, grasbewachsenen Ebenen. Am Strand lässt sich gut eine Zwischenstation zum Relaxen einlegen und etwas in den kleinen Strandkneipen trinken. Bis zum Sunset Beach dauert es mit dem Fahrrad knapp 2 Stunden pro Weg. Unterwegs kommt man im Norden an einem größeren Gras-Feld vorbei, das im zweiten Weltkrieg von den **Japanern als Flugplatz benutzt** wurde.

Die hügelige nordöstliche Zone hat anspruchsvolleres Terrain mit Waldgebieten und ungeteerten Straße: perfekt zum Entdecken für Mountain-Biker. Unbedingt genug Wasser mitnehmen und eine Karte oder das Smartphone.

Ban Thung Tuk Ancient City

Auf der Insel befindet sich ein historisch bedeutender Standort, aber heute nur noch Reste einer Ausgrabungsstätte. Die letzte archäologische Ausgrabung wurde hier 2003 durchgeführt – seit der Entdeckung 1900 wurde sie gründlich von den archäologischen Schätzen geplündert. Die Ausgrabungen haben die **Grundmauern von Ziegelgebäuden**, sowie **Dachziegel** und Nägel freigelegt. Wahrscheinlich die ältesten Monumente in Thailand mit Dachziegeln. Es wurden Artefakte gefunden, die klar nicht aus der Gegend stammen, sondern importiert wurden, was darauf schließen lässt, dass **Thung Tuk** bereits im 7. bis im 9. oder noch 10. Jahrhundert ein wichtiger Hafen war. Dafür spricht auch die Lage an der Ostküste von Kho Khao – und damit geschützt vor den Saisonwinden – gegenüber dem

Takuapa Fluss, wo die Handelsroute durch das Landesinnere begann. Thung Tuk war ein Umschlagsplatz von den großen Meerschiffen auf die kleineren Schiffe, die es zur Landesdurchquerung via Fluss brauchte. Damit war es **Teil der Thai Seidenstraße**. Gefundene Stücke waren chinesische Tung Keramik und Porzellan, persische Türkiswaren, Glaswaren aus dem mittleren Osten und dem Mittelmeergebiet und Steinperlen aus dem Mittleren Osten oder Indien. Was nicht verkauft wurde, befindet sich in Museen wie der Sammlung des National Museum auf Phuket, aber nichts mehr auf Ko Kho Khao selber. Unter dem Boden könnte noch mehr liegen, nur ist offenbar kein Geld für weitere Ausgrabungen vorhanden.

Die Ausgrabungsstelle ist einfach zu finden: die eine Straße vom Hafen aus nördlich fahren, bei der großen Verzweigung bald danach rechts halten und dann weiterfahren, bis man zu einem verblichenen Schild kommt, das rechts auf einen kleinen geteerten Weg führt. Diesem folgen, bis man vor zwei (leider verwahrlosten) kleinen Gebäuden steht: dem Archäologischen Informationszentrum. Im Innern hat es Infotafeln, die über den Ort und die Ausgrabung informieren. Falls es weiteres Ausstellungsmaterial gab ist es leider verschwunden. Auch von der Ausgrabung im Gelände selber ist nichts mehr zu sehen. DG: 8.89427, 98.28113/ GMS: N 8°53'39.372" O 98°16'52.068"

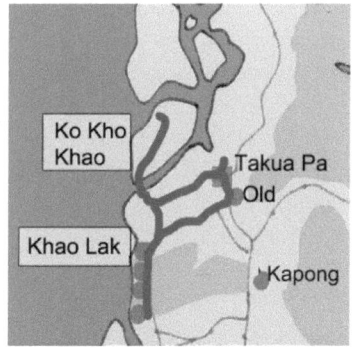

QR Code zur Googlemaps Karte mit einem Routenvorschlag zu **Takua Pa und den Attraktionen nördlich von Khao Lak**.

Im Norden: Richtung Ranong

Crinum Thaianum Bang Wan Village

Die als Thai Water Onion bekannte seltene Pflanze wächst im Wasser, sie bildet lange treibende Blätter und lilienartige, weiße Blüten. Es gibt sie nur in Phang Nga / Ranong in Thailand natürlich wachsend – sie wird aber als Aquariumpflanze weltweit vertrieben. Im Bang Wan Village kann man sie und weitere seltene Pflanzen der Umgebung besichtigen. 🚗 Zwischen Takua Pa und dem Si Phang Nga Nationalpark. 💻 facebook.com/CrinumThaianumBangWanVillage
DG 8.97346, 98.41145 / GMS N 8°58'24.456", O 98°24'41.22"

Tam Nang Wasserfall und Si Phang Nga Nationalpark

Ein echter Geheimtipp für Naturliebhaber! Der Tam Nang Wasserfall Wasserfall im Si Phang Nga Nationalpark, nur etwa 30 Minuten nördlich von Khao Lak ist 63 m hoch – der größte in der Umgebung. Im Becken unter dem Wasserfall kann man schwimmen – mit Fischen, die an einem knabbern.
🚗 Man nimmt die Hauptstraße Nr. 4 nach Norden, bis sie sich nach Takua Pa teilt in den Weg nach rechts in den Khao Sok Nationalpark und geradeaus hoch nach Ranong. Auf diesem Weg, etwa 40 km nördlich von Takua Pa liegt der Nationalpark Si Phang Nga. Er scheint bisher von den Touristenhorden nicht entdeckt worden zu sein, selbst der fantastische Wasserfall nicht. Der Abstecher in den Nationalpark ist angeschrieben – die Straße in den Park hinein wird stellenweise etwas eng, was einen aber nicht irritieren sollte. Der Eintritt kostet 150-300 Baht. Beim Haupteingang steht ein Schild, dass der Wasserfall etwa 1,5 km entfernt ist, aber das muss man nicht alles laufen. Mit dem Auto fährt man bis zu einem Parkplatz. Man folgt zu Fuß dem angeschriebenen Weg erst abwärts zum Fluss, nach dem ca. zehnminütigen Weg auf und ab durch den grünen Dschungel kommt man zum hohen Si Tamnang Wasserfall, wo es zahlreiche Fische hat. Füttern darf man sie leider nicht mehr. Am Wochenende ist der Fall gut besucht.
DG 8.99635, 98.46823/ GMS N8°59'46.86" O98°28'5.628"

Kuraburi Pier

Am Pier nördlich von Khao Lak, oberhalb der Insel Ko Phra Thong lässt sich das lokale Leben und Treiben der Fischer beobachten. Der beliebte Pier für kleinere Boote ist Ausgangspunkt für Touren nach Surin und auf die Similan Inseln und Koh Phra Thong. Es finden sich dort einige Tour-Anbieter und ein Informationszentrum, von dem aus man Ausflüge buchen kann. 🚰 Ca. 70 km nördlich von Khao Lak, DG 9.22676, 98.37507 /GMS N 9° 13' 36.336", O 98° 22' 30.251".

Drachenrückendüne Thalay Wak Nuat Mungkon

Die weitgehend unbekannte Attraktion besteht aus einer im Meer liegenden 3 km langen Sanddüne, die bei Ebbe begehbar ist. Der Name bedeutet etwas wie Drachenrücken See-Barriere. Auf 3 km kurvt der natürliche Damm im Meer. Der Sand sei extrem fein und weich darauf zu laufen. Besucher können sie vom nahen *Kuraburi Pier* aus mit einem Boot besuchen, man erreicht die Düne nach 20 Minuten Bootsfahrt. Ebbe und Flut beachten, wenn man darauf laufen will und Vorsicht, wenn die Flut wiederkommt!

Ko Phra Thong

Phra Thong ist eine 130 km² große Insel oberhalb von Ko Kho Khao. Der Name **Goldene Buddha Insel** stammt von einer Legende, nach der Piraten eine goldene Buddha Statue gestohlen und irgendwo auf der Insel vergraben haben sollen. Sie wurde nie gefunden. Heute ist es eine der letzten unverfälschten Küstenregionen in Thailand mit 15 km hauptsächlich unbewohntem weißen Strand. Das Innere der Insel erinnert an afrikanische Savanne, der landseitig gelegene Teil hat Mangrovenwald. Zugang via Kuraburi und Longtailboot-Fahrt durch die Mangroven (1 Stunde). Es gibt einige wenige Resorts und Bungalows im nördlichen Teil am Strand, die Unterkünfte sind einfach und klein, teils ohne Klimaanlage, ganztägigen Strom oder heißem Wasser. *Moken Ecovillage Resort* (🖥 mokenecovillage.com) und *Baba Ecolodge*. Essen kann man im Restaurant des Resorts, der *Tawan Bar* oder in der *Horizon Restaurant und Bar*. Ökotourismus wird großgeschrieben. Die Insel ist Ausgangspunkt für Kajaktouren in die Mangroven und Schnorchel- und Tauchausflüge zu den nahen Surin Inseln und fast unberührten Korallengebieten.

Thung Nang Dam

Diese Insel noch etwas weiter nördlich an der Küste vor Kuraburi ist praktisch unbekannt. Sie ist in einem Tagesausflug von Khao Lak aus zu erreichen, hat einen 6 km langen einsamen Sandstrand mit Blick auf mehrere vorgelagerten Inseln wie die Schnorchel-Insel **Ko Khao Yai**, **Helicopter Island** und **Surin** und ist nur durch einen von dichten Mangrovenwäldern gesäumten Kanal vom Festland getrennt. Die einzige Unterkunft ist das *Camp Resort*: luxuriöse Zelte und ein Haus mit Restaurant und Schlafzimmern und Sanitärblock. Der Rest der Insel ist sehr ursprünglich: ca. 40 Einwohner in weit auseinanderstehenden Häuschen, eine Orchideenfarm, Fisch- und Krabbenfarm sowie ein chinesischer Tempel (*Viharn Sien*). Vom Resort aus können Schnorchelausflüge gebucht werden.

Weitere Attraktionen im Norden:

Ban Nam Khem Tsunami Memorial – am Meer in der Nähe des Piers zu Ko Kho Khao.

Ban Nam Khem Tsunami Museum – das neue Museum.

Saori Center for Tsunami Victims – handgemachte Souvenirs für einen guten Zweck kaufen.

Laem Son und Koh Kham – Nationalpark, 157 km nördlich von Khao Lak. Im Meer mit 15 Inseln 6 km entlang der Küste zwischen Ranong und Phang Nga. Total etwa 100 km Küstenlinie. Highlights: Mangroven, Strände, Inseln, Schnorcheln. Eintritt: Erwachsene 200 Baht, Kinder 100 Baht.

Ban Nam Khem Pier

Ko Kho Khao Pier

Ausflüge mit dem Fahrrad / E-Bike

12 Ko Kho Khao

Karte 10 Kapong und Umgebung

KAPONG

Kapong ist der Distrikt in der Provinz Phang Nga, der hinter Khao Lak im Landesinnern liegt. Er wurde nach einem natürlichen Kanal benannt, dem Khlong Kapong, der durch das Gebiet führt. Zwischen Khao Lak und Kapong liegt eine Hügelkette, die nicht überquert werden kann. Das ganze Gebiet ist natürlich und unverfälscht und nur wenige Touristen finden den Weg hierhin. Die paar Attraktionen werden aber für thailändische Besucher beworben – und lohnen sich auch für Touristen aus dem Ausland, die mehr vom ursprünglichen Thailand sehen möchten.

Die Ortschaft Kapong

Kapong selbst ist ein sehr ursprüngliches thailändisches Dorf, es liegt um den Fluss / natürlichen Kanal des Kapong. Morgens kauft man im Frische-Markt ein. Sonntags in der Früh findet im Morgennebel in einer Seitenstraße ein **Markt** statt. Es gibt ein 7-eleven und eine Tankstelle.

Hug Kapong Cafe

Herziges Café in fotogener weißer Hütte – perfekt für einen Zwischenstopp auf dem Weg nach Kapong, dem Lam Ru Wasserfall oder den heißen Quellen. Schöne Aussicht von der offenen Sitz-Plattform ins Grüne, feines Gebäck (selbstgemacht) und Getränke (heiß oder kalt). Beides zum hier Trinken oder Mitnehmen.

🛵 An der 4090, etwas weiter nördlich als der Abzweiger zum Lam Ru Waterfall. DG 8.64771,98.40959/ GMS N 8°38'51.756",O 98°24'34.523"

N Plai Wa Café

Kaffeehäuschen auf einer Plattform mitten im (!) kleinen See mit Seerosen. Parkplätze (gratis) für Motorräder und Autos. Campingplatz daneben. Modernes, neu, mit diversen Sitzmöglichkeiten. Außer Kaffee- und Teespezialitäten und Softdrinks gibt es selbst gemachtes Gebäck und Snacks. Gratis WLAN. Ein hübscher und praktisch gelegener Zwischenstopp.

🛵 An der Straße 4090 zwischen Kapong und Takua Pa. DG 8.72878, 98.38339 /GMS N 8°43'43.608", O 98°23'0.204"

Lam Ru Waterfall

Der recht hübsche Lam Ru Wasserfall liegt rund 35 km von Khao Lak entfernt in der Nähe der Ortschaft **Kapong**. Er gehört zum **Lam Ru Nationalpark**, der von der Küste bis hier reicht. Der siebenstufige Wasserfall hat seinen Ursprung im Kapong Kanal und ist in Bambus-Rattan-, Palmen- und Farnwäldern eingebettet. Er führt das ganze Jahr über Wasser. Über einen schmalen Fußweg auf der rechten Seite gelangt man bis zur obersten Stufe, auf der man baden kann. Diese Stufe ist völlig waagerecht und erinnert an ein Planschbecken.

🛵 Von der 4090 durch Kapong biegt man in die kleine asphaltierte Nebenstraße (3045) – der Weg ist nur thailändisch angeschrieben. Nach 4,5 km deutet das Schild „Lumru Waterfall 800 m" nach rechts in eine schmale Betonstraße. Man fährt bis zum kleinen Parkplatz bei

der Nationalparkstation. Hier muss man eigentlich für den Lam Ru Nationalpark Eintritt bezahlen, meist ist aber niemand zu sehen. Nach einem zweiminütigen Fußweg rechts vorbei am kleinen Damm kommt man zum Wasserfall.
DG 8.6541874,98.4442567/GMS N 8° 39'15.075",O 98°26'39.324"

Hin Lahd Waterfall

Der Hin Lahd Wasserfall liegt 8 km nördlich des Lam Ru Wasserfalls. In ihn münden gleich drei Flüsse auf einmal. Außer dem kristallklaren Wasser und der felsigen Rückwand, die aussieht wie aus Ziegeln gebaut, bietet der Wasserfall nichts Spektakuläres. Er ist Treffpunkt für die Kinder der angrenzenden Dörfer, die sich hier abkühlen. DG 8.65697, 98.46211 /GMS N 8°39'25.092", O 98°27'43.595"

Sang Thong Waterfall

Eigentlich handelt es sich hier um 3 Wasserfälle an der Stelle – westlich vom Ort Kapong. Mittelgroßer Wasserfall, umgeben von schattigem Wald. Er hat 11 Stufen, in denen man ganzjährig baden kann. Um hierher zu kommen, biegt man vom Süden kommend auf der 4090 rechts fast gegenüber des Kapong Spitals ab. Man folgt der Straße bis zum Ende, auch nachdem sie nicht mehr geteert ist. Dabei überquert man 3 Brücken. Am Ende der Straße ist ein kleiner, offener Platz neben dem Fluss. Die Fälle befinden sich rechts. Um zum ersten Fall zu kommen, quert man den Fluss und folgt dem Weg daneben.

Tubing in Kapong

Den Fluss Kapong kann man sich (bei genügend Wasser) 40 Minuten lang auf Reifen hinuntertreiben lassen. Angeboten wird das zusammen mit anderen Aktivitäten, wie Dschungelwanderung, Bambus-Kaffee trinken, Wasserfall und Lunch (und ev. Elefantenbaden) von *Kapong Tubing Nature Tour*:
kapongnaturetour.com

Wat Inthaphum

Der klassische Tempel hat eine glänzende Chedi-Stupa und Naga-Schlangen-Treppe.

Wat Pak Mok

Die Tempelanlage etwas weiter nördlich besitzt ein hübsches Tor zur Straße, einen dicken, goldenen chinesischen Buddha und neu Plasterfiguren wie einen vom Baum überwucherten thailändischem Buddha. 🚶 DG 8.71704, 98.42395 / GMS N 8°43'1.344", O 98°25'26.22"

Kapong Hot Springs - Plai Poo Hot Springs

Die heißen Quellen werden von den Einheimischen Plai Phu oder Plai Poo genannt. Sie liegen im Landesinnern knapp außerhalb des Lam Ru Nationalparks. Sie entspringen in einen kleinen Fluss und sind fast komplett unerschlossen – wenn man von ein paar zu Bademulden aufgeschichteten Steinen im Flüsschen absieht. Inzwischen gibt es einen Verkaufsstand beim Parkplatz, an dem man Getränke kaufen kann – und Eier mit einem Körbchen um sie in den Quellen zu kochen. 4 Eier kosten 22 Baht – Garzeit 20 Minuten. Das Körbchen bringt man danach zurück. Die Quellen sind alles andere als überlaufen. Vor allem am Wochenende trifft man hier auf meist einheimische Besucher.

🚶 Man folgt am nördlichen Ortsende von Kapong der guten Straße 3002 nach Norden. Man folge den „Hot Spring" Schildern (die gelegentlich amüsant falsch geschrieben sind) auf die 5014, die rechts abbiegt. Auf der Straße bleibt man, bis sie etwas abrupt in einen Sandweg endet. Die heißen Quellen sind da nicht weiter ausgeschildert, aber wenn man am Parkplatz aussteigt, geht es rechts runter zu den Hot Springs.
DG: 8.66979 98.47132 / GMS N 8° 49' 11.244" O 98° 28' 16.752"

Grand Canyon Kapong

Die Schlucht ist nicht so beeindruckend, wie der Name suggeriert, zählt aber zu den hiesigen Sehenswürdigkeiten. Der Fluss hat sich hier metertief in den weichen Untergrund gegraben und bildet steile, zerklüftete Wände. Im Flussbett selber sieht man gelegentlich Leute nach Zinn schürfen. Wo es nass genug ist, wachsen Kannenpflanzen.
🚶 Zugänglich via eine Schotterstraße, ohne Regen dürfte das mit einem normalen Pkw machbar sein.
DG 8.74998, 98.38038 / GMS N8°44'59.928", O098°22' 49.368"

Lam Ru Waterfall

Kapong Hot Springs

Grand Canyon Kapong

Wat Pak Mok

Kwan Puk Treetunnel

13 Kapong Attraktionen

Narai Historical Park

Der Park und Tempel Wat Narai Nikaram neben der 401, der Straße zum Khao Sok, enthält Antiquitäten neben Trödel aus der Geschichte von "Ta Go La", was der alte Name von Takua Pa ist. Früher wurde hier viel mit Indien gehandelt. Die Vishnu und Lksmana Statuen sind Nachbildungen, die Originale befinden sich im Nationalmuseum auf Phuket. Eine Steininschrift ist nach Angaben zwischen 1300 bis 1400 Jahre alt. Sie wurde oben auf dem Leang Berg gefunden.
🚗 DG 8.77569, 98.41581/ GMS N8°46'32.484", O98°24' 56.915"

Weitere Sehenswürdigkeiten im Distrikt Kapong

Phutajor – Der Aussichtspunkt über das Nebelmeer gehört zur Provinz Kapong – liegt aber im Klong Panom Nationalpark hinter einer weiteren (unpassierbaren) Hügelkette noch weiter östlich als die heißen Quellen.

Rommannee Hot Springs – beschrieben bei Khao Sok

Baumtunnel Kwan Puk – An der 401 Höhe Takua Pa. Am schönsten von der südlichen Seite aus. Beschrieben bei Takua Pa.

Kapong hat einen **Sonntagsmarkt**, der im Gegensatz zu anderen Sonntagsmärkten frühmorgens und oft im Nebel stattfindet: Sunday Pak Mak Market. Es finden kaum Touristen dahin, dabei ist das ein Erlebnis. 🚗 DG 8.71704, 98.42395 /GMS N 8°43'1.344", O 98°25'26.22"

Halbtagestour Kapong:

Eine hübsche **Halbtages-Tour** durch grüne Landschaft mit interessanten Attraktionen abseits der üblichen Touristenrouten. Kann gut als Selbstfahrer unternommen werden oder im Minibus mit thailändischem Fahrer. Auch mit dem Motorrad möglich - dann muss man aber mehr Zeit einplanen.

Khao Lak – Kapong: direkt über die 4090 oder landschaftlich interessanter über die 4003 – Zwischenstopp im Hut Kapong Café – baden im Lam Ru Waterfall – Besuch des Wat Pak Mok – Eier kochen in den heißen Quellen von Kapong – Grand Canyon of Kapong – Baumtunnel Kwan Puk – Takua Pa Altstadt – etwas Essen oder Trinken – über die Straße 4005 durch hübsche Landschaft zurück nach Khao Lak.

Man könnte noch weitere Sehenswürdigkeiten bei Takua Pa anhängen und einen Ganztages-Ausflug daraus machen. Der "Bling bling-Tempel" Wat Kongha Phimuk, die Eisenbrücke und der Bangmara Hill liegen nah, Little Amazon und das Tsunami Museum und Memorial bei Ban Nam Khem nicht sehr viel weiter. Dann wäre die Rückfahrt über die Hauptstraße 4 allerdings einfacher.

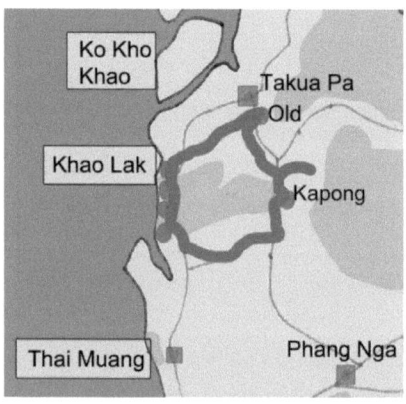

 QR Code zur Googlemaps **Karte mit der Kapong Tour und den Attraktionen** in der Region.

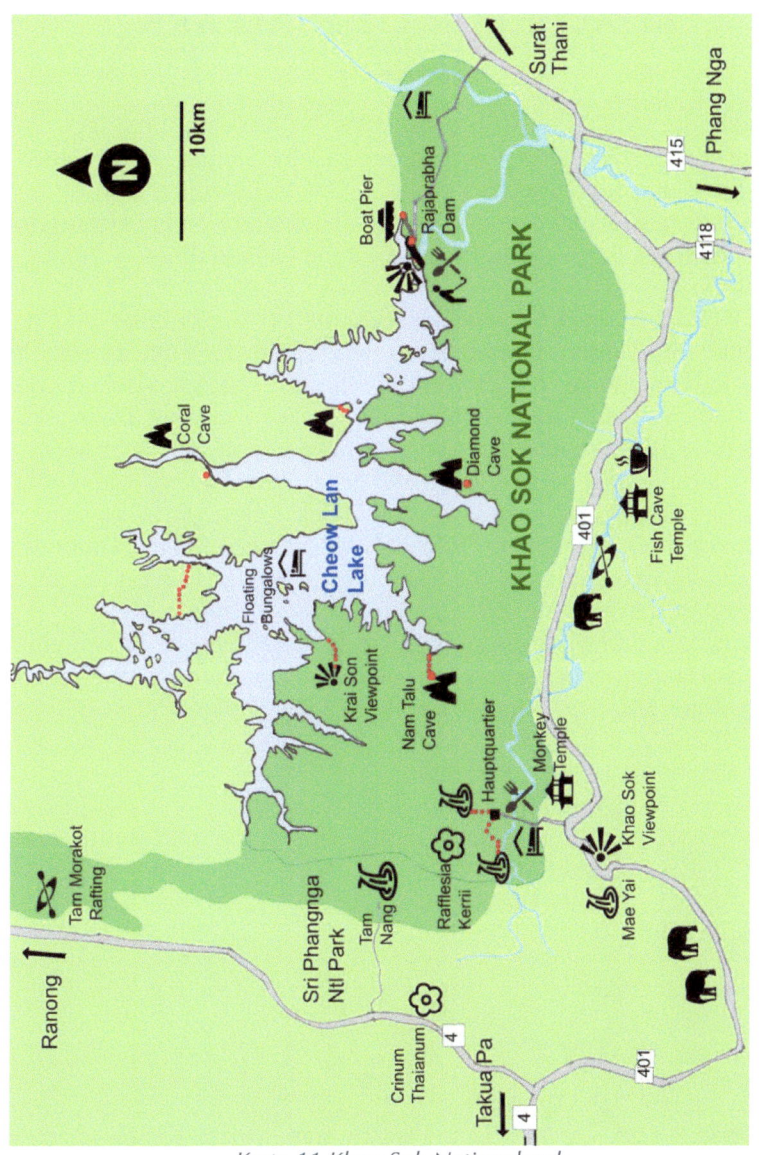

Karte 11 Khao Sok Nationalpark

KHAO SOK NATIONALPARK

Der sehr grüne Nationalpark mit dem Stausee in fantastisch anmutender Landschaft ist ein beliebtes Touristenziel und liegt nur wenig nördlich von Khao Lak (Fahrzeit ca. eine Stunde). Er wird auch von Krabi und Ko Samui aus besucht. Das Hauptaugenmerk ist der Ökotourismus, wobei viele Aktivitäten angeboten werden: **Elefanten, Dschungeltrekking, Kanufahren, Bambusflossfahren, Tubing, Bootsafaris.**
Der 739 km² große Nationalpark wurde 1994 gegründet und ist bedeckt vom ältesten immergrünen Regenwald der Welt. Er enthält hohe Kalksteinberge, die steil in den Himmel ragen (zwischen 400 und 960 m), tiefe Täler, atemberaubende Seen, dunkle Tropfsteinhöhlen, wilde Tiere und exotische Pflanzen wie die **Rafflesia kerri** – eine fleischfressende, riesige, bodenständige Blume. Sie blüht zwischen November und Januar. An wilden Tieren gibt es zu sehen: Hornschnabel, Elefanten, Asiatischer Ochse, Affen, Gibbons, Schlangen, Frösche und viele mehr. Das Klima ist hier oft feuchter und regnerischer als im Süden und sogar als in Khao Lak.
Besuche des Parks konzentrieren sich auf zwei Gegenden: die eine **um das Hauptquartier (Khao Sok Village**), die andere 67 km entfernt beim **Khao Sok See (Cheow Lan Lake**). Der Parkeintritt kostet für Erwachsene 200 Baht am Hauptquartier, 300 Baht für den See am Pier. Kinder bis 14 Jahre 100 Baht.

 **QR Code** zur Googlemaps Karte mit **Route und Attraktionen** zwischen Khao Lak, **Khao Sok** und **Cheow Lan Lake.**

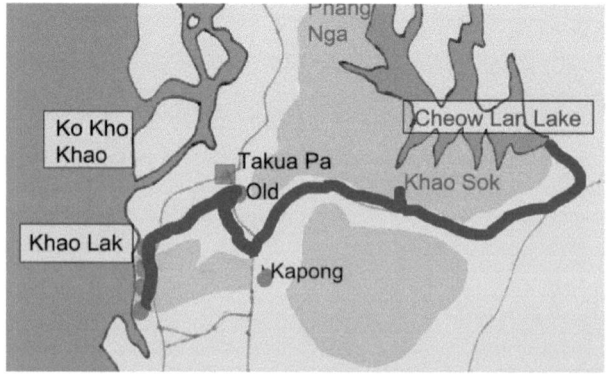

Unterkünfte im Khao Sok

Unterkünfte gibt es reichlich und in unterschiedlicher Qualität. Man bucht sie entweder direkt - die organisieren und bieten dann auch Touren und Ausflüge an. Oder man bucht via Anbieter in Khao Lak oder Phuket. Das Hauptquartier und Besucherzentrum im Park macht das seit 2025 nicht mehr. Man muss sich als Besucher im Park aber dort registrieren und die Parkgebühr zahlen.

Hauptquartier / Besucherzentrum:
DG 8.91542, 98.52809 / GMS N 8°54'55.512", O 98°31'41.124"

An der **Hauptstraße** in den Khao Sok (zum Hauptquartier) liegen die **meisten Gästehäuser und Bars**, fast alle **Restaurants** und ein paar Geschäfte / eine Apotheke. Es hat allerdings nur einen ATM und eine Tankstelle.

Da die Unterkünfte sehr zahlreich sind, ist eine Vorreservation meist nicht nötig. Das gilt auch für die **Baumhäuser** und die luxuriösen Zelte beim **Glamping**. Anders sieht es aus, wenn man auf dem Cheow Lan See übernachten möchte: es empfiehlt sich, die nur begrenzt vorhandenen **schwimmenden Bungalows** vorher zu buchen.

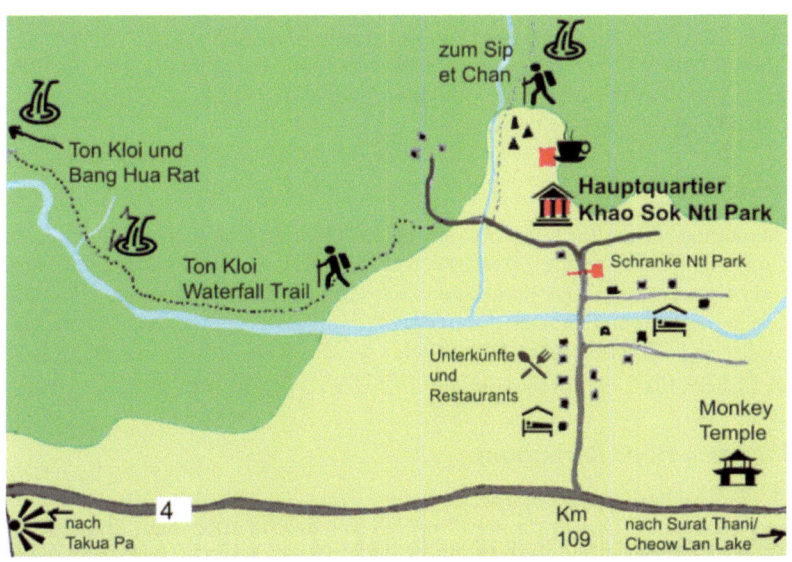

Karte 12 Khao Sok Umgebung Hauptquartier

Restaurants beim Khao Sok

 Die meisten Unterkünfte hier haben eigene Restaurants, die Küche ist dabei eine Mischung aus thailändischer und westlicher Küche.

Nongsaw Thai Food

günstiges, thailändisches Essen von mild bis scharf. Nette Besitzerin / Köchin.

Thai Herb

Günstiges, gutes Essen und frische Shakes. Das Restaurant ist sehr sauber, hat ein erstaunlich breites Menu. Das Essen ist thailändisch, aber auf den westlichen Geschmack angepasst.

Chao Italian Restaurant

Nur 100 m vom Parkeingang entfernt an der Hauptstraße gelegen. Die beste Pizza, die wir bisher in Thailand hatten – aus dem Steinofen mit dünnem Boden. Das Restaurant hat einen neueren Ableger weiter vorne mit demselben Menü.

Khaosok Sunlight

Restaurant mit Aussicht ganz in der Nähe des Khao Sok Viewpoints. Freundlicher Inhaber, ein guter Platz für eine Pause unterwegs, oder um den Sonnenauf- oder Untergang im Khao Sok mit Aussicht zu genießen. Ganztägige Öffnungszeiten.

Bridge Hill Café

Das Kaffee mitten im Khao Sok an der Brücke der 4 über den Fluss Sok ist hipp bei Thailändern, offeriert tolle Blicke in die Landschaft des Nationalparks (inklusive Foto-Punkte wie eine weiße Treppe in den Himmel) und bietet außer Desserts normales thailändisches Essen und Unterkunft (Glamping). facebook.com/bridgehiicafe
DG 8.8501034, 98.3489306 / GMS N 8° 51' 0.372", O 98° 20' 56.15"

Wangwa Hope Restaurant

Thailändisches und europäisches Essen, Pizza und Steaks. Gute Auswahl, fein zubereitet. Das Restaurant liegt an der Straße 3062 zum Stausee. wangwa-hope-restaurant.business.site

Kitchen Guilin

Ziemlich großes Restaurant beim Stausee. Im Park, am westlichen Ende des Sees, in der Nähe des Golfplatzes und dem Pier, an dem man Longtailboote mieten kann. Es hat Blick auf den Damm und den See. 🖥 guilin99.business.site

Wandern und Ziele im Nationalpark

Wer wandert, sollte Schuhe anziehen, die fest und möglichst geschlossen sind. Sandalen laden Blutegel (die auf dem Boden und in den Bäumen vorkommen) praktisch ein. Insekten-Repellentien gegen Mücken und Fliegen sind empfohlen, sie wirken vielleicht auch auf Blutegel etwas abschreckend. Ein Blick auf die Wettervorhersage ist wichtig: einige Wanderwege und speziell Höhlenbesuche sind bei Regen nicht möglich! Viele Wanderwege starten vom Besucherzentrum aus, andere von der Straße 401. Für die meisten braucht man einen Führer, den man im Hauptquartier bekommt.

Ton Kloi Waterfall Trail:

Der einstufige Wasserfall des Flusses Sok liegt etwa 7 km vom Hauptquartier entfernt. Der Weg dahin ist der Haupttrekkingpfad des Nationalparks. Die ersten 3 km vor dem Checkpoint auf breitem Pfad können ohne Führer begangen werden. Die nächsten 4 km führen auf kleinen Wegen durch den Dschungel zum Fall. Unterwegs hat es kleinere Fälle (Wing Hin, Bang Hua Rat), einen Schwimmplatz (Wang Yao Pool) und kleine Seitenwege dem Fluss entlang.

Wing Hin Wasserfall

Der 20 m hohe Fall liegt etwa 2.8 km vom Hauptquartier auf dem Ton Kloi Waterfall Trail – noch vor dem Checkpoint: er kann ohne Parkeintritt besucht werden. Er liegt auf der anderen Seite des Flusses Sok, den man hier aber auf Steinen einfach durchqueren kann.

Bang Hua Rat Stromschwellen

Am Ton Kloi Waterfall Trail, etwa 3 km vom Hauptquartier entfernt. Die Schwellen sind nicht gerade riesig, aber man kann seine Füße neben den großen Steinkugeln im Wasser baden. Beliebt für Rafting.

Tang Nam Gorge

Zwei hohe, nahe aneinander stehende Klippen. Hübscher Platz zum Schwimmen, 6 km vom Hauptquartier entfernt, auf dem Ton Kloi Waterfall Trail.

Than Sawan Waterfall

Wasserfall eines Nebenflusses des Sok, 6 km vom Hauptquartier entfernt, neben dem Ton Kloi Waterfall Trail. Der Weg hierhin ist anstrengend, den letzten Kilometer watet man durch das Flussbett.

Sip Et Chan Waterfall

Treppenartig über elf Stufen fallender Wasserfall mit großem Pool in dem man schwimmen kann. 4 km vom Hauptquartier. Der Weg dahin startet vom nördlichen Ende des Campingplatzes. Die ersten ca. 500 m führen über eine hölzerne Promenade und können ohne Führer begangen werden.

Khlong Pae Nature Trail

Etwa 10-12 km östlich des Hauptquartiers an der 401 startet ein 6.5 km langer Weg, der zum Cheow Lan See führt. Man benötigt einen Führer. Der Besuch des Sees kann hier mit einem Bootsausflug und weiteren Attraktionen um den See herum kombiniert werden.

Bang Hman Trail

Langer und fordernder, aber interessanter Trekkingpfad. Steil, dann wandert man durch einen Fluss, dann im Wasser durch eine Höhle, anschließend zurück zur Rangerstation. Der Weg benötigt dringend einen Führer und bei Regen darf man nicht in die Höhle.

Rafflesia Kerrii Meijer

Riesenblüte, etwa einen Meter groß im Durchmesser. Es ist eine parasitische Pflanze, die sehr selten ist. Es braucht neun Monate, bis sie blüht und die Blume hält nur etwa sieben Tage. Sie blüht zwischen November und Januar und wird auf Trekking-Ausflügen besucht.

Mae Yai Waterfall Khao Sok

Der einzige Wasserfall beim Khao Sok Nationalpark, den man ohne

weit zu laufen erreichen kann. Vielleicht heißt er deshalb „Großmutter". Der Wasserfall liegt neben der Suratthani-Takuapa Straße (bei km 113) 5.5 km vom Hauptquartier entfernt. Er ist nicht angeschrieben, man kann aber dort von der Straße herunterfahren und sein Auto parken. Der Wasserfall ist nur einstufig, dafür etwa 30 m hoch. Er hat in der Trockenzeit wenig Wasser, ist aber trotzdem einen Stopp wert. Schwimmen kann man hier aber nicht / nie.
🚶 Direkt in der steilsten Kurve in einer Talsenke auf dem Weg in den Khao Sok Nationalpark / vor der Straße zum Hauptquartier. DG: 8.8835, 98.49848 / GMS N 8° 53' 0.6", O 98° 29' 54.528"

Viewpoint Khao Sok - San Yang Roi

Der Aussichtspunkt liegt auf der Anhöhe direkt nach dem Wasserfall an der 401, etwa 5.5 km westlich vom Haupteingang in den Park. Er ist ebenfalls nicht angeschrieben, man sieht aber die Parkmöglichkeit von der Straße aus. Größere Tour Busse fahren an ihm meist vorbei, kleinere halten gelegentlich. Der Aussichtspunkt bietet den besten Blick in die grüne Hügellandschaft und eine gute Fotogelegenheit. Von der Straße aus ist die Landschaft beim Khao Sok oft nicht gut zu fotografieren, da Bäume und Leitungen stören.
🚶 DG: 8.88534, 98.50255 / GMS N 8° 53' 7.224", O 98° 30' 9.179"

Wat Tham Phanthurat oder Monkey Temple

Tempel beim Khao Sok Nationalpark (Nähe Hauptquartier) mit Affen. Neben dem neu erbauten Tempel hat es eine Tempelhöhle (eher ein Überhang) mit Buddha Statuen unter einem der steilen Klippen. Am Eingang gibt es einen Kiosk, an dem man den Eintritt bezahlt und Futter kaufen kann um die hier lebenden (meist freundlichen) Makaken-Affen zu füttern (ca. 20 Baht). Vorsicht auf entfernbare Kleinteile wie Brille oder Fotoapparat!
🚶 DG 8.91157 98.52043 / GMS: N 8° 54' 41.652" O 98° 31' 13.548"

Wat Tham Wararam - Fish Cave Temple

Auch Fisch-Höhle genannt. Der Tempel mit Höhle, die unter einem der Kalksteinklippen durchführt, ist ein Geheimtipp im Khao Sok. Für 10 Baht kann man Fischfutter kaufen um die bunten Fische zu füttern und gleichzeitig etwas für sein Karma zu tun. Um die Fische zu erreichen, durchquert man den Felsen. Die Höhle ist praktisch ein Tunnel vom Tempel zur anderen Seite, wo ein Fluss und See mit Plattformen zum Verweilen einladen.

🛶 Direkt neben der Hauptstraße gelegen ist er einfach zu erreichen, zum Beispiel auf dem Weg zum Cheow Lan See.
DG 8.8501034, 98.3489306 /GMS N 8° 51' 0.372", O 98° 20' 56.15"

Kajak fahren oder Bambusfloss auf dem Sok River

Der Sok ist der Hauptfluss des Khao Sok Nationalparks. Die Verbindungsstraße 401 zwischen Takua Pa und Surat Thani führt durch sein Tal und überquert ihn diverse Male. Der Fluss ist umgeben von schöner Landschaft mit hohen Kalksteinfelsen und viel Grün. Am und im Fluss und seinen Seitenarmen werden verschiedenste Aktivitäten durchgeführt, unter anderem Kajak fahren oder Bambus-floss-Rafting. Der Fluss ist in der Trockenzeit alles andere als reißend und es kann vorkommen, dass er gegen Ende der Hochsaison sehr wenig Wasser führt. Am Fluss entlang kann man bei der gemütlichen Fahrt mit dem Führer die Landschaft genießen, Vögel und Affen sehen, verschiedenste Amphibien und Reptilien (aber keine Krokodile, auch wenn die Führer da manchmal scherzen). Manche Ausflüge machen Halt, um einen Tee oder Kaffee neben dem Fluss auf Feuer zuzubereiten oder für einen Schwimmstopp. Gelegentlich hat es Seile, an denen man sich in die tieferen Stellen des Flusses tarzanartig fallen lassen kann. Spaß für die ganze Familie!

Zipline / Seilpark

Der *Tree House Sky Trek* beim Khao Sok ist eine Zipline mit 12 Stationen. Eine Tour dauert zwischen 45 Minuten bis 1 ½ Stunden. Sie findet unter der Aufsicht der Angestellten des *Tree House Resorts* statt, zu dem diese Attraktion gehört. Die Unterkunft befindet sich Nahe der Einfahrt an der Hauptstraße zum Khao Sok Hauptquartier.
💻 khaosoktreehouseresort.com

Emerald Pool / Ban Nam Rad Watershed Forest

Nahe beim Cheow Lan Lake – in der Provinz Surat Thani gelegen. Im Internet finden sich gelegentlich Bilder von einem natürlichen See mit klarem Wasser im Wald. Die Anlage ist eine lokale Attraktion und entsprechend ausgebaut – was man bei dem Weg, der hinführt nicht erwartet. Es ist ein öffentlicher, natürlicher Swimmingpool mitten im Wald Er zieht viele (thailändische) Besucher an, deshalb wurde der Zugang eingeschränkt. Großer Parkplatz (20 Baht Parkgebühr), Essensstände, Kaffees, Infoschilder.

Khao Sok Ntl Park

14 Khao Sok Attraktionen

Im Park selber ist verboten mitzunehmen: Essen, Seife oder Shampoo und alkoholische Getränke. Der Weg führt links vom Parkplatz etwa 100m durch den Wald. Man zahlt am Stand 100 Baht Eintritt pro Person ins Bad (weniger, wenn man nur schauen will, bis 150, inklusive Rudern (?). Man darf keinerlei Taschen etc. mitnehmen – dafür hat es gratis abschließbare Fächer beim nächsten Stopp, wo man sein Zeug lassen kann. Dann kommt man zur Toilette oder Umziehkabine. Danach folgt eine strenge Eintrittskontrolle. Nochmal 50m weiter kommt man endlich zum Pool. Der Emerald Pool ist ein natürlicher See mit weißem Sandboden, klarem Wasser mit Fischen, umfasst von Beton und mit Trittsteinen. Irgendwo hinten gibt es die Möglichkeit Boot zu fahren und sich dabei fotografieren zu lassen. Bei unserem Besuch im Februar 24 waren wir weit und breit die einzigen europäischen Touristen. Die vielen thailändischen Besucher waren klassisch konservativ angezogen – kein Bikini in Sicht, auch viele der Männer trugen Badehemden und Hüte.
🛶 Südöstlich vom Cheow Lan Lake. Von der 401 geht es in die Gegenrichtung ab. DG 8.72878, 98.38339 / GMS N 8°43'43.608", O 98°23'0.204"

Hängebrücke am herzförmigen Berg

Unbekannte Sehenswürdigkeit in See-nähe. Lange Hängebrücke für Fußgänger und Motorräder, Tempel am Fluss, Möglichkeit etwas zu essen, Campingplatz. 🛶 DG 8.71704, 98.42395 / GMS N 8°43'1.344", O 98°25'26.22"

Cheow Lan Lake

Der 165 km² große und etwa 200 m tiefe Stausee im National-Park hat eine bewegte Geschichte. Er wurde 1982 erbaut um Elektrizität für die Region zu liefern. Er bietet Kalksteinfelsen, die bis zu 900 m hoch steil aus dem Wasser ragen – ein Anblick ähnlich wie in der Phang Nga Bucht, nur mit Süßwasser und fast noch beeindruckender. Am Seegrund liegen die Reste der Siedlungen und Straßen der Anwohner, die dem Stausee Platz machen mussten und an manchen Stellen sieht man Baumreste, die aus dem Wasser ragen. Ein Teil des Sees gehört zum Khlong Saeng Wildlife Sanctuary.

Wer **den See auf eigene Faust besuchen** möchte, kann das machen. Auf dem See selber braucht man jedoch eine Begleitung. Der Parkeintritt kostet 300 Baht und wird an der Zugangsstraße zum Staudamm beglichen (Erhöht im Mai 24). Buchbar sind Touren direkt beim Parkplatz und Pier am See. Ein privates Boot mit Führer gibt es zwischen 1500 bis 4000 Baht für einen mehrstündigen Ausflug – mit Platz für bis zu 6 Personen. Man sollte unbedingt den Preis vorher festlegen. **Pier**: DG 8.97717, 98.8205 / GMS N 8°58'37.812", O 98°49'13.799"

Der Rajiaprabha Damm

Der Rajiaprabha Damm – was Licht des Königreiches bedeutet – bekam seinen Namen bei einer Eröffnungszeremonie von Thailands König zu dessen 60. Geburtstag. Außer der Elektrizitätsgewinnung dient er der Flutkontrolle, Bewässerung und Fischzucht. Es dauerte etwa ein Jahr, das Becken ganz zu füllen und fast 400 Familien aus einem Dorf mussten umgesiedelt werden. Es gab Projekte, auch die Tiere mit Booten und Helikopter umzusiedeln – dennoch starben viele, als ihr Lebensraum so plötzlich eingeschränkt wurde. Heute finden sich (wieder) viele wilde, teils gefährdete Tierarten im Nationalpark und am See. Beim Damm selber hat es einen Aussichtspunkt mit weitläufigem Parkplatz und schöner Sicht auf Damm und den See. **Aussichtspunkt Damm**:
DG 8.97247, 98.8057 / GMS N 8°58'20.892", O 98°48'20.52"

Khao Sam Khloe

Die drei aus dem türkisfarbenem Wasser ragenden Felsspitzen sind die meist-fotografierten Attraktion auf dem Cheow Lan See und ein Muss bei einem Besuch. Sie werden auch das Guilin von Thailand genannt, da es an die bekannte chinesische Landschaft erinnert.

Diamond Cave - Pra Kay Petch Cave:

Tropfsteinhöhle direkt am See, etwa 18 km vom Pier entfernt. Sie kann nur via Boot erreicht werden. Es ist eine der schönsten und beeindruckendsten Höhlen des Nationalparks mit riesigen Spinnen und Fledermäusen. Unbedingt eine Taschenlampe mitnehmen.

Nam Talu Cave:

Ein 30 m breiter Eingang und ein Flüsschen, das durch die 500 m lange Tropfsteinhöhle führt. Der Besuch ist abenteuerlich und nur machbar in der Trockenzeit und wenn es nicht regnet, da man direkt im tiefer werdenden Wasser watet und sich am Ende durch eine eher enge Öffnung quetschen muss. Plötzlich auftretende Sturzfluten haben hier schon Menschenleben gekostet. ⏲ Begehbar vom 14. Dezember bis etwa Mai. 🛶 Die Höhle ist nur via Boot und einen etwa 3 km langem Wanderweg vom Stausee aus erreichbar, obwohl sie Luftlinie weiter weg vom Pier und Näher am Hauptquartier der Khao Sok Parkes liegt.

Coral Cave - Pakarang Cave

Tropfsteinhöhle mit fossilen Korallen in wunderbarer Umgebung. Sie diente zwischen 1975 bis 1982 kommunistischen Rebellen als Unterschlupf. 🛶 Die Höhle liegt am Rand eines kleinen Sees neben dem Cheow Lan See. Sie kann erreicht werden mit dem Boot, indem man in den nächsten Seitenarm des Stausees fährt, eine kleine Wanderung über den trennenden Hügel macht und sich mit dem Bambusfloss direkt zur Höhle fahren lässt. Trotz dem Aufwand ist das eine der beliebtesten Höhlen im Park.

Floating Bungalows / Unterkünfte auf dem Cheow Lan Lake

Auf dem See kann man in **schwimmenden Bungalows** übernachten. Deren Betreiber müssen von den ursprünglichen Landbesitzern abstammen um eine Lizenz dafür zu bekommen. Die Bungalows sind von sehr unterschiedlicher Qualität – von einfachen Holzhütten (wie *Ton Tuey*) über fassartige schwimmende Zimmer (mit Toilette an Land), wirklich kleine schwimmende Häuschen mit Dusche und Toilette (*Rai500*) oder Luxus-Zelte auf Floss (Lake Camp von *Elephant Hills*) findet sich alles. Man bekommt, wofür man bezahlt, aber ein Aufenthalt hier lohnt sich immer.
Der Sonnenaufgang über den steilen Felsen und dem ruhigen See ist ein unvergessliches Erlebnis. Im See kann man schwimmen und Kajakfahren. Abends und morgens gibt es Ausflüge zum Tiere sehen.

Rajjaprabha Dam

Cheow Lan Lake

Khao Sam Kloe

Floating Bungalows

15 Khao Sok - Cheow Lan See Attraktionen

Auswahl an Unterkünften auf dem See:
500Rai Floating Resort Modern, riesige Organisation, weit hinten gelegen, in blendend weiß gehalten, etwas ungeschickt die Honeymoon Suite, die nur durch ein (lautes) Wassertaxi mit dem Hauptkomplex verbunden ist.
ToneTeuy Raft House Eine der ältesten Unterkünfte, an einem schmalen Seitenarm in der Nähe der Nam Talu Cave. Sehr einfache Holzhütten ohne Komfort (harte Unterlage, kein Strom, WC an Land)
Panvaree Resort the Greenery Schöne Lage, relativ mittig des Sees. Gut ausgerüstete 2-stöckige Bungalows,
Elephant Hills Lake Camp Luxuszelte mit Ventilator und Dusche/WC und guten Betten.
Phutawan Raft House Am glleichen Seeabschnitt wie das Elephant camp, runde Bungalowartige Hütten, Toilette an Land, beliebt bei asiatischen Besuchern.
Smiley Lakehouse sehr große Anlage mit verschiedenen Bungalows, alle durch 1 Steg verbunden. Beliebt bei asiatischen Besuchern.

Beispiele für (geführte) Touren-Ausflüge in den Khao Sok Park

Anzumerken ist hier, dass man (außer beim Seebesuch und manchen Trekkingtouren) dabei meist **am Rand des Nationalparks** ist und nicht darin. Das bedeutet, die Führer müssen keine Gebühren zahlen. Die Landschaft ist trotzdem sehr sehenswert. Dass praktisch direkt neben dem Sok Fluss die (Haupt-)Straße liegt, merkt man nicht.

Nachtsafaris

Spannend sind **Ausflüge abends oder nachts**, die mit Führung angeboten werden. Dabei sieht man nachtaktive Tiere, die man tagsüber nicht zu Gesicht bekommt. Allein schon wegen der Schlangen sollte man das nicht alleine unternehmen.

Dschungel-Kochkurs

Khao Sok Jungle Cooking Experience bietet die Möglichkeit beim Khao Sok (beim Khlongphanom Nationalpark-Gate) in der freien Natur einen Kochkurs zu machen und über dem Feuer traditionelle Mahlzeiten zu grillen und zu kochen. 💻 facebook.com/junglecoooking

Tagesausflug Khao Sok

Halt beim lokalen Markt (bei Takua Pa). Fahrt in den Khao Sok Nationalpark. Ev. Elefantenreiten an einem Flüsschen. Elefanten füttern und fotografieren. Khao Sok Aussichtspunkt. Thailändisches Mittagessen. Nachmittags Kajak fahren auf dem Sok River. Schwimmen im Sok River. Besuch eines lokalen Tempels mit Affen. Stopp an einem Wasserfall.

Tagesausflug Khao Sok Dschungelwanderung

Transfer, dabei Stopp am Aussichtspunkt Khao Sok im Morgennebel. Dschungelwanderung (einfacher 4 km Pfad) mit Abkühlung am Flüsschen. Thailändisches Mittagessen. Kanu Tour auf dem Sok Fluss. Besuch der Panturat Höhle und wilde Affen beobachten. Rückfahrt.

2-Tagesausflug Khao Sok / Park

Halt beim lokalen Markt (bei Takua Pa). Fahrt in den Khao Sok Nationalpark. Ev. Elefantenreiten. Thailändisches Mittagessen. Nach-mittags Kajak fahren auf dem Sok River. Schwimmen im Sok River. Einchecken im Bungalow beim Nationalpark. 2. Tag: Trekking im Khao Sok Nationalpark. Baden unter dem Wasserfall. Zurück zum Resort und Mittagessen. Nachmittags ausruhen und Fahrt zurück.

2-Tagesausflug Khao Sok (Baumhaus) plus See

Transfer, Fluss Sok mit dem Kanu erkunden. Besuch des Elefanten-camps und ev. baden mit Elefant. Mittagessen im Resort. Umgebung erkunden selbständig. Abendessen im Resort. Übernachtung im Baumhaus. Frühstück im Resort. Fahrt zum Cheow Lan See. Langboot fahren auf dem See. 1 Stündige Dschungelwanderung mit Ranger. Besuch einer Höhle. Thailändisches Mittagessen. Schwimmen und Entspannen am See. Retour.

Cheow Lan Lake Tagestour

Panorama des Cheow Lan Sees bei der Fahrt mit dem Langboot. Wanderung im Dschungel. Bambus-Bootsfahrt in versteckter Lagune. Korallenhöhle (mit Tropfsteinen) entdecken. Mittagsbuffet. Kajakfahrt auf dem See. Retour.

2-Tagesausflug Cheow Lan See

Transfer. Viewpoint-Stopp. Fahrt zum Cheow Lan Lake, Fahrt mit dem Longtailboat durch die fantastische Landschaft. Ankunft am Rafthouse, thailändisches Mittagessen. Nachmittags relaxen am/im See. Ausflüge mit Kajak. Abendessen im Rafthouse. Nachtsafari auf dem See. Morgens: Kajak Ausflug, Morgenessen im Rafthouse. Trekking mit Führer durch den Regenwald zu einer Tropfsteinhöhle und kleinem See. Mittags relaxen und Rückfahrt.

Karte 13 Zwischen Khao Lak und Phuket / der Süden

ZWISCHEN KHAO LAK UND PHUKET - DER ÜBERSEHENE SÜDEN

Das Gebiet unterhalb von Khao Lak wurde bisher eher stiefmütterlich behandelt, dabei ist es gerade bei thailändischen Besuchern beliebt, da sehr naturbelassen. Für europäische Besucher ist vieles "Neuland", wenige der Attraktionen sind signalisiert und wenn, dann nicht in englisch. Die Gegend eignet sich dennoch bestens für private Touren oder Selbstfahrerausflüge.

Khao Khai Nouy

Auch Khao Khai Nui: Der Aussichtspunkt ist vor allem bei Thailändern bekannt – aber kaum bei ausländischen Besuchern. Wundervoll ist die Aussicht früh morgens, wenn die Hügel von leichtem Morgennebel bedeckt sind, der **Talak Noi** (Nebelmeer) genannt wird. Das richtige Meer befindet sich 7 km im Westen. Besonders Nordthailänder erinnert das an ihre Heimat – sie besuchen deshalb gerne den bekannteren Phutajor Aussichtspunkt, obwohl dieser hier besser erreichbar und genauso schön ist. Vom etwa 300 m hohen Hügel aus hat man schöne Sicht zu jeder Tageszeit. Es gibt verschiedene Plattformen – die schönste ist ganz oben und zeigt zum Sonnenaufgang im Landesinnern, eine etwas weiter unten liegende hat Sicht auf Meerseite. Zum Übernachten haben sie Mietzelte, daneben Bungalows (*Homestay Khao Khai Nui*)

🛌 Der Viewpoint befindet sich etwa 30 Minuten unterhalb von Khao Lak und ist nur in thailändisch beschildert. Die Straße geht vom oberen Rand des Straßen Dreiecks der 4240 hoch, der Abzweiger befindet sich neben zwei grünen Gebäuden. Sie beginnt geteert, das verliert sich aber bald. Mit einem normalen PW kann es sehr schwierig werden, vor allem, wenn es geregnet hat. Besser mit 4WD oder Roller. Oder man lässt sich mit dem Pick-up-Dienst nach oben transportieren. DG 8.55965, 98.29488 / GMS N 8°33'34.74", O 98°17'41.568'

Khao Lampi - Hat Thai Mueang Nationalpark

Der Nationalpark Khao Lampi - Hat Thai Mueang befindet sich im Bezirk Thai Mueang in der Provinz Phang Nga. Er wurde am 14. April 1986 gegründet und umfasst ein Gebiet von 72 km². Er ist in zwei Teile unterteilt: *Khao Lampi*, die Hügelkette an der Ostküste und den *Thai Mueang Strand* auf der Westseite. Eintritt für Erwachsene 100 Baht – das Ticket ist wiederholt den ganzen Tag anwendbar.

Khao Lampi ist von immergrünem Wald bedeckt mit Pflanzenarten wie Yang, Farn, Rattan, Bambus. Der höchste Punkt ist *Yoz Khao Khamin* mit 622 m.

Hat Thai Mueang hat weiße Sandstrände im Westen und Mangrovenwald im Osten, wo das Hauptquartier des Parkes liegt. Hier gibt es Fleckenmusang (eine Schleichkatzenart), Pferdehirsche, Red Junglefowl (die bunten Hühner) und mehr. In den Korallen vor der Küste leben Stachelrochen, fliegende Fische. Der 13 km lange Sandstrand eignet sich zum Schwimmen und Baden. Von November bis Februar kommen Seeschildkröten an Land, um hier ihre Eier abzulegen.

Das **Hauptquartier** befindet sich an der Strandstraße oberhalb von Thai Mueang. Man bezahlt Eintritt in den Park und kann damit während 72 Stunden weitere Attraktionen des Parks besuchen. Camping im Park ist möglich.

Die verrosteten **Überreste eines alten Baggers**, der zum Zinnabbau verwendet wurde, liegen 5 km vom Parkeingang entfernt, zusammen mit einem riesigen Zahnrads in der Nähe.

Khao Na Yak Halbinsel und Strand

Die vorgelagerte lange Halbinsel, die von Thai Mueang bis vor den **Tap Lamu Pier** reicht, ist das Hausriff von Khao Lak. Sie ist (da schlecht erreichbar) sehr naturbelassen, mit klarem Meer, kilometerlangem einsamen Sandstrand, gesäumt von strahlend blauem Wasser auf der einen und dichten Pinien auf der anderen Seite. Schwimmen ist teilweise möglich. Schnorcheln und Tauchen im maximal 9 m tiefen Wasser ebenfalls. Die Halbinsel kann mit einem geländegängigen Auto via Fahrt über den Sandstrand, dem Fahrrad oder mit dem Boot erreicht werden.

Thung Samed Khao

Ein Stück grasbedeckte Landschaft auf der Halbinsel, das an die afrikanische Savanne erinnert. Für Thailänder ein hier einzigartiger 🛖. 5 km vom Hauptquartier entfernt mit einer Vielzahl von Vogelarten. Besucher sollten ein Allradfahrzeug oder ein Bike haben, mit dem man über Sand fahren kann.

Lampi Wasserfall

Im Khao Lampi Nationalpark im Landesinnern. 4 Stufig, in der untersten Stufe befindet sich ein großer natürlicher Pool, auch in den weiter oben gelegenen Stufen kann man baden.

Ton Phrai Wasserfall

Im Khao Lampi Nationalpark im Landesinnern. Nur eine Stufe, aber ganzjährig Wasser. Vom Besucherzentrum aus läuft man etwa 600m auf dem Naturlehrpfad an seltenen Pflanzen vorbei. Die Umgebung ist ein üppiger immergrüner Wald.

Phang Nga Coastal Fisheries Research and Development Center / Turtle Sanctuary

Forschungsstation für marines Leben, am Thai Mueang Strand vor dem Hauptquartier gelegen. Man kann jede Menge Meerestiere in Tanks besichtigen und etwas über sie lernen. Anfang März jedes Jahr werden die geschlüpften Seeschildkröten zurück ins Meer entlassen in einer Tradition, die sich Sea Turtle Releasing Festival nennt.

Ban Tha Din Daeng

Eine kleine Ortschaft weit abseits der (europäischen) Touristenpfade. Die muslimische Gemeinschaft arbeitet vor allem in der Landwirtschaft und betreibt nebenbei Ökotourismus. Man kann ein Longtailboot oder Kajak mieten und durch die Mangroven hier fahren, in steppenartiger Landschaft wandern, Reste alter Kupferminen besuchen und am schönen, natürlichen Sandstrand schwimmen. Beim Besuch Gezeiten beachten.
Kontakt: habeedeen@hotmail.com

Ton Sung - Phu Pha Sawan Waterfall

Der Fall ergießt sich mitten im Wald von einer hohen, steilen Klippe in einen Bach, in dem man baden kann. Sehr abseits von allem, dennoch einfach zu erreichen über eine neue Betonstraße. Außerhalb des Nationalparks gelegen.
DG 8.47513, 98.2655 / GMS N 8°28'30.468", O98°15'55.8"

Leng San Keng Shrine

Hinter dem chinesischen Tor in der Ortschaft **Thai Mueang** findet sich ein sehr hübscher, kleiner chinesischer Tempel. Der Besuch lohnt einen Stopp, um die Atmosphäre aufzusaugen und die bunte Deko zu bestaunen.

Wat Tha Sai / Tesdhammanava Tempel

In Thai Mueang, 40 km südlich von Khao Lak. Der Tempel ist wunderschön aus dunklem Holz mit Gold – statt der sonst üblichen Tempel in Weiß-Rot-Gold. Er liegt direkt am hübschen, verlassenen Strand mit Palmen und Sicht aus Meer. Am Wochenende hat er viele thailändische Besucher, sonst hat man ihn oft für sich.
🛥 DG 8.8501034, 98.3489306 / GMS N 8° 51' 0.372", O 98° 20' 56.15"
Der Strand vor dem Tempel hat schönen Schatten durch die Bäume – wegen Strömung und schnell abfallender Küstenlinie gehen hier nicht so viele Leute ins Wasser. Für Familien mit Kindern sind die flach abfallenden Strände weiter nördlich besser.

Ban Bo Dan Hot Springs

Die schön eingefassten und touristisch aufgearbeiteten heißen Quellen befinden sich eine Dreiviertelstunde Fahrt südlich von Khao Lak, etwas unterhalb von Thai Muang. Sie enthalten Wasser mit hohem Mineralienanteil (auch Jod), gehören zum The Hot Spring Beach Resort und Spa und sind umgeben von grüner Landschaft. Kaltwasserbecken, Fitnessraum, Strand und Restaurant sind ebenfalls vorhanden und zugänglich für Tagesbesucher. ⏲ täglich von 8-22 Uhr abends. Tageseintritt kostet 400 Baht für Erwachsene und 200 Baht für Kinder. 🖥 thehotspringbeach.com
🛥 Südlich von Khao Lak, etwa 10 km unterhalb von Thai Muang DG: 8.30735, 98.27383 / GMS: N 8°18'26.46" O 98°16'25.788"

Benyaran Museum

Das kleine Museum stellt eine Kollektion verschiedener Antiquitäten aus, unterteilt in verschiedene Zonen: Gebrauchsgegenstände, Traditionelle Medizin, Militär aus dem Weltkrieg, Fossilien, Zinnabbau. Es hat Replika eines alten Kaffeeshops und Theaters. Eine etwas kuriose Sammlung, die aber einen interessanten Besuch abgibt. Täglich 8-17 Uhr geöffnet. Eintritt 50 Baht.
🖥 facebook.com/profile.php?id=100057213111040

🚗 Vom Highway 4 in Richtung Phang Nga biegt man auf den Highway 1004 (Ban Lo Yung) ab und folgt ihm etwa 19 km. Der Ort ist nur 9 km vom *Samet Nang She* Aussichtspunkt entfernt.
DG 8.6067645, 98.2617416 /GMS N 8° 36' 24.352", O 98° 15' 42.269"

Essen und Trinken zwischen Khao Lak und Phuket

Rhuea Khud Rae - Ruekhoodrae Restaurant

Ein neues, modern eingerichtetes Restaurant direkt neben der Straße zwischen Thai Mueang und Khao Lak. Gutes Essen für einen Zwischenstopp bei einem Ausflug. Sie servieren die (kalten) Getränke in durchsichtigen Dosen mit ihrem Logo. Thai Ice Tea ist sehr fein und man kann ihn auch weniger süß haben. ⊕ Mittwoch - Montags 10-20 Uhr. 🚗 DG 8.47513, 98.2655 /GMS N8° 28' 30.468",O98° 15' 55.8"

Makai Cafe and Space

Herziges Café an der Straße durch den Ort Thai Mueang im Japanischen Stil. Tagsüber Café, abends Beiz mit Fassbier und Filmeabenden (auf thailändisch). 💻 facebook.com/makaicafeandspac

Nern Khao View Talay

Das Restaurant im Herzen der Natur in den Hügeln hinter der Küste bietet dank seiner Höhenlage eine gute Aussicht auf das Meer sowie natürliche Kühlung durch eine leichte Brise tagsüber. Holzpavillon mit Wagenrädern, Laternen und einem künstlichen Wasserfall. Die Seafoodsuppe (scharf) wird empfohlen und ist im thailändischen Michelin lobend erwähnt. ⊕ 9-21 Uhr.
💻 nernkhaoviewtalay.rnanagrand.com

Rabiang Lay Restaurant

Feines thailändisches Restaurant an hervorragender Lage direkt am Strand. Gut gelegen für einen Zwischenstopp unterwegs.
Die **Panoramastraße** entlang dem Meer ist empfehlenswert für alle, die es nicht eilig haben und nicht den Highway 4 nehmen wollen zwischen Phuket und Thai Muang.
🚗 DG 8.29267, 98.27263 / GMS N 8° 17' 33.612", O 98° 16' 21.468"

Khao Khai Nui

Lampi-Hat Thai Mueang NP

Wat Tha Sai

Ban Tha Din Daeng

Khao Na Yak

16 Attraktionen im Süden

360 Degree Coffee - Andaman Viewpoint Sky Crane

Ein Aussichtspunkt zwischen Phuket und Khao Lak mit Kaffee und Restaurant sowie Spielplatz und kleinem Wasserpark. Etwas für Kinder. Am Wochenende gibt es hier einen Kran mit einem daran hängenden „Korb" der einen für eine 360 Grad Rundumsicht hochzieht. Das Restaurant offeriert günstige Reisgerichte und Eiskaffee sowie eine Auswahl an Kuchen. 🚗 Wenige Kilometer nördlich der Sarasin Bridge. Leicht erreichbar ab dem Highway 4. 💻 facebook.com/AndamanViewPoint
DG: 8.24004, 98.30088 / GMS: N 8°14'24.144" O 98°18'3.168"

Samet Nangshe Boutique

Zur Hotelanlage unter dem Aussichtspunkt gehört ein modernes Restaurant, in dem man auch als nicht-Gast essen kann. Die Aussicht auf die Phang-Nga Bucht ist fantastisch, das Essen gut und schön präsentiert. Es gibt sowohl thailändische und lokale Spezialitäten als auch Burger und Pommes. Preislich eher teuer. €€€
🚗 Nur knapp neben/unter dem *Samet Nangshe Viewpoint*. Sie haben unten an der Straße einen eigenen Parkplatz mit Transferstation. Wer im Hotel nächtigt oder im Restaurant isst, darf hier parken – und sie sorgen für Transfer.
💻 sametnangsheboutique.com

QR Code zur Googlemaps Karte mit einem **Routenvorschlag für Phang Nga** und den **Attraktionen** in der Gegend.

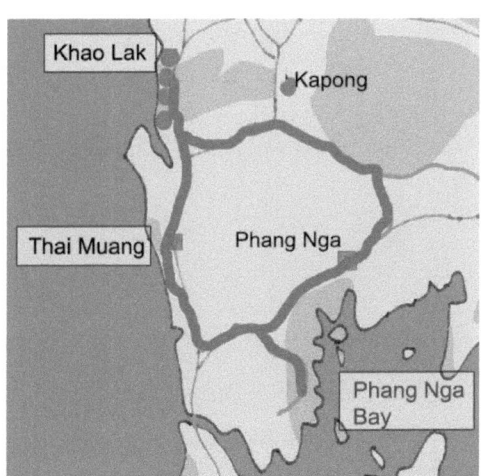

Karte 14 Phang Nga und Umgebung

PHANG NGA UND PHANG NGA BUCHT

Phang Nga Town

Gelegen in einer fantastischen Landschaft mit Kalksteinfelsen, grünen Hügeln, Höhlen, zahlreichen Flüssen. Vor den aus-gedehnten Mangrovenfeldern an der Küste ist **die Stadt Phang Nga** selber hübsch, aber nicht sehr bemerkenswert. Eine Altstadt gibt es nicht zu besichtigen. Die Hotels sind eher niedriger Standard und meist günstig bis Mittelklasse. Eine Übernachtung lohnt sich meist nicht, da die Stadt von Khao Lak und Phuket aus gut erreichbar ist. Es ist auch keine Stranddestination: die Küstenlinie zur Bucht ist hier durchgehend dichter Mangrovenwald, kein einziges Hotel liegt mit Strand am Meer. Phang Nga dient heute hauptsächlich als **Ausgangspunkt für Touren in die Phang Nga Bucht** mit ihren Attraktionen, aber die Umgebung hat so viel mehr zu bieten!

Wer keine feste Tour in die Bucht buchen möchte, kann an einem **Pier** an einem Mangrovenarm einfach ein Boot mit Führer mieten und die Bucht selber erkunden. Man findet tagsüber immer jemanden.
Surakul Pier: DG: 8.39005, 98.46033 / GMS N 8°23'24.18", O 98°27'37.187"
Ban Hin Romi Pier (direkt unterhalb Samet Nangshe), **Boon Choo Pier** oder **Pracharat Pier** zwischen den Aussichtspunkten und Phang Nga.

 Essen und Trinken bei Phang Nga

Morgenmarkt

Der Kraphunga Fresh Market findet täglich in Phang Nga neben dem Rattanapong Hotel statt. Start ab 5 Uhr morgens. Klebreis-Süßigkeiten, frittierte Bananen, lokale Früchte, Gemüse und Fisch.

Nachtmarkt

In der Nähe des Krankenhauses im Stadtzentrum, mit der für Thailand üblichen breiten Auswahl an Essen und Snacks. Täglich ab ca. 17 Uhr.

Tha Sai Seafood

Etwas außerhalb der Stadt gelegen (etwa 15 km), auf dem Weg nach Krabi.

Das Restaurant mit schöner Sicht und gutem Essen liegt direkt an einem Mangrovenarm.
🍴 DG 8.45372, 98.61246 / GMS N 8°27'13.392" O 98°36'44.855"

Ruean Phae Sam Chong Seafood

Das Restaurant liegt am Fluss Bang Lam in den Mangroven bei Phang Nga auf zwei schwimmenden Plattformen. Es ist beliebt bei den Thailändern und eine super Alternative zur Touristenabfütterei auf der Seenomadeninsel. Sie bieten Seafood Menü mit frischem täglichem Fang. Der frittierte Bass mit 2 Saucen wird von Michelin Thailand 2022 empfohlen. 🍴 Nur 5 km von der Straße 4 entfernt, auf etwa halbem Weg zwischen Sarasin Brücke und Phang Nga Stadt. DG 8.6067645, 98.2617416 /GMS N 8° 36' 24.352". O 98° 15' 42.269"

New Fern Restaurant (und andere) auf Ko Panye

Die Restaurantreihe an den großen Piers der Insel Ko Panyee bieten hauptsächlich thailändisches Buffet als Mittagessen für die (vielen) Touristengruppen, die hier stoppen. Sie haben auch à la carte Menüs für die restlichen Besucher. Die Aussicht auf die Bucht ist dank der Lage bemerkenswert schön. Die Preise sind entsprechend (hoch): wenn ein Smoothie am Strand 50 Baht kostet, sind es hier 100 Baht.

Tree Cups Phang Nga Coffee

Kaffee an einer sehr speziellen Location. Hoch auf einem alten Baum kann man seinen Kaffee auf der befestigten Plattform trinken und die Panorama-Aussicht genießen. Gut für einen Stopp auf einem Phang-Nga Ausflug, wenn auch etwas schwierig zu finden. Von Westen kommend, ist die Abzweigung auf eine kleine Straße in die Hügel (nach links) etwa 300 m nach der Moschee. Abzweigung bei
🍴 DG: 8.36427, 98.44489, GMS: N 8° 21' 51.372" O 98° 26' 41.604'.
Dem Weg 900 m folgen. 🕐 ca. 10.30 Uhr bis Nachmittags.
💻 facebook.com/TreeCups

Bangkan Sonntagsmarkt

Tham Sam Rock Art (Sam Cave)

Sa Nang Manora Forest Park

Street Art by Alex Face

17 Attraktionen um Phang Nga

Attraktionen Phang Nga: Landwärts und Richtung Krabi

Bangkan Sonntagsmarkt bei Phang Nga

Der neue Markt am Sonntagmittag ist momentan eine Attraktion, die fast ausschließlich einheimische Besucher anzieht. Wir haben ihn 2023 entdeckt und sind begeistert. Am kleinen Flüsschen Chai Klong wird geshoppt, gegessen und am und im Fluss entspannt. Die Shops mit Essen und Handwerksarbeiten ziehen sich links und rechts etwa 100m am sanft dahinfließenden Fluss entlang, über welchen bunt geschmückte Holzbrücken führen. Im Fluss kann man sich auf gemieteten Reifen oder Bambusflossen treiben lassen – viel Spaß für die anwesenden Kinder. 2025 scheint er teils geschlossen gewesen zu sein. Vielleicht vorher bei jemandem einheimischen in Khao Lak nachfragen, ob er stattfindet.

🚶 Unterhalb des Kathatong Golfplatzes, an der Straße 4090 nach Phang Nga. DG 8.5494, 98.46882 /GMS N8°32'57.84", 098°28'7.751"

Sa Nang Manora Park

Etwa 5 km nördlich von Phang Nga liegt ein „Wasserfall Wald Park": Waterfall Forest Park Sa Nang Manora. Im bewaldeten Park hat es einen 2 km langen Naturwanderweg (Nature Trail), der den Wasserlauf diverse Male durchquert. Eine Fledermaushöhle (Bat Cave) sowie eine Muschelhöhle (Shell Cave) sind markiert. Durch die Bäume hindurch trifft man nach kurzem Weg auf ein paar Wasserbecken und niedrige Wasserfälle. An einem heißen Tag ist das ein toller Abstecher zum Abkühlen. In den Becken lässt es sich gut baden – und teils über die Fälle hineinrutschen oder springen. Sehr geeignet für einen Ausflug mit Kindern – vor allem der erste, leicht zu erreichende Teil! Die Wasserfälle sind nicht spektakulär, aber mit der grünen Umgebung und der Ruhe hier ist das ein paradiesischer Ort. Wenn man weiterläuft, sollte man wissen, dass die Wege über den Fluss oft mehr als abenteuerlich sind, da keine Brücken vorhanden sind und die Wege schlecht gewartet. Man klettert von Stein zu Stein oder läuft über umgestürzte Bäume.

🚶 Man folge den Schildern und der Straße nach der Abzweigung von der Hauptstraße 4 nach rechts (von Süden her kommend) DG 8.51267, 98.53941 /GMS N 8°30'45.612", O 98°32'21.876"

Raman Waterfall Forest Park

Wasserfall, Plätze zum Baden, Toilette, Dschungelpfad. Nur wenige Touristen besuchen diesen Platz, der Pfad zum Wasserfall zieht sich den Berg hinauf und der exotische Bewuchs hinterlässt den Eindruck eines Dschungelpfades. An der rechten Seite rauscht mit Getöse das Wasser hinunter und links kann man wilde Begonien, Farne und sonstige Pflanzen bestaunen. Sehr viele exotische Insekten, gut getarnte Laubfrösche und Waldschmetterlinge versetzen jeden ins Staunen. Es ist sauber, kann aber Blutegel haben.
🛣 Im Hinterland von Phang Nga, die Straße geht hinter Wat Suwan Kuha weiter. DG 8.45132, 98.4472 / GMS N 8°27'4.752", O 98°26'49.919"

White Water Rafting und Quad (ATV)

Wildwasserfahren wird als Tagesausflug von Khao Lak oder Phuket aus angeboten, zusammen mit anderen Attraktionen (wie Zipline oder Elefantenreiten oder Quadbiken). Für Kinder geeignet, aber empfehlenswert, dass sie auch ohne die (obligatorische) Schwimmweste schwimmen können. Start ist die **Ton Pariwat Wildlife Station**, wo die Einführung stattfindet. Mit dem 5 Personen-Schlauchboot und einem erfahrenen Führer geht es dann 5 km den relativ engen Fluss Khlong Song Phraek hinunter über ein paar Stromschnellen und an Felsen vorbei. Die Fahrt dauert 30 - 45 Minuten und ist ganzjährig machbar, wobei es in der Regenzeit wegen der Wassermenge aufregender ist. In der Trockenzeit stauen sie oben das Wasser und lassen es zusammen mit den Schlauchbooten herunter. Verglichen mit dem White Water Rafting andernorts ist dies ziemlich zahm, macht aber dennoch Spaß.
Das **Quad Biken** (ATV) findet ebenfalls bei der Ton Pariwat Station statt. Nach einer kurzen Einführung fährt man auf verschlungenen Pfaden über Stock und Stein sowie durch und über den Fluss Song Phraek. Die Gegend ist malerisch - wild, das Material gut gewartet und das Fahren ist einfach und macht Spaß – Kinder können mit einem Elternteil mitfahren.

Ton Pariwat Wildlife Sanctuary

Der Naturpark besteht aus 224 km² grünem Wald und Hügeln oberhalb von Phang Nga. 🛣 Hauptquartier:
DG: 8.61123, 98.55054 / GMS: N 8° 36' 40.428" O 98° 33' 1.943"
Im Park befindet sich der **Namtok Ton Pariwat**, besser bekannt als **Namtok Song Phraek**, ein Wasserfall etwa 100 m vom Hauptquartier

entfernt. Der niedrige Wasserfall hat eine Senke, in der man schwimmen kann. Im Gestein finden sich Eisenablagerungen, früher wurde in der Gegend in Minen danach geschürft. In der Regenzeit führt der Fluss viel Wasser.

Es gibt im Park einen 2 km langer **Naturwanderweg**, auf dem man mit etwas Glück die Bua Phut – Rafflesia kerrii findet, die Pflanze mit der größten Blüte (ca. 80 cm Durchmesser) – sie blüht gegen Ende der Regenzeit: im Oktober. Für den etwa einstündigen Weg braucht man einen Führer, den man im Hauptquartier bekommen sollte.

Khao Nang Hong View Point

Die Straße zwischen Phang Nga und Krabi ist eine der schönsten in der Gegend (wenn auch sehr, sehr kurvig). Der Aussichtspunkt nichts weiter als ein kleiner Stopp unterwegs – zum Beispiel zum Wat Bang Riang oder nach Krabi. Es hat einen kleinen Parkplatz, ein Restaurant haben wir nicht mehr gesehen. Zum Viewpoint geht ein Weg den Hügel hoch, der bei unserem Besuch nicht befahrbar war. Der Aussichtsturm ist marode und deshalb geschlossen.
DS 8.53515, 98.5593 / GMS N 8°32'6.54", O 98°33'33.479"

Wat Bang Riang

Der Tempel wird auch **Wat Rat Upatam** genannt und besteht aus mehreren Teilen: eine großflächige Tempelanlage am Fuß eines Hügels sowie Tempel und Statuen etwas verteilt oben auf den Hügeln. Die meisten Tourenanbieter fahren direkt hoch, was schade ist, denn eines der Tempelgebäude unten ist in Form eines Schiffes inmitten eines künstlichen kleinen Sees angelegt. Die Anlage oben auf den Hügeln kombiniert drei verschiedene Tempel-Stile: Thai, Chinesisch und eine Chedi Pagode. Eine große sitzende Buddha-Statue blickt über das Land, die (chinesische) Göttin des Mitgefühls schaut daneben in die Ferne und in einem Schrein wird ein Zahn von Buddha aufbewahrt. Es hat viele Treppen, aber die Aussicht über die grünen Hügel lohnt sich. Ein Besuch im sehr pompösen Tempel mit dem Chedi ist mit entsprechend anständiger Bekleidung möglich (ansonsten kann man Überkleider hier kaufen) und kostet nur 20 Baht. Im Innern des Tempels kann man etwas für sein Karma tun und bei den verschiedenen Buddha-Statuen Münzen einwerfen.

🚗 Der Tempel liegt ziemlich weit im Landesinnern, 40 km nördlich von Phang Nga. DG 8.59346, 98.66891 / N 8° 35' 36.456" O 98° 40' 8.075"

Dragon Cave Temple (Praya Nakarach Cave Temple)

Man erreicht den Höhlentempel über eine sehr lange Treppe mit 235 (verschieden hohen) Stufen in einen Höhlenvorraum. Von hier aus hat man eine gute Aussicht auf die Täler und Hügel der Umgebung. Die Höhle ist bis auf etwa 100m erkundbar und es herrscht eine absolute Ruhe darin und an den buddhistischen Altären. Das Kloster wurde liebevoll in den Berg integriert und ist über mehrere Ebenen am und im Berg angelegt. Es finden sich viele Naga-Statuen (Drachen), eine Buddha-Figur und goldene Mönchsstatuen. Die Mönche verkaufen Tee und Salben. Besuch gratis, aber am Treppenaufgang wird um "Merit" (Spende) gebeten für den Unterhalt.
🚶 Nur wenig südlich der Hauptstraße 4 zwischen Phang Nga und Krabi. DG 8.6067645, 98.2617416 / GMS N 8° 36' 24.352", O 98° 15' 42.269"

Wat Bang Thong

Auch Wat Maha That Wichiramongkol. Neuer Tempel in Phang Nga (in Richtung Krabi) mit fast 70 m hohem, goldenen Zentralturm. Der Tempel ist von weit her sichtbar. Außer dem Turm, kann man auf der großen Anlage eine 30m hohe Statue des unsterblichen Mönches Luang Pu Thuad und eine Statue der bekannten Königskobra besichtigen, von der man sagt, dass sie ihm einen magischen Kristallball angespuckt hat. Die Tempelanlage ist gewaltig und ausführlich geschmückt – unbedingt einen Besuch wert. Eintritt kostet 50 Baht pro Person. Man sollte entsprechend gekleidet sein und die Schuhe müssen vor Betreten der Anlage ausgezogen werden, für das Innere des Mittelturms auch der Hut. Im Tempelturm kann man die zentrale Buddha-Statue mit goldenen Tüchern in einer Zeremonie schmücken. Von den vielen goldenen Mönchsstatuen im umgebenden Schattenrundgang schaut nur eine nicht geradeaus, sondern (abgelenkt?) nach rechts oben. Findet ihr sie?
🚶 DG 8.6067645, 98.2617416 / GMS N 8°36'24.352", O 98°15' 42.269"

Steinbruch Thap Put

Thap Put Stone Quarry ist eine lokale Attraktion, da das Wasser des Sees im ehemaligen Steinbruch hier extrem türkisblau ist. Man glaubt Fotos kaum, die man sieht, aber es ist so. Thailänder beschreiben es als fast außerirdisch, auf jeden Fall bietet es einen schönen Kontrast zu den grauen Felsen und harmoniert mit den umgebenden grünen Pinien und den grünen Algen im Wasser. Es liegt nahe der Straße 4 und ist einfach zu finden, wenn man nach dem GPS navigiert. Am

Weg davor sind ein paar Stände mit Getränken, Snacks und Souvenirs lokaler Anbieter. Toiletten gibt es keine. Der Zugang ist gratis (da öffentliches Gelände) und es gibt keine Absperrungen. Schilder warnen davor, auf dem kurzen Weg zum Rand des Sees auszurutschen und den steilen Rand zum See hinunterzufallen und schwimmen ist verboten ... wahrscheinlich wäre es sehr schwer wieder hinauszukommen.
🛶 An der Straße 4 zwischen Phang Nga und Krabi (vor dem Abzweiger zum Wat Bang Riang). DG 8.54397, 98.59733 / GMS N 8°32'38.292", O 98°35'50.387"

Attraktionen Phang Nga Stadt und Küste

Phung Chang Höhle

Die Phung Chang Cave oder **Elefantenbauch-Höhle** ist unbedingt einen Besuch wert. Der Fels, in dem sie liegt, sieht aus wie ein (versteinerter) Elefant – also liegt die Höhle im Bauch. Im Inneren der langen Höhle hat es wunderschöne Stalaktiten und Stalagmiten. Für 500 Baht pro Person kann man eine etwa 40-minütige Tour machen und die interessanten Felsformationen der Tropfsteinhöhle sehen. Da ein Großteil der Tour im Wasser stattfindet empfiehlt es sich, kurze Hosen anzuziehen und wasserfeste Schuhe. Oben bei der Buchung kann man günstig Flipflops kaufen. Stirnlampen werden zur Verfügung gestellt. Fotos darf man innen leider keine machen – aber am Eingang wird man offiziell fotografiert und kann das Bild nach der Tour erstehen. Interessanterweise ist sie kaum im Angebot der Tourenanbieter. Nachfragen hilft, oder man fährt gleich selber hin. Die Höhlentour ist ihr Geld wert. Mit dem Kajak wird man bis zur ersten Plattform gepaddelt, wo man auf ein Bambusfloss umsteigt, das durchs Wasser gezogen wird bis zur nächsten Plattform, ab der kann man selber im jetzt niedrigen (wadenhohen) Wasser waten. Da die Höhle wie ein langer, teils hoher Tunnel aufgebaut ist, geht man den gleichen Weg wieder zurück. 🛶 Die Höhle liegt nur wenig neben der Hauptstraße 4 – praktisch in Phang Nga selber.
DG 8.44217, 98.51684 / GMS N 8°26'31.812", O 98°31'0.624"

Sam Höhle / Tham Sam

Die Höhle hat alte Zeichnungen an den Wänden, von denen man annimmt, dass sie zu Beginn der Rattanakosin Ära entstanden sind (zwischen 1782–1932). Das Department of Fine Arts hat sie als originale alte Überreste identifiziert. Die äußere Halle ist eine lange bedeckte Fläche mit glattem Boden. Die Wände der Höhle sind unregelmäßig und auf einer Länge von 70 m bedeckt mit Zeichnungen in weiß, rot und schwarz. Die Zeichnungen zeigen Szenen aus dem Buddhismus, Natur und Lebensart der Zeit. Im vorderen Teil der Höhle ist eine in Stein gemeißelte Buddha Figur. Für uns ist das in Phang Nga ein Geheimtipp – selbst viele Einheimische kennen diese wunderschöne Höhle nicht.

🚗 Neben der H3027 in Phang Nga. Etwas über 1 km östlich des Stadtzentrums, gelegen an einem malerischen See mit Pavillon zum Picknicken und gutem Parkplatz.
DG 8.46456, 98.53877 / GMS N 8° 27' 52.416", O 98° 32' 19.571"

Phang Nga Museum

Das Museum der Stadt Phang Nga liegt in der alten, im Kolonialstil gehaltenen Stadthalle mit einer Garuda (Fabelwesen Tier-Mensch) an der Fassade. Auf der geräumigen Grundfläche wird in einer permanenten Ausstellung die Geschichte der Stadt gezeigt. Weitere Themen sind Kultur, Wirtschaft, und lokales Wissen. 🚗 In der Nähe der Phu Chang Höhle in Phang Nga Town.
💻 m-culture.go.th/phangnga (Website nur thailändisch).

Wat Suwan Kuha

Oder Wat Suwannakuha oder **Wat Tham**, auch bekannt als „der Tempel mit dem großen Buddha in der Höhle". Viele Touren und Touristen besuchen diesen Tempel, weshalb sich eine ganze Infrastruktur von kleinen Shops auf dem Parkplatz gebildet hat. Diese verkaufen neben Getränken, Eis, T-Shirts und weiteren Souvenirs Erdnüsse für die vielen Affen hier. Bei Touren sorgt der Führer mit einer Steinschleuder dafür, dass die Affen nicht zu aufdringlich werden. Einzeltouristen müssen selber wachsam sein, damit ihnen nichts abhanden kommt. Der Eingang zur Höhle mit dem Buddha ist auf der rechten Seite des Parkplatzes durch ein schön (blau) angemaltes Tor. In der Höhle selber (man zahlt Eintritt), hat man außer der 15 m großen liegenden Buddha-Statue einige kleinere goldene Statuen und die Möglichkeit sich die Zukunft mittels aufgestellter Maschine vorhersagen zu lassen – das leider nur auf thailändisch oder man lässt sich ein (aufgezeichnetes) Gebet vortragen. Im hinteren Teil der Höhle führt eine Treppe nach oben (und außen). Folgt man ihr, kommt man auf ein Plateau, von dem aus links wiederum eine Treppe nach unten in eine hübsche Tropfsteinhöhle führt.

🛐 Abzweiger von der 4. Man folgt dem Schild, das zum „Raman Waterfall National Forest" zeigt. Nach etwa einem halben Kilometer kommt man zum Parkplatz des Tempels.
DG 8.42884, 98.47056 / GMS N 8°25'43.824", O 98°28'14.016"

Wat Thamtapan

Dieser Tempel ist etwas anders. Anfangs glaubt man überraschend in einem etwas surrealen Disneyland gelandet zu sein. Aber hier hat es nicht nur Tierfiguren, sondern eine Menge teils beunruhigender Abbildungen, wie sich der Thailänder die Hölle vorstellt. Durch das Drachenmaul (und einen langen abwärtsführenden Gang dahinter) kommt man rechts in die Hölle – respektive, wenn man den Weg links der Felswand entlang nimmt, zur Andachtsstelle eines Mönches in einem Felsüberhang. Der Mönch segnet gerne auch einen Farang (Nicht-Thailänder) – gegen entsprechendes Gegengeschenk. Die Buddhistische Hölle wird in Thai Narok genannt und wer die Bilder hier sieht, begreift, dass es eine gute Idee ist, „gut" zu sein im Leben. Geht man geradeaus am Drachen vorbei, findet man im hinteren Teil der Tempelanlage auf der linken Seite Gedenkstatuen von Mönchen, ein großes Schaubild an der Felswand und rechts, etwas versteckt hinter den Hütten, eine wackelige und steile Treppe, die auf eine Aussichtsplattform und einen Schrein oben auf dem Hügel führt.
🛐 Im nördlichen Teil des Ortes Phang Nga. Man findet den Tempel am Ende der Soi Thamtapan, einer kleinen Seitenstraße.
DG 8.45393, 98.52807 /N 8°27'14.148" O 98°31'41.051"

Wat Kaew Manee Si Mahathat

Tempelkomplex mit zentraler, schwarzen Statue eines Mönchs. Die große Statue stellt Por Than Klai dar, der vor etwa 50 Jahren 93jährig starb und ausgesprochen berühmt war, da er die Zukunft voraussagen konnte. Wachsmuseum mit Bildern von Göttern aus der thailändischen, indischen und chinesischen Kultur. 🛐 Am Highway 4 nach Phang Nga.
DG 8.33476, 98.42627 / GMS N8°20'5.136", 098°25'34.572"

Samet Nangshe Viewpoint

Tropfsteinhöhlen

Wat Tam Tha Pan

Wat Suwan Khuha

18 Attraktionen um die Phang Nga Bucht

Samet Nangshe View Point

Nur etwas über eine Stunde Fahrt von Khao Lak aus und beste Ausblicke in die Phang Nga Bucht von einer Höhe, die einen glauben lässt, man fliege. Der Aussichtspunkt wurde (seit wir ihn 2017 entdeckt haben) sehr ausgebaut: Plafonierte Aussichtsfläche, Sitzgelegenheiten, Toiletten, Restaurant, dazu Fotopunkte wie Schaukel oder Sitze. Man kann in Zelten übernachten (für etwa 300 Baht pro Zelt). Der Ort ist beliebt bei thailändischen und asiatischen Reisenden, die jedoch nach 6 Uhr meist verschwinden. Der Sonnenuntergang mit dem wechselnden Licht über der Bucht ist wunderschön, die Sonne geht allerdings hinter einem in den Hügeln unter. Den besten und spektakulärsten Ausblick hat man bei Sonnenaufgang morgens früh, die Sonne geht direkt hinter den Inseln in der Bucht auf.
Tourenanbieter von Khao Lak oder Phuket bieten den Aussichtspunkt als Zwischenstopp an, entweder tagsüber oder frühmorgens.

Er ist immer noch nicht ganz einfach zu finden (am besten gibt man den Ort ins Navigationsgerät ein und folgt den Anweisungen). Man biegt von Khao Lak kommend vor der Ortschaft Phang Nga in Richtung Bucht (nach Osten) ab. Etwas problematisch ist, dass man wegen dem dort streckengeteilten Highway 4 nicht direkt abbiegen kann, sondern „überschießt" und dann den nächsten U-Turn nehmen und zurückfahren muss. Zum Glück hat es mehr Gelegenheiten für den U-Turn als die Apps einem weismachen wollen. Durch attraktive Landschaft und kleine Ortschaften fährt man bis vor die Mangrovenfelder. Der Aussichtspunkt ist angeschrieben. Unten an der Straße hat es ein Kassahäuschen, bei dem man einen Obolus für den Besuch zahlen muss: 30 Baht pro Person fürs Hochlaufen. 90 Baht für einen Transport rauf und runter. Den Weg hoch zum Samet Nangshe Aussichtspunkt darf man seit 2022 nicht mehr selber fahren. Es ist immer noch eine einspurige Schotterstraße.
DG: 8.23999, 98.44634 / GMS: N 8° 14' 23.964", O 98° 26' 46.824"
Samet Nangshe Boutique: Wer es komfortabler mag, bucht eine Unterkunft in der nahe gelegenen Samet Nangshe Boutique. Sie hat ein Restaurant angehängt, das feines Essen bei toller Aussicht zu teuren Preisen bietet.

Beyond Skywalk Nangshi

Direkt neben dem Samet Nangshe hat nun 2024 der neuen Skywalk eröffnet. Der riesige, U-förmig verlaufende Glasbodenweg (auf hässlichen hohen Betonpfeilern) gehört zum neuen Beyond Hotel hier ⊕ von 6 - 19 Uhr. Tickets (Preise 2025): Erwachsene 750 Baht (enthält 200 Baht Kredit für Essen und Getränke), Schüler / Kinder (60 bis 130cm) 450 Baht (inklusive 100 Baht Kredit für Essen und Getränke), Kinder unter 60cm sind gratis. Man wird mit Taxi und per Lift zur Plattform gebracht, wo man Überschuhe anziehen muss für den Glasboden. Ebenfalls vorhanden im *Beyond-Hotel:* Skywalk Café, Swimming Pool mit Aussicht und Pool Bar, Unterkünfte: Luxuszelte, Pavillons, Einzimmervillas. 💻 skywalk-nangshi.beyondresort.com

Ao Toh Li View Point

Der Viewpoint ist nur wenig weiter südlich gelegen und hat dieselbe schöne Aussicht in die Bucht. Der Weg hoch ist nicht angeschrieben, aber ist durchgehend geteert und, wenn auch streckenweise steil, mit normalem PW fahrbar – und hier darf man das noch! Die Aussichtsplattform ist gut befestigt, hat ebenfalls gut unterhaltene Instagram-werte Fotopoints wie eine Schaukel.
Für uns ist das (seit 2022) der bessere Ort, da ebenso tolle Sicht, selbst anfahrbar – und wesentlich weniger Touristenandrang.
Man bezahlt (oben) 50 Baht beim freundlichen Eigentümer des privaten Geländes. Bei ihm kann man auch eine Übernachtung buchen, entweder im Zelt (500 Baht für 2), kleinen Bungalow ohne Klimaanlage (700 Baht pro Person), oder mit Klimaanlage (1200 Baht pro Person). 🚗 DG: 8.22637, 98.44472/ GMS: N 8°13'34.932", O 98°26'40.992"
☎ +66 89 591 0569 (thail.) oder 💻 facebook.com/LohLiViewPoint

Phu Yuk Dao / Phuyhorkdao

Der Aussichtspunkt mit Campingplatz, Garten und Bar liegt landwärts und kombiniert deshalb die Sicht auf die Felsen in der Phang Nga Bucht mit dem Blick über das morgendliche Nebelmeer. Mehr Glamping als Camping mit gratis WiFi, Frühstücksbuffet. Zelt mit Ventilator für 2 Personen zu 1500 Baht. Sie offerieren einen Shuttlebus hoch (gratis bei Übernachtung, sonst 60 Baht). Kontakt: 💻 facebook.com/profile.php?id=100063704106465 Phuyhorkdao@gmail.com
🚗 Schwer zu finden, der Punkt auf Google-Maps stimmt wohl nicht. Der Parkplatz dazu findet sich aber hier:
DG 8.37725, 98.44866 /GMS N8°22'38.1", O 98°26'55.176"

Tao Thong Wasserfall

Kleiner, versteckter Wasserfall unten bei Phang Nga, Richtung Krabi. Von der Tao Thong Höhle herkommend fällt das Wasser über verschiedene kleinere Stufen. In einem See kann man schwimmen, eine Hängebrücke bietet ein bisschen Abenteuer-Dschungel Feeling.
🏊 DG 8.4854, 98.5857 / GMS N 8°29'7.584", O 98°35'8.52"

Baan Bang Phat Fischerdorf

Das Fischerdorf der Moken (Seenomaden) ist ein von Touristen fast unentdeckter Ort in den Mangrovenwäldern an der Küste der Phang Nga Bucht. Erreicht werden kann das Dorf, das auf Stelzen im Wasser gebaut ist, außer mit dem Boot nur via eine schmale, 150 m lange Brücke, die nur Fußgänger und Motorräder passieren können. Die Gemeinde ist muslimisch und besteht hauptsächlich aus Fischern und ihren Familien. Bang Pat selber ist sehr übersichtlich – wesentlich kleiner und viel authentischer als das bekannte Mokendorf Panyee Village in der Phang Nga Bucht. Ein Hauptweg geht nach der Brücke nach rechts und links ab, es gibt nur wenige Nebenwege. Am Hauptweg selber und damit mit Meersicht befinden sich einige **kleinere Restaurants**, die (garantiert) frische Meeresfrüchte servieren. Man kann einige der bekannten Inselhügel in der Phang Nga Bucht von hier aus sehen und sich im Dorf umsehen. Eine goldene kleine Kuppel markiert den Standort der Moschee. Es hat einige kleine Läden mit Souvenirs und Homestays zum Übernachten. Interessant sind die Seeadler, die man bei einigen Häusern in Käfigen findet. Keine Ahnung, ob sie beim Fischen helfen, oder als Haustiere gehalten werden.
🏊 An der Phang Nga Bucht, am Ende einer Straße, die sich idyllisch vom Highway 4 bei Phang Nga südlich schlängelt. Den Abzweiger zu erwischen ist etwas verzwickt, aber das Dorf und der Weg durch kleine Dörfer mit muslimischen Bewohnern bis zu den Mangrovenwäldern den Abstecher wert.
DG: 8.36216, 98.57718 / GMS: N 8° 21' 43.776" O 98° 34' 37.847"

Kajak Phang Nga Bay

Ko Tapu - James Bond Island

Ko Panyee

19 Attraktionen in der Phang Nga Bucht

Die Phang Nga Bucht / Ao Phang Nga Nationalpark

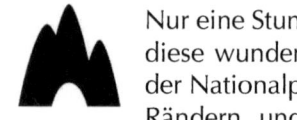 Nur eine Stunde mit dem Auto von Khao Lak entfernt liegt diese wundervolle, große Bucht (401 km² macht alleine der Nationalpark-Teil aus) mit Mangrovenwäldern an den Rändern und steil hervorstehenden Karst-Formationen (Kalksteinhügel), die aus dem Wasser ragen. Der bestbekannte Teil ist Koh Tapu – allgemein als James Bond Felsen bekannt, aber es gibt noch 42 weitere schöne Inseln, Felsformationen, Höhlen und Steinmalereien. Die **Phang Nga Bay** gehört zum UNESCO Weltkulturerbe. Ursprünglich entstanden ist die Bucht aus dem Boden und den Korallenablagerungen eines urzeitlichen Meeres, das durch Faltung aufgeworfen wurde und danach größtenteils wieder abgetragen. Sie hat denselben Ursprung wie die Halong Bay (in Vietnam) – und das sieht man. Der Nationalpark umfasst ein Gebiet vom Land über das Meer und einige Inseln in der Bucht. Das Hauptquartier befindet sich in den Mangroven südlich der Stadt Phang Nga, bietet aber außer einem Mangroven-Naturweg nichts Interessantes in der Nähe. Der Nationalpark ist vom 15. Oktober bis 15. May geöffnet und in der Regensaison geschlossen. Eintritt kostet 300 Baht für Erwachsene, 150 Baht für Kinder 3-14J.

Essen und Trinken in der Phang Nga Bucht

Im Nationalpark: Es ist möglich, in ein paar Hotels auf Ko Panyii zu übernachten oder im Dorf Tha Dan, wo sich das Hauptquartier des Parks befindet.
Zelten am Strand ist nur im Rahmen gebuchter Touren erlaubt. Da es auf den Inseln im Nationalpark keine Restaurants gibt, beinhalten die Touren Mahlzeiten und Getränke.
Die großen Inseln Kho Yao Noi und Kho Yao Yai liegen nur teils im Nationalparkgebiet und sind bewohnt und bieten Hotels, Camping, Glamping und Restaurants.

Phang Nga Bay Touren

Für den Besuch der Phang Nga Bucht braucht man ein Longtailboat. Entweder mietet man selber eines an einem der Piers (Gezeiten beachten!) oder man bucht eine **Tages-Tour** bei einem Veranstalter. Die verläuft etwa so:
Abholung beim Hotel und Fahrt nach Süden – etwa eine Stunde zu

einem kleinen **Pier** in den Mangroven bei Phang Nga Bay. Je nach Stand der Gezeiten fährt man mit einem **Longtailboat durch die Mangroven.** Nicht alle Wege sind bei Ebbe offen. Überhaupt ist das Meer hier nur wenige Meter tief – ein Grund, weshalb es nicht oft hohe Wellen hat. Trotzdem ist es gut, wenn man seine Kamera zwischendurch vor (Spritz-)Wasser geschützt hält. Man besucht **Koh Tapu,** fährt in der Bucht und **durch Kalksteinhöhlen Kajak,** besichtigt eventuell die Höhlenmalereien, **Mittagessen im Fischerdorf** der Seenomaden. Zurück zum Festland besucht man den Höhlentempel mit den Affen: **Wat Suwanakhua,** bevor es zurück ins Hotel geht.

So eine Tour ist in meinen Augen ihr Geld wert und für praktisch jedes Alter machbar. Sie kombiniert schöne Landschaft mit etwas Aktivität, etwas Kultur und feinem Mittagessen an interessanter Lage. Inklusive auf der Tour: Transfers, Nationalparkgebühren, Schwimmwesten (vor allem für die Kinder), Mittagessen und (nichtalkoholische) Getränke, Versicherung und Führer.

Mitnehmen: Sonnenschutz, Hut (mindestens für den Kanu-Ausflug, aber auch sonst), Fotoapparat in wasserfester Tasche, Badetuch, Badeanzug.

Es gibt Anbieter für **Privattouren in die Bucht,** die man sich dann selber zusammenstellen kann (oder lässt). Vorteil: Abseits der teils überlaufenen Touristen-Hotspots sieht man sonst übersehene schöne Plätze, Felsmalereien, Höhlen, Aussichtspunkte. Essen und Ausruhen finden dann am einsamen Strand statt. Bsp. *Toms-Thailandtouren*
🖥 toms-thailandtouren.com

Ko Tapu – James Bond Island

Der bekannteste Stopp in der Bucht ist Ko Tapu oder eben: James Bond Island. Der 20 m hohe, einsam im Meer stehende Felsklotz kam im James Bond Film „Der Mann mit dem goldenen Colt" von 1974 prominent zur Geltung. Wer allerdings glaubt, das Versteck oder besser die großartige Villa des Bösewichtes Scaramange hier zu entdecken, wird enttäuscht: auch in der Felsspalte mit der Gedenkplakette ist sie nicht zu finden.

Ein schmaler Weg führt auf der rechten Seite hoch und um die halbe Insel herum zu den Resten eines Piers (den es weggeschwemmt hat) und einem kleinen Sandstrand. Mitten auf der Insel hat es außerdem eine Menge kleine Souvenirshops, wo man Eis und Getränke bekommt. Man sollte davon Abstand nehmen, die hier angebotenen Muscheln und Korallen zu kaufen – die darf man nämlich nicht ausführen. Alleine ist man hier nie ... außer vielleicht man organisiert mal eine Privattour gegen Abend – nach 17 Uhr ist die Insel wieder verlassen.

Kajak fahren in der Phang Nga Bucht

Weiter geht es mit dem Longtailboat zu einer Kanu-Station: ein größeres Boot das stationär angemacht ist in der Nähe von Felseninseln mit Höhlen. Dort steigt man auf Kajaks um und paddelt mit einem Führer in einem anderen Kajak während etwa 30 bis 45 Minuten durch Mangroven und Höhlen. Bei manchen Touren kann man sich paddeln lassen. Beliebter Ort dafür ist **Hong Island** oder die **Lot Cave**, wo man durch einen Tunnel in die Insel kajaken kann.

Felsmalereien

Unterwegs in der Bucht kommt man an Malereien knapp über der Wasserlinie an den Felswänden vorbei: Fische und Delfine sind erkennbar. Das Alter der Zeichnungen ist unbekannt.

Muschelfriedhof

Abgelagerte Schichten von Muscheln und Perlmutt aus vergangenen Zeiten. Der Ort ist nur für autorisierte Guides und Besucher zugänglich. Direkt daneben findet man antike Felsmalereien, die den Khmer zugeschrieben wurden und die angeblich eine Schatzkarte zu ihrem in der Bucht verborgenen Gold darstellen.

Koh Panyi - Seenomadendorf

Das 300 Jahre alte Fischerdorf Koh Panyi (oder Panyee) der Moken (Seenomaden) aus etwa 200 Häusern ist fast komplett auf Stelzen erbaut. Nur ein kleiner Teil (dort wo die Moschee mit der goldenen Kuppel steht) steht auf Land. Die meisten Bewohner sind Muslime, die ihren Lebensunterhalt mit Fischen, Souvenirverkauf und den Restaurants hier bestreiten. Es gibt eine Schule und ein öffentliches Gesundheitszentrum. Das schwimmende Fußballfeld bietet den Jungen Unterhaltung und hat weltweiten Ruhm erlangt.
Beim Tsunami ist übrigens keiner der Einwohner umgekommen, da sie durch das Zurückweichen des Meeres gewarnt waren und jemand gewusst hat, was das bedeutet – worauf sie dann auf die Höhe geflüchtet sind.

Phang Nga Bay mit der chinesischen Dschunke

Ein Ausflug für romantische Momente: Sunset Dinner Cruise. Abendessen bei Sonnenuntergang in der malerischen Phang Nga Bucht an Bord einer chinesischen Dschunke. Man wird am späten Nachmittag vom Hotel in Khao Lak abgeholt und in etwa einstündiger Fahrt zum Jachthafen-Marina in Phuket gebracht. Abendessen auf der **June Bahtra**, einer traditionellen chinesischen Dschunke. Am Abend ist die Bucht praktisch verlassen (von Touristen und Einheimischen) und bietet bei Sonnenuntergang wunderschöne Motive. Dazu ein feines Essen und alles ist perfekt. Nachts wird man via Marina wieder zum Hotel zurückgebracht. Die Dschunke wird tagsüber als Schnorchel- oder Tauchboot eingesetzt. Sie ist bei einigen Anbietern buchbar. Info hier: 💻 asianoasis.com/june-bahtra

Ko Yao Noi

Die „schmale lange Insel" – was die Übersetzung ihres Namens ist, zieht mit ihren oft luxuriösen Unterkünften und der relativen Abgeschiedenheit mitten in der Phang Nga Bucht Touristen der gehobenen Klasse an – seit neuerem auch viele Hochzeiten oder Flitterwöchner. Alternativ kann man im Homestay bei Einheimischen übernachten. Ökotourismus wird hier großgeschrieben.
💻 kohyaohomestay.org
Die Insel bietet im Inneren hügelige grüne Landschaft, Mangrovenwälder, Strände und daneben muslimische Dörfer, deren Bewohner mit ihrem Leben weitermachen, als wären die Touristen nicht da. Die Ostseite ist komplett von Platanen bedeckt. Eine Hauptstraße führt den südlichen Teil der Insel entlang, auf dem all die touristisch entwickelten Orte liegen. Ein paar ungeteerte Wege führen nach Norden.
🚢 Man kommt mit der Fähre (einmal täglich) oder dem Longtailboot von Phuket hierher (vom *Bang Rong Pier*), wobei man am **Manoh Pier** im Südwesten landet; oder von Krabi, dann landet man am **Tha Khao Pier** an der Ostküste.

Ko Yao Yai

Das ist die größte Insel in der Yao Inselgruppe in der Phang Nga Bay, etwa in der Mitte zwischen Phuket und Krabi. Sie hat Sandstrände, Mangroven, Kautschukplantagen und kleine Fischerdörfchen. Die Insel ist umgeben von Korallen und **Tauchstellen** wie dem **King Cruiser Wrack** und den Felssäulen beim **Shark Point**. Koh Yao Yai liegt neben der kleineren Insel Ko Yao Noi, die besser touristisch erschlossen ist und einige Hotels hat. Yao Yai hat nur einige kleinere Bungalows und ein größeres Resort. Es hat eine asphaltierte Straße vom Pier bis zu **Prunai**, dem größten Dorf der Insel, wo es einige Garküchen und kleine Shops gibt und seit 2016 einen 7-Eleven. Der Rest der Straßen, die von diesem Dorf zu anderen Teilen der Insel abgehen, sind Schotterpisten. Die schönsten Strände sind an der Westküste zu finden. Der **Lo Pared Beach** ist ein gut zum Schwimmen geeigneter Sandstrand. **Ao Som** im Norden der Insel bietet Blick auf die Felsen der Phang Nga Bucht, der naturbelassene **Hua Laem Beach** liegt sehr einsam, hat aber einen wunderschönen Sandstrand.

Man kann die Insel auf Touren besuchen, muss das aber häufig selber organisieren. Oder man startet von Phang Nga, Phuket oder Krabi mit dem Boot. Speedboote oder Longtailboote fahren von den Piers aus oder man nimmt eine Fähre. (🖥 thailandferrybooking.com)
Vom **Chiawanich Pier** in Phuket fährt (außer freitags) drei Mal täglich eine größere Fähre, die am Nachmittag Autos transportiert. Sie legt **am Loh Jark Pier** im Süden der Insel an. Vom **Bang Rong Pier** im Norden Phukets aus fahren alle 90 Minuten Personenfähren, die im Norden der Insel am **Klong Hig Pier** anlegen. Auf Ko Yao Yai gibt es die Möglichkeit ein Taxi zu nehmen oder Mopeds zu mieten. ATMs gibt es keine, weshalb man genug Bargeld mitnehmen sollte.

Karte 15 Insel Phuket

PHUKET

Phuket Ausflüge: Alle Tourenanbieter bieten von Khao Lak aus Tages-Ausflüge nach Phuket an – oft so, dass man sie selber zusammenstellen kann. Dazu ein paar Empfehlungen und Informationen (da man die vom Fahrer vielleicht nicht bekommt, da er zu schlecht englisch kann):

Phuket Smart Bus ist eine günstige Möglichkeit für Reisende, vom Flughafen Phuket zu den beliebtesten Zielen auf Phuket selber zu kommen (inklusive Patong, Karon und Kata). Das Ticket kostet 100 Baht pro Person, zahlbar im Bus (Gepäck ist inklusive) oder man wählt den Tagespass (day pass) um Phuket zu entdecken als hop on hop off. 💻 phuketsmartbus.com

Sarasin Bridge

Phuket ist mit 576 km² Thailands größte Insel. Sie ist so groß, dass man (wenn man dort ist) oft nicht das Gefühl hat auf einer Insel zu sein. Sie ist aber vom Festland durch Wasser getrennt ... allerdings sind das gerade mal etwa 500 m Wasser und eine Brücke verbindet die beiden Landteile. Inzwischen ist es die dritte Brücke am selben Ort. Die erste stammt von 1967 und war nach Sarasin benannt, einem heute vergessenen Politiker. Vorher schon gab es an der Stelle eine Fähre. Für den Verkehr in den 70er Jahren reichte die erste kleine Brücke aus, dann wurde der Verkehr (und der Tourismus) zu viel und es wurde in den 1980er Jahren eine zweite Brücke gebaut. Und 2011 die neuste Variante: Diese heißt Thepkasattri Bridge, aber eigentlich reden alle immer noch von der Sarasin Brücke. Die alte Brücke (die zweite) haben sie daneben stehen lassen und mit einem hübschen Aufbau versehen – eine Touristenattraktion, die zu Fuß begangen werden kann. Besonders schön ist die Brücke bei Sonnenuntergang von der kleinen Plattform in der Mitte aus. Neben den Touristen sieht man hier abends immer Angler.

Auf der Seite von Phuket stehen kleine Stände mit Getränken und Essen. Auf der Phang Nga Seite befinden sich eine Reihe beliebter Shops, wo man außer T-Shirts, Spielzeug auch getrockneten Fisch kaufen kann. Hier ist die beste Parkmöglichkeit für einen Besuch der Brücke.

Nordost-Phuket

Aussicht in die Phang Nga Bucht und ursprüngliche Gegend. Wer etwas vom früheren Phuket sehen will, der sollte diesen Abstecher machen. Phuket ist heute sehr touristisch überlaufen und das letzte Mal als wir da länger Autofahren waren, hatte es gefühlsmäßig mehr Autos auf der Straße, als die Insel Einwohner hat. Umso mehr erstaunt  es, dass hier - nur wenig abseits der Touristenströme - praktisch unberührte Fleckchen zu entdecken sind. Der **QR Code** bringt einen zu einer Googlemaps-Karte mit der Route und den Attraktionen.

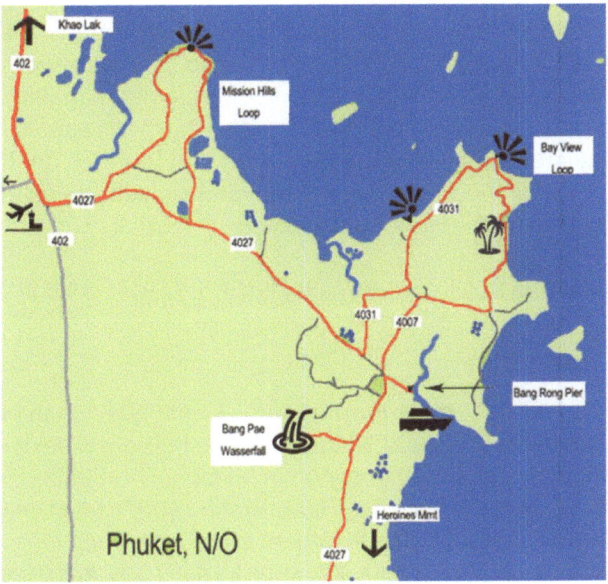
Karte 16 Nord-Ost Phuket

Panoramastraßen

Im Nordosten von Phuket hat es zwei „Loops": Straßen, die einen großen Bogen machen, um zum Hauptweg zurückzukommen.
Mission Hills Loop mit schönen Aussichten:
🏍 Anfahrt von Norden: Von der Thepkasatri Road (Highway 402, Hauptverbindungsachse in der Mitte von Phuket) nimmt man die kleine Seitenstraße 4027 nur wenig südlich vom Abzweiger, der zum Flugplatz führt. Vorsicht: die Einfahrt zur Straße hier ist eng, sie ist nicht angeschrieben und man verfehlt sie leicht. Wenn man es geschafft hat, kommt man auf eine gut asphaltierte Straße, die, je

weiter man kommt, desto weniger befahren ist. Man nimmt den Abzweiger von der Straße nach *Baan Laem Sai* (nach links) für die guten Aussichten in die Bucht. Am Ende des Loops kommt man beim *Mission Hills Golfplatz* heraus. Hier in der Gegend gibt es große Ananasplantagen und es werden Palmen und Kautschuk angebaut.
Laem Sai: DG 8.11624, 98.37381/ GMS N8°6'58.464", O 98°22'25.716"
Folgt man der Straße weiter, kommt man auf den „Hintereingang" des Bay View Loop.

🏊 Um auf den **Bay View Loop** zu kommen und zum *Laem Khat* mit Aussichtspunkt in die Bucht und Möglichkeiten zum Baden, gibt es auch die einfache Möglichkeit der Anfahrt von Süden: Vom Kreisel beim *Heroines Monument* nimmt man die 4027 und biegt 12 km später in Richtung *Ao Po Pier* nach rechts ab, nach weiteren 3 km nimmt man die Abzweigung wieder rechts. Folgt man der Straße und kommt man auf den Loop, der einen nach einsamen Stränden, spektakulären Aussichten auf die Felsen und Inseln in der Phang Nga Bucht (*Pa Klok Viewpoint, Laem Khat*) und einigen steilen Kurven und achterbahnartigen Höhenunterschieden zurück zur Straße 4027 bringt.
Laem Khat: DG 8.09804, 98.43248 / GMS N 8° 5' 52.944", O 98° 25' 56.927"

Bang Rong Pier

Die Gegend ist eine muslimische Gemeinde, man sieht hier verschleierte Frauen und Männer in muslimischer Bekleidung, die ihren täglichen Beschäftigungen nachgehen. Die Straße zum Pier ist einfach zu finden: Von der Hauptstraße (4007) biegt man bei der Moschee ab und folgt den Schildern zum Bang Rong Pier.
🏊 DG 8.0498, 98.41583 / GMS N 8° 2' 59.28", O 98° 24' 56.987"

Es gibt eine Eintrittsschranke – wenn man für längere Zeit hier parkiert (zum Beispiel, wenn man die Fähre nach Koh Yao Noi nimmt), muss man zahlen. Wenn man aber nur den Ort besuchen kommt und etwas isst, parkiert man gratis. In den Mangroven neben der Straße hat es häufig Affen (Makaken) – die können etwas aufdringlich werden, also Vorsicht!
Am Pier herrscht oft geschäftiges Treiben. Nicht nur die Fähre, sondern auch Fischerboote (große und kleine) und mancher Transport wird hier über den Wasserweg getätigt.
Biegt man vor dem Wasser nach links ab auf einen Holzweg durch die Mangroven, kommt man bald zu einem **schwimmenden**

Restaurant. Das kleine lokale Restaurant sieht wenig Touristen, hat aber eine Karte auf Englisch und das Essen ist klein, aber fein (und sehr günstig). Alkohol gibt es hier keinen. Während der Mahlzeit kann man dem Treiben auf dem Wasser zusehen und Vögel (und Fische) beobachten. Von hier aus kann man **Bootsausflüge mit dem Kajak in die Mangroven** machen – einfach beim Restaurant fragen: sie vermieten Kajak und eventuell Führer.

Phuket Gibbon Rehabilitation Project

Gibbons sind die langarmigen Affen, die leider häufig missbraucht werden, um von Touristen, die sich mit diesen fotografieren lassen, Geld zu bekommen. Manche werden auch als Haustiere gehalten. Beides ist illegal und die Gibbons haben in Gefangenschaft ein elendiges Leben. Wenn sie älter und aggressiver werden, taugen sie nicht mehr dafür und werden häufig ausgesetzt, worauf sie verhungern. Die Gibbons, die den Besitzern von der Polizei weggenommen werden, oder die sonst abgegeben werden, bekommen hier im Gibbon Rehabilitation Project eine zweite Chance. Sie gehen durch eine längere Zeit der Rehabilitation, bevor versucht wird, sie wieder auszuwildern. Das funktioniert nicht mit allen. An Info-Wänden wird man über die Geschichte der verschiedenen Gibbons, die aktuell hier sind informiert. Die Affen sind in geräumigen Käfigen, manche still, andere lassen ihren typischen Ruf hören oder hangeln sich herum.

Wem in Phuket oder anderswo angeboten wird, ein Bild mit einem Gibbon zu machen sollte ablehnen – hingegen ein Foto des Besitzers an folgendes Projekt schicken: grp@gibbonproject.org. Man kann die Organisation zudem mit Spenden vor Ort direkt unterstützen.

🖳 gibbonproject.org 🚶 Beim Bang Pae Waterfall
DG 8.04242, 98.39326 / GMS N 8°2'32.712", O 98°23'35.735"

Bang Pae Wasserfall

Etwas hinter dem Gibbon-Projekt führt der Weg zum Bang Pae Wasserfall. Beim Restaurant am Weg kann man sich mit Getränken eindecken – aber bitte die Flaschen wieder mit zurücknehmen. Der schmale Fußweg führt über Stock und Stein aufwärts bis zum relativ kleinen Wasserfall in einer engen Mini-Schlucht. Angeblich ist das der größte Wasserfall auf Phuket – vielleicht bietet er in der Regenzeit einen imposanteren Anblick?

Khao Phra Taeo Wildlife Park

Es ist der letzte verbleibende, immergrüne Dschungel auf Phuket. Highlights: Tone Sai Wasserfall, Bang Pae Wasserfall. Der höchste Punkt ist der 442m hohe Khao Phra. Es gibt einen 4km durchgängigen Wanderweg vom einen Wasserfall zum anderen. Für diesen wird ein Führer benötigt, den man beim Visitor-Zentrum beim Ton Sai Wasserfall bekommt. Eintritt in den Park: Erwachsene 200 Baht, Kinder 100 Baht.

Heroines Monument

Ein Denkmal, an dem man bei einem Phuket-Besuch fast zwingend vorbeikommt. Es ist den Schwestern Muk und Chan gewidmet, die die lokale Bevölkerung bei einen Angriff gegen die Burmesen anführten und abwehrten. Das Monument befindet sich im Zentrum der Insel auf der Hauptachse zwischen Nord und Süd – inmitten eines Kreisels. Gut zu sehen aus dem Auto, aber zu Fuß hat man beim heutigen Verkehr echte Probleme über die Straße zu kommen.
DG 7.98097, 98.36391 / GMS N 7° 58' 51.492", O 98° 21' 50.076"

Phuket City / Old Town

Die Stadt Phuket wurde zur Zeit des Zinnabbaus gegründet, als die Insel wegen des Metalls großen finanziellen Auftrieb bekam. Heute wird die Stadt häufig von den Touristen übersehen, die sich hauptsächlich auf die bekannten Strände der Insel konzentrieren. Das ist eigentlich schade, ist sie doch ein Mix aus Alt und Neu, betriebsam und ruhig zugleich.

In der **Altstadt von Phuket** sieht man geräumige Sino-Koloniale Gebäude, gebaut vor etwa 100 Jahren. Das Quartier ist übersichtlich und kann gut zu Fuß erkundet werden. Fünf Straßen enthalten die meisten Sehenswürdigkeiten: die Thalang Road, eine der ältesten Straßen, heute mit vielen Boutique Shops und Restaurants in seinen historischen Gebäuden, Radada Road, Phang Nga Road, Dibuk Road und Krabi Road sowie die kleinen Gässchen (Sois) dazwischen. Sehr schön: sie haben die sonst überall so störenden oberirdischen Leitungen hier entfernt und ersetzt.

Das **On On Hotel** – das älteste Hotel auf Phuket (1929 eröffnet), kam im Film „The Beach" mit Leonardo Di Caprio vor. 2012 wurde es vollständig renoviert. Heute heißt es *Memory* und zeigt sich nicht mehr schäbig, sondern sauber und stattlich.

Ebenfalls in der Altstadt: **chinesischer Tempel Jui Tui Shrine.** 🚶 Ecke Soi Phuthorn, Ranong Road. Der Tempel wurde diverse Male renoviert und ist sehr sehenswert (und bunt). Der hier verehrte Hauptgott ist Tean Huan Soy, Patron von Künstlern und Tänzern: Eine Statue von ihm befindet sich an der höchsten Stelle des Hauptaltars, begleitet von einem Huhn und einem Hund, die neben ihm stehen – anscheinend seine Lieblingstiere seit der Kindheit.

Walking Street: jeweils am Sonntag stattfindender Markt von 16-22 Uhr. Unter der Woche ist die 350 m lange Straße mit den vielen Shops, Restaurants, Bars und Gästehäusern gut besucht, aber der Höhepunkt ist das Event am Wochenende.

Khao Rang

Der Rang Hill ist die zweitgrößte Erhebung in Phuket Stadt. Er befindet sich im nordwestlichen Teil der Stadt und ist bedeckt von dichter Vegetation. Er ist bekannt für die Aussicht, die er über die Stadt und die südöstliche Küste bietet. Auf dem Hügel findet sich ein großer goldener Buddha (der erste, den sie auf Phuket gebaut haben) und ein Fitnessparcour. In drei Restaurants kann man essen gehen.
🚶 DG 7.89274, 98.38009 / GMS N 7°53'33.864", O 98°22'48.323"

Phuket Aquarium

Der Besuch dieses Aquariums ist etwas für einen Nachmittagsausflug mit der Familie in die Gegend, wobei man etwas über das Leben im Meer lernt. Tausende bunte exotische Fische und andere Meereslebewesen können hier in 30 Tanks beobachtet werden – bemerkenswert ist der kurze Unterwassertunnel zwischen Haien, Mantas und anderen großen Fischen. 🕐 von 8.30-16 Uhr, 7 Tage die Woche. Eintritt: Erwachsene 180 Baht, Kinder 100 Baht.
🖥 phuketaquarium.org
🚶 Unterhalb von Phuket Stadt ganz am Ende einer Landzunge.
DG 7.80347, 98.40788 / GMS N 7°48'12.492", O 98°24'28.368"

Wat Chalong

Der Wat Chalong oder **Chaithararam Tempel** ist der wichtigste Tempel auf Phuket und einer der größten und prächtigsten in der Gegend. Einem der hier verehrten Mönche werden magische Kräfte zugeschrieben und viele kommen hierher, um ihn um Hilfe zu bitten

– bei Erfüllen des Wunsches werden Knallerketten abgebrannt. Das neuste Gebäude ist der große Chedi, der bis unter die Spitze besichtigt werden kann. ◷ täglich 7-17 Uhr. In der Zeit um das chinesische Neujahr herum findet hier immer der große Markt statt, an dem man ausgiebig shoppen und Essen ausprobieren kann und es hat Vergnügungsbahnen aufgestellt.
🛵 Vom Kreisverkehr in Chalong kommend nach etwa 4 km auf der rechten Seite. Vom Central Festival her nach etwa 6 km auf der linken Seite. DG 7.84678, 98.3369 / GMS N 7°50'48.408", O 98°20'12.839"

Promthep Cape

Der südlichste Punkt von Phuket ist ein beliebter Ausflugsort, besonders zum Sonnenuntergang. Da kann es (trotz großem Parkplatz) sehr voll werden. Es ist ein schöner Ort um den Sonnenuntergang zu sehen. Der Punkt bietet Aussicht nach Naiharn, zu den Racha Inseln und weiteren kleinen Inseln in der Andaman See. Interessant fand ich immer die (wechselnde) Sammlung an Elefantenstatuen in allen Größen. ◷ Rund um die Uhr – vor 17 Uhr und Sonnenuntergang ist der Andrang nicht so heftig. Kurz danach verschwinden die Massen wieder: Instagram-Foto geschossen, nächster Fotostopp, bitte! In einem Restaurant kann man den Abend hier gemütlich ausklingen lassen. 🛵 Laem Promthep kann von Nai Harn und von Rawai aus angefahren werden.
DG 7.76321, 98.3052 /GMS N 7°45'47.556", O 98°18'18.719"

Windmill Viewpoint

Der Aussichtspunkt liegt nicht weit vom Promthep Cape entfernt und bietet ähnliche Sicht nach Südwesten. Auf den Hügeln stehen weiße Windmühlen, die dem Ort den Namen gaben – an sich ein seltener Anblick für Thailand. Es sind nicht mehr die neusten oder die größten Windmühlen, sie stehen schon länger dort. 🛵 Zwischen den Stränden von Ya Nui und Nai Harn.
DG 7.76972, 98.30672 / GMS N 7°46'10.992", O 98°18'24.191"

Karon (Kata) Aussichtspunkt: 3-Beaches Viewpoint

Einer der bekanntesten Ausblicke auf Phuket. Man sieht die Strände Kata Noim, Kata Yai und Karon (in dieser Reihenfolge). Vor dem Kata Beach ist die Insel Ko Pu zu sehen.
🛵 Anfahrt: Von Kata kommend Richtung Kata Noi, dann links den

Phuket Airport

Sarasin Bridge

3 Beaches Viewpoint

Patong

Big Buddha, Phuket

Wat Chalong

20 Phuket Attraktionen

steilen Hügel hinauf. Von Chalong, Rawai, Nai Harn kommend gibt es eine Kreuzung, wo es nach Nai Harn, Chalong und Kata geht. Man folgt der Straße Richtung Kata.
DG 7.79722, 98.30226 / GMS N 7°47'49.992" O 98°18'8.136"

Sirinat Ntl Park

Der kleine Park an der Küste liegt direkt neben dem Phuket Airport. Bekannt ist er vor allem für Plane-Watching: in der Anflugschneise des Flughafens am **Mai Khao Beach** hat man hat die landenden Flugzeuge direkt über einem. Inzwischen ist das Fotografieren dort verboten. Meeresschildkröten kommen hier nicht mehr hin – neu sind sie nördlicher bei Khao Lak. In und um den Park gibt es viele Resorts. Eintritt Erwachsene 200 Baht, Kinder 100 Baht.

Phuket FantaSea

FantaSea ist ein Themenpark mit Shows inspiriert von Thailands Traditionen kombiniert mit neuer Technologie und Spezialeffekten. Das beinhaltet Akrobatik, Illusionen, Pyrotechnik, Stunts und mehr, mit über 400 Mitwirkenden, 44 Elefanten, 3 Tigern, 40 Geißen, Hühnern und 400 Tauben. Auf dem Gelände befindet sich ein Themenkomplex mit Spielen, Handwerk-Shows und Shopping, ein Buffet-Restaurant mit Platz für 4000, eine Las Vegas Stil-Show (70 Minuten lang). Touren hierher sind buchbar bei diversen Anbietern, dauern ab Khao Lak 4 Stunden und finden abends / nachts statt. Kombinierte Touren mit Besichtigung des Chalong Tempels und Patong beginnen nachmittags um 14 Uhr. Nachts um 0.30 Uhr ist man zurück in Khao Lak. Möglich für Kinder ab 4 Jahren. Preise starten ab 1800 Baht pro Person. 💻 phuketfantasea.fun
🍴 Phuket, Kamala Beach,
DG 7.95638, 98.28751 / GMS N 7° 57' 22.968", O 98° 17' 15.035"
Alternativ kann man die Show **Siam Niramit Phuket** anschauen gehen, die ähnlich ist (und neuer). Sie findet in der Nähe von Phuket Town statt. 💻 siamniramitphuket.com

Skydance Helikopterrundflüge

Wer die die fantastische Landschaft hier einmal selber von oben sehen will kann das bei einem Helikopterrundflug mit Skydance. Sie bieten verschiedene Rundtouren von ihrer Basis knapp unterhalb des Phuket Airport an. Inbegriffen sind Parkplatz beim Helipad oder Transfer (innerhalb von 50 km Umkreis). Kinder unter 2 Jahren fliegen

auf dem Elternschoss gratis mit. Personen über 100 kg Körpergewicht müssen 2 Sitze buchen. Frontsitze kosten etwas mehr. Der Helikopter ist gut gewartet, der Pilot und die Organisation professionell. Kontakt: info@skydance.aero, 🖳 skydance.aero
Phuket Discovery (10 Minuten): die Küste abwärts (über Nau Yang Turtle Beach, Blue Canyon Golf Kurs) und zurück.
Phuket Scenic oder Phang Nga Signature: (30 Minuten) Rundflug über Patong, Promthep Cape, Big Buddha.
Aerial Phuket&Phang Nga: 60 Minuten, Kombination der oberen.
Die Phang Nga Bay Tour (40 Minuten) führt über Mangroven und die dramatischen Felsformationen in der Phang Nga Bucht, einsame Strände, James Bond Island, das Seenomadendorf, die Sarasin Brücke.

Weitere Attraktionen auf Phuket

Strände: Es stehen mehr als 30 Strände zur Auswahl auf Phuket, von sehr lebhaften bis einsamen. Die besten Strände (aus Touristensicht) befinden sich auf der Westseite mit schönen Sonnenuntergängen und Sand. Die einsamsten im Nordosten.

Wasserparks: Wer mit dem Hotelpool, Meer, Wasserfällen, Flüssen und vielleicht dem Cheow Lan Lake noch nicht genug Wasser hatte, findet hier vielleicht etwas: *Splash Jungle Waterpark* in der Nähe des Flugplatzes Phuket, *Andamana Phuket* bei Phuket Town, *Blue Tree Phuket*.

Phuket Wake Park: Wasserpark mit Möglichkeiten zum Surfen an der Leine und auf stehenden Wellen. Etwas für größere Kinder.

Chalong Bay Rum Factory: In der Rum-Destillerie, die international Aufmerksamkeit bekommt, kann man Führungen buchen sowie Cocktail Workshops. Das Michelin-honorierte hauseigene Restaurant eignet sich für einen erweiterten Stopp.
🖳 chalongbayrum.com

Im **Tiger Kingdom** oder **Tiger Park** können Besucher mit lebenden Tigern in verschiedenem Alter (auf eigene Gefahr unter Aufsicht) Fotos machen. Wie tierfreundlich das ist, weiß ich nicht, aber wenn ich an die Kontroversen über den Tigertempel oben in Ayutthaya denke (inzwischen geschlossen) rate ich hier eher ab.

Monkey Hill Viewpoint: Aussicht auf Phuket Stadt und viele Affen. Mit dem Auto kommt man bis zu einem Tor, von dem aus es noch

25 Minuten zu Fuß bis zum Aussichtspunkt sind. Futterverkauf vor Ort, Vorsicht mit Wertsachen und Kleinteilen wie Smartphone, Brillen, Handtaschen, Flaschen, die die Affen gerne klauen.

Patong Beach: sehr belebter 2 km langer Strand mit Jetskiing, Parasailing, Windsurfen – und dazwischen relaxen am Strand.

Patong Nachtleben: mit Bars, Transvestiten-Shows, Kickboxen und Shopping, Bangla Road

Simons Cabaret: bekannte Lady-Boy und Transvestiten-Show, bunt, glitzernd, grell.

Big Buddha – genau das, nach dem es sich anhört: ein großer Buddha, aus burmesischem weißem Stein, auf einem Hügel mitten auf Phuket mit Aussicht. Wegen Erdrutschen in der letzten Regenzeit wurde die Auffahrt 2024 permanent gesperrt, offenbar ist der Untergrund unsicher. Man kann ihn also nur noch aus der Ferne betrachten.

Shopping Malls und Outlet Stores. Asiatische Produkte und Wohnungseinrichtungen etc. Außerdem ein Kino in *Central Phuket*. *Jungceylon Mall*, *Central Phuket* und *Central Patong, Limelight Phuket*.

Gems Gallery: Schmuck und Juwelen guter Qualität und mit Garantie. Die Preise sind entsprechend. Sie bieten Messebahn-ähnliche Touren durch die Produktion an.

Noch mehr zu sehen und zu unternehmen:
Bungee Jumping. Archery Shooting (Bogenschießen), Golf, Go-Kart, Shows mit Affen, Krokodilen, Delfinen oder Schlangen, Kletterparks, Escape Room, Shooting Range, 3D-Museum, Trick Eye Museum, Thalang Nationalmuseum, Thai Hua Museum, Baan Teelaka (umgekehrtes Haus), ...
Aber dafür gibt es gute Reiseführer, die sich auf Phuket konzentrieren und sehr viele Infos im Internet.

Übrigens: bei Tagesausflügen, bei denen nicht selber gefahren wird, sondern die gebucht werden, sind die Führer sehr flexibel, was die Planung und angefahrenen Orte und Attraktionen angeht – vor allem, wenn es sich um kleine Gruppen im Minibus handelt.

Krabi

Phi Phi Island

21 Krabi und Phi Phi Island

KRABI

Krabi liegt auf dem Festland, etwa 3 Stunden Fahrt von Khao Lak entfernt. Unterwegs hat es einige sehr interessante Attraktionen, die besichtigt werden können. **QR Code zur Googlemaps Karte mit der Route und interessanten Punkten.**

Auf der Landkarte findet man Krabi auf Höhe von Phuket auf der anderen Seite der Phang Nga Bucht. Da seine Strände ebenfalls nach

Westen liegen, profitiert es von der direkten Sicht auf die Sonnenuntergänge und dem fantastischen Anblick der Phang Nga Bucht. Für einen Tagesausflug ist es in meinen Augen ziemlich weit von Khao Lak entfernt, auch wenn das einige Anbieter so anbieten. Krabi hat einen **Flugplatz**, der als Alternative zum Phuket Airport benutzt werden kann. Außerdem gibt es **Fähren nach Phi Phi Island** – mit schnellerer Verbindung als wenn man auf Phuket fährt und von dort startet.

Die Hauptattraktionen sind:

Ao Nang Beach

Vergleichbar mit Patong, nur mit Aussicht in die Phang Nga Bay: Zahlreiche Shops, Bars, Restaurants, Schneider und Tourenanbieter ... wer das touristische Thailand liebt und den Trubel, ist hier richtig.

Railay Beach

Ruhiger ist es am Railay Beach, der nur per Boot erreichbar ist, obwohl er direkt zwischen den belebten Orten Krabi Stadt und Ao Nang liegt.

Tiger Cave Temple - Wat Tham Suea

Der Tiger Cave Temple in einer langen Höhle ist dekoriert ist mit goldenen Buddha Statuen und Totenköpfen.

Khao Khanab Nam

Die beiden etwa 100m hohen Felsen im Meer und Mangroven sind das Tor und Wahrzeichen von Krabi. Daneben hat es eine Tropfsteinhöhle, die nach einer kurzen Bootsfahrt besucht werden kann.

Emerald Pool

Der Emerald Pool ist ein unglaublich blauer Teich, gespeist von einer heißen Quelle, in dem man schwimmen kann.

PHI PHI ISLAND

Die Insel liegt unterhalb von Phuket. Tagesausflüge von Khao Lak aus sind möglich – man hat aber nicht sehr viel davon, weil man nach kurzer Zeit zurück muss. Man kommt mit der Fähre von Phuket (Rassada Pier) und Krabi nach Phi Phi. Touren-Schnellboote erreichen die Inseln in 50 Minuten. Die Fähre kostet 400-500 Baht pro Weg und Person, eine Privat-Tour/ Tagesausflug zwischen 6000-8000 Baht. In der Regenzeit sind wetterbedingt Ausfälle und Verschiebungen von Touren möglich.

Hat Noppharat Thara - Mu Ko Phi Phi National Park

Die Inseln sind ganzjährig geöffnet, **der Nationalpark ist zwischen dem 1.Juni und 31. Juli geschlossen**. Der Park umfasst zwei Gebiete von insgesamt etwa 388 km²: Ein Teil vor der Küste von Krabi, der andere um die Inseln von Phi Phi. Eintritt: Erwachsene 200 Baht, Kinder 100 Baht. Taucher zahlen 200 Baht extra.

Phi Phi Don

Auf der Hauptinsel Phi Phi Don gibt es zahlreiche **Übernachtungs- und Verpflegungsmöglichkeiten** auf dem Streifen zwischen den beiden Buchten (**Ton Sai Bay** und **Loh Dalum Beach**). Es gibt kein Verkehr, weder Autos noch Roller – alles liegt nah beieinander und ist zu Fuß erreichbar. Die Preise sind etwas höher als im übrigen Thailand, vor allem in der Hauptsaison von November bis März. Tauchschulen, Tattoo-Salons, Souvenir-, Touren-Shops.

Phi Phi Viewpoint
Eigentlich drei hintereinander liegende Plätze, die man selber erklimmen muss. Eintritt für die ersten zwei ist 30 Baht pro Person, für den dritten zahlt man nochmal 20 Baht.

Laem Tong Beach
Der nördlichste Strand der Hauptinsel. Abgelegen und nur via steilen Wanderweg oder Wassertaxi erreichbar. Vorgelagertes Korallenriff, an dem gerne getaucht und geschnorchelt wird.

Viking Cave
Die Höhle kann nur von außen angesehen werden. In der Höhle nisten unzählige Vögel, vor allem Schwalben und es finden sich historische Wandmalereien an den Wänden.

Phi Phi Leh und die Maya Bay

Die im Innern der Insel gelegene Maya Bay wurde mit dem Film "The Beach" mit Leonardo Di Caprio 2000 bekannt Darauf wurde sie ein gehypter Touristenmagnet und als wir sie wenige Jahre später besuchten, sahen die Korallen durch die darauf herumtrampelnden Touristen nicht mehr gut aus. Die Bucht wurde im Juni 2018 geschlossen. Erst hieß es nur für die Sommermonate, damit sich das Ökosystem in der Pause erholen könne, danach für unbestimmte Zeit. 2021 wurde sie nach Maßnahmen zur Regenerierung wiedereröffnet. Der Zutritt ist nun zeitlich beschränkt, die Maya Bay ist von 7-18 Uhr geöffnet und man darf höchstens 1 Stunde bleiben. Die maximal 4000 Personen pro Tag dürfen hier nicht mehr schwimmen oder baden. Aktuell sind wieder Erholungsphasen geplant und die Bucht ist während der Monsunzeit geschlossen vom 1. August bis 30. September.

Bamboo Island und Mosquito Island

(Relativ) einsame Inseln mit Sandstrand nahe bei Phi Phi. Mosquito hat einen kleinen Strand, der nahe an hohen Felsen liegt und deshalb häufig im Schatten. Bamboo Island ist vom Strand komplett umrundet – Touren kommen hier gerne her für Picknick-Mittagessen.

Tauch- und Schnorchelgebiete um Phi Phi

Neben Surin und Similan finden sich hier die besten Tauch- und Schnorchelplätze Thailands. Kristallklares Wasser (von November bis Mai), große Korallenriffe und nahe an den Unterkünften gelegene Tauchgebiete. Auf den Inseln gibt es viele Anbieter von Touren und Einführungskurse zum Tauchen.

Phi Phi Island Ausflug (8-9 Stunden)

Früher Start nach Phuket (ca. 5 Uhr morgens) – Fahrt mit dem Schnellboot (2 Stunden) – Halt auf der Insel **Phi Phi Leh** mit der **Maya Bay** und der **Phi Phi Leh Lagoon** – Badepause in der Lagune – Weiter nach **Phi Phi Don** – Erklimmen des markanten **Aussichtspunktes auf Phi Phi Don** – Sightseeing rund um die Insel: **Wikingerhöhle**, **Affenstrand** – 2 Schnorchelstopps – Besuch des **Bamboo Island** und Picknick – Mittagessen sowie Strandzeit – Rückfahrt mit dem Schnellboot nach Phuket.

WAS FÜR WEN? TIPPS UND IDEEN FÜR JEDEN GESCHMACK

Tipps für Familien mit Kindern

Kinder sind neugierig und unternehmenslustig, das sollte man in den Ferien ausnutzen und nicht nur am Strand bleiben – auch wenn das schön ist. Es macht Spaß, Neues zu versuchen, deshalb kann man Kindern durchaus etwas lokale Kultur zumuten, wie zum Beispiel einen Tempelbesuch oder ein Museum (ein möglichst interaktives). Oder das Essen: es muss nicht immer Spaghetti, SchniPoSa, Fish and Chips oder Pizza sein: Tempura ist super, weil das im frittierten Teig verstecktes Gemüse ist und eine milde Kokosmilchsuppe (Tom Kha Gai) liegt auch drin – man kann das in den meisten Restaurants anmelden, damit es sicher nicht zu scharf wird.

Ideen für Familien mit Kindern:

- Die größte Sandburg am Strand bauen
- Wasserfall finden und darunter plantschen! Sai Rung, Chong Fa, Sa Manora Forest Park bei Phang Nga, Si Phang Nga im Norden
- Baden mit Fischen, die an einem knabbern: im Si Phang Nga Park, Lampi Wasserfall u.v.m.
- Baden und rutschen im Sa Nang Manora Forest Park
- Tsunami Boot anschauen und im Tsunami Museum in Ban Nam Khem etwas lernen
- Khao Sok Ausflüge und Aktivitäten
- Elefanten sehen und füttern: Elephant Home Khao Lak beim Memories Beach, Eco Khao Lak, Elephant Sanctuary
- Bambusfloss-fahren bei Khao Lak
- Mini-Dschungel Trekking auf dem Weg zum Small Sandy Beach bei Khao Lak. Oder längeres im Khao Sok
- Dschungel Feeling auf der Kajakfahrt im „Little Amazon" oder in den Mangroven unterhalb von Khao Lak
- Kajaken auf dem See (Cheow Lan) oder Meer (Phang Nga Bucht)
- Phang Nga Bay Tour
- Khao Lak Minigolf (und Labyrinth und Spiegelkabinett)
- Schnorchelausflug vor Khao Lak: Khao Nay Yak, größere Kinder auch auf den Similan und Surin-Inseln
- Schildkröten und andere Meerestiere anschauen bei Thai Muang oder bei Thap Lamu
- Höhle besuchen mit Tropfsteinen und Wasser: Phu Chang Höhle bei

Phang Nga, mit Tempel: Wat Suwan Kuha, im Khao Sok
- Haustiercafé in Takua Pa: Burong Zone mit Papageien, Hasen und mehr
- Fische füttern: an einigen Flüsschen oder Wasserfällen gibt es diese an einem pickenden Fische und Fischfutter: Sai Rung, Si Phang Ga Wasserfall, Fischhöhlentempel beim Khao Sok
- Kleiner Fahrradausflug in der Umgebung von Khao Lak: zum Ton Chong Fa Wasserfall oder Sai-Rung Wasserfall
- Marktbesuch und lokale Spezialitäten probieren: Bang Niang Market, Sonntagsmarkt in der Altstadt von Takua Pa, Sonntagsmarkt am Flüsschen zum Plantschen bei Phang Nga: Bangkan
- ATV/Quad Biken - ab ca. 12 Jahren darf man mit Anleitung selber fahren
- Essen mit den Füssen im Fluss beim Sai Rung Wasserfall
- Affen sehen (mit der nötigen Vorsicht) beim Wat Suwan Kuha (Phang Nga) oder Monkey Temple beim Khao Sok oder „Little Amazon" bei Takua Pa – oder Gibbons: wenn man Glück hat auf dem Cheow Lan Lake (am besten frühmorgens) oder unten bei Phuket im Gibbons Rehabilitation Center
- Surflektion oder Skaten oder Stand-Up-Paddeln. Zum Beispiel am Memories Beach
- Eier kochen in den heißen Quellen von Kapong
- Entspannungs-Ausflug und einweichen lassen im warmen Wasser der Rommanee Hot Springs
- Süßes und Plantschen: Mini-Wasserpark im 360 Degree Kaffee
- Tempelbesuch und etwas lokale Kultur: Khuek Khak Tempel, Wat Phanat Nikhom bei Bang Niang, Tha Sai Holztempel bei Thai Mueang. Oder ein chinesischer Tempel?
- Massage im Spa oder am Strand – geht oft auch für Kinder und ist dann sanfter als bei den Erwachsenen
- Thailändisch kochen lernen und dann zusammen essen bei einem Kochkurs im Hotel oder Restaurant
- Mocktails versuchen – das sind bunte, alkoholfreie Drinks
- Eis essen – entweder Rolleis auf dem Markt oder in einer Eisbude in der Umgebung. Tipp: ganz tolle Eisdielen gibts bei Takua Pa
- Bastel- oder Malkurse im Hotel
- Ein Tag lang im Wasserpark: im Hoteleigenen, auf Phuket oder DinoSea
- Phuket Aquarium bei einem Ausflug auf Phuket
- Ein interaktives Museum auf Phuket besuchen: Trickeye Museum oder 3D Museum oder das auf dem Kopf stehende Haus (Upside down house)
- Mal anders übernachten: im Baumhaus im Khao Sok, auf einem schwimmenden Floss auf dem Cheow Lan See, oder im Zelt mit Aussicht auf einem Aussichtspunkt in die Phang Nga Bucht.

Romantisches für Pärchen

 Mit seiner Lage an langen, goldenen Sandstränden gegen Westen ist Khao Lak prädestiniert für romantisches Flanieren am Strand und Sonnenuntergänge. Khao Lak wurde 2024 auf Platz 6 der weltweit besten Flitterferien-Orte gewählt. Ein feines Essen passt immer – vor allem, da die Thailänder selber gerne gut und oft essen. Es gibt einige Restaurants und Kneipen am Strand, auch wenn sich heutzutage die meisten an der Straße landwärts befinden. Wer es exklusiver mag, erkundige sich bei seinem Hotel, ob sie ein „Private Dinner" organisieren. Einige Hotels bieten solche Abendessen am Strand an. Man bekommt seinen eigenen Koch und Service und hat Ruhe. Das Hotel Sarojin bietet (aber nur für Gäste) die Möglichkeit für ein Dinner unter dem Wasserfall.

Hier ein paar liebenswerte Ideen:

- Einen einsamen Strand suchen und finden
- Fotoshooting (privat) am Strand
- Flanieren am Strand abends bei Sonnenuntergang
- Romantisches Dinner am Strand. Restaurantempfehlungen: Krua Thai Restaurant (Bangsak), Boatyard Restaurant am Coconut Beach, Memories Beach Bar und Restaurant am Memories Beach, 8 Fish Bistro and Surf am Khuek Khak Beach, Nong Prew Restaurant am Bang Niang Beach, Lah Own Restaurant am Nang Thong Beach.
- Private Dinner am Strand (in ausgewählten Hotels buchbar: Sands, La Vela, Marriott, Sarojin...)
- Private Dinner am Wasserfall mit Kerzen (Sai Rung, Sarojin)
- Restaurants mit speziellem Setting: Phu View mit Aussicht. Nai Mueang mit Zinn-Deko, Khaolak Blue Sky im Grünen, Laoleu Restaurant am Flüsschen, Pams Restaurant mit Gartensetting
- Sunset-Dinner auf chinesischer Dschunke in der Phang Nga Bucht oder vor Khao Lak
- Massage oder Behandlung buchen im Spa (Es werden Partnermassagen angeboten)
- Baden mit dem Elefant
- Bambusfloss fahren im grünen Regenwald
- Cocktails im Moo Moo's Cabaret
- Nachts eine Himmelslaterne steigen lassen
- Einweichen in heißen Quellen: natürlich bei Kapong oder mit Infrastruktur bei den Romannee Hot Springs oder Ban Bo Dan Hot Springs
- Neu Einkleiden beim Schneider
- Schmuck vom Khaolak Gems&silver 🖳facebook.com/khaolakgemandsilver

- Gediegen Kuchen oder Crêpes oder Eis genießen (fein im Coconut Café in der Nähe des schönsten Strandes in Khao Lak oder mit Aussicht: im Tree Cup bei Phang Nga)
- Schnorchel-Ausflug Similan oder Surin oder Ko Tachai
- Reiten am Strand
- Übernachten im Zelt und Sonnenaufgang am Samet Nangshe oder Ao Tho Li Aussichtspunkt bei Phang Nga (oder einen frühmorgentlichen Ausflug dorthin unternehmen)
- Cheow Lan Lake: übernachten auf dem Wasser
- In heißer Quelle einweichen: Ban Bo Dan Hot Springs zwischen Khao Lak und Phuket oder Romanee Hot Springs beim Khao Sok
- Phuket Fantasea Show besuchen
- Blumen von Me Style Flower 💻 facebook.com/MeStyleFlowerKhaolakPhangNga

Für Aktive und Abenteuerlustige

Für Leute, die gerne ein bisschen mehr „Action" haben, bietet Khao Lak einiges. Mit den vielen Nationalparks an Land und im Meer in unmittelbarer Umgebung kann man direkt raus in die Natur für alle möglichen Abenteuer und Freizeitaktivitäten alleine oder in der Gruppe. Viel ist mit einem Motorrad oder E-Bike erreichbar, ansonsten sind die Taxis zahlbar. Das Nachtleben ist halt nicht so riesig – Partylöwen, die das brauchen, machen einen Ausflug runter nach Patong. Was es in Khao Lak nicht gibt sind laute Jet-Ski oder Parasailing am Strand.

Viel Spaß mit diesen abenteuerlichen Tipps:

- Tauchkurs machen (kurze Einführungskurse oder PADI Ausbildung)
- Mehrtägige Tauchausflüge mit Liveaboards
- Schnorcheln mit Wasserschildkröten bei den Similan und Surin Inseln
- Surfen oder Standup-Paddeln am Memories Beach
- Skaten in einem der Skateparks in Khao Lak
- Trekking im Nationalpark Lam Ru
- Kajaken in den Mangroven nördlich oder südlich von Khao Lak. Selber Kanu mieten und entdecken gehen
- Höhle mit durchgehendem Fluss erforschen: Phu Chang Cave bei Phang Nga
- Quad Biken (ATV)
- Sportfischen
- White Water Rafting bei Ton Pariwat
- Tubing bei Kapong
- Thai-Boxen Training
- Reitausflüge bei Khao Lak

- Massage am Strand nach der Aktivität
- Yoga am Strand
- Elefanten füttern und ev. baden
- Fahrrad- oder Motorradausflug auf Koh Kho Khao Island
- Fahrrad- oder Motorradausflug zum Sonntagsmarkt in Takua Pa oder Phang Nga
- Khao Sok Ausflüge und Trekkingtour, speziell Nam Talu Cave und Khlong Saen
- Rock Climbing auf Koh Panyee in der Phang Nga Bucht
- Zipline auf Phuket oder bei Khao Sok
- Marktbesuch Bang Niang und mutig frittierte Insekten und andere Spezialitäten versuchen
- Moo-moos Cabaret
- Bar-hopping in Bang Niang oder La On
- Feuershow am Strand anschauen
- Phuket-Ausflug und Patong Nachtleben: Bangla Road, Go go Bars, Ladyboys etc.
- Fantasea oder Slam Niramit Show auf Phuket anschauen
- Phi Phi-Island Ausflug mit Übernachtung – um die Nachwirkungen der Buckets (eimerweise Alkohol) auszuschlafen.

Abseits der Touristenrouten

Khao Lak lebt vom Tourismus und entsprechend breit sind die Angebote. Tourenausflüge aller Arten werden angeboten. Man kann die meisten Ausflüge auch in kleineren Gruppen, als Privattransfer oder als Selbstfahrer machen – dann umgeht man oft die Menschenaufläufe an den Hot Spots. Um den anderen Touristen aus dem Weg zu gehen reicht es manchmal, Ausflüge nicht zu den Hauptzeiten zu unternehmen, sondern entweder früher am Morgen oder abends nach 17 Uhr. Und dann gibt es überall Orte zu entdecken, die nicht (so) bekannt sind, wo man praktisch nur Einheimische antrifft.

Hier sind ein paar davon – Geh' entdecken!

- Sonnenaufgang über dem Nebelmeer beim Aussichtspunkt Khao Kai Nui oder Phu Ta Chor
- Picknick bei Sonnenuntergang an einem Phang Nga Aussichtspunkt
- Sonnenaufgang über der Phang Nga Bucht vom Aussichtspunkt aus (Samet Nangshe oder besser: Ao Tho Li)
- Privater Ausflug in die Phang Nga Bucht
- Private Schnorcheltour (wirklich einsam: Koh Kham und Laem Son

Nationalpark)
- Fahrrad- oder Motorradausflüge in die Umgebung
- Nicht so bekannte Wasserfälle aufsuchen (Ton Tham Wasserfall bei Khao Lak, Ton Sung Wasserfall zwischen Khao Lak und Phuket)
- Einsamen Sandstrand finden: oberhalb von Bangsak oder bei Thai Mueang
- Kajaken bei Ban Tha Din Dang: knapp südlich von Khao Lak im Khao Lampi–Hat Thai Mueang National Park
- Hot springs bei Kapong und Eier kochen in den heißen Quellen
- Trekking im Khao Sok Nationalpark (Mehrtagesausflüge)
- Übernachten auf dem Cheow Lan Lake und Trekking im Khao Sok
- Wat Bang Riang möglichst morgens
- Baan Bang Phat –das andere Seenomadendorf in der Phang Nga Bucht
- Eigener Ausflug in die Mangroven unternehmen: bei Ban Tha Din Daeng unterhalb von Khao Lak oder in Nordost-Phuket am Bang Rong Pier ein Kajak mieten
- Ab ins Grüne im Sa Nang Manora Forest National Park oder im Raman Waterfall Park bei Phang Nga
- Alternative zum Sonntagsmarkt in Takua Pa: Bangkan zwischen Khao Lak und Phang Nga - oder der Samstagsmarkt am Fluss in Takua Pa
- Den Norden entdecken: Si Phang Nga Nationalpark und Wasserfall, Kuraburi Pier
- Über die Drachenrückendüne laufen bei Ebbe
- Tagesausflug oder mit Übernachtung auf Ko Yao Yai
- Fahrradfahren auf Koh Kho Khao oder bei Phang Nga
- Besuch eines Morgenmarktes mit den Einheimischen – Frischemarkt in Bang Niang, Kapong Sonntagsmarkt, Takua Pa, Khao Sok
- Restaurants: sooo viele unentdeckte Lokale mit feinem und günstigem Essen. Versuch es einfach!
- Kochkurs machen – dabei bekommt man viel vom lokalen Leben mit
- Privattouren in die Umgebung: um zu sehen, wie die Thailänder leben und arbeiten, sucht man sich am besten einen lokalen Führer. Ideen: Cashewnussfabrik, Ananasplantagen, Fischer am Pier, den Mönchen Essen spenden am Morgen

Für Kultur- und Geschichtsbegeisterte

 Für eine "typische Stranddestination" bietet die Umgebung von Khao Lak so einiges an historisch Interessantem. Im Neolythikum hinterließen Leute Felszeichnungen. Ab dem 7. Jahrhundert war die Gegend ein wichtiger Handelsumschlagsplatz und später Teil der Seidenstraße. Es gab Land- und Machtkämpfe mit den Khmer und Burmesen. Durch den Fund von Zinn, etwa im 15. Jahrhundert

erlebte Takua Pa und Umgebung einen starken wirtschaftlichen Aufschwung. Das zog viele chinesische Gastarbeiter an und es wurde Handel bis nach Europa (mit den Portugiesen und Briten) getrieben. Im 2. Weltkrieg landeten hier Flugzeuge auf Ko Kho Khao. Zwischen 1975 bis 1982 versteckten sich die kommunistischen Rebellen in Höhlen im Khao Sok Nationalpark. Der Tourismus entdeckte Khao Lak erst recht spät – und dann, im Aufschwung kam im Dezember 2004 der Tsunami.

Historisch interessant
- Höhlenmalereien in der Phang Nga Bucht. Zu sehen bei einem Ausflug mit dem Longtailboat
- Wandmalerei mit Khmer/Piratenschatz-Karte: in der Phang Nga Bucht auf einer Insel (Privattour notwendig und Führer, der sich auskennt)
- Muschelfriedhof: kein Friedhof, sondern eine Ablagerungsstelle, wo noch heute Perlmutt gewonnen wird.
- Sam Cave: Höhle bei Phang Nga mit historischen Wandmalereien vom thailändischen Alltagsleben und Buddha-Relief
- Narai Historical Park bei Takua Pa: viele Replika, die Originale sind in Bangkok
- Ban Thung Tuk Ancient City: Ausgrabungsstelle auf Ko Kho Khao
- Flugfeld aus dem ersten Weltkrieg auf Ko Kho Khao (nur noch ein Grasfeld)
- Coral Cave: an einem Seitensee des Cheow Lan fossile Korallen und sie diente zwischen 1975 bis 1982 kommunistischen Rebellen als Unterschlupf.
- Rajiaprabha Damm: Staudamm des Cheow Lan Sees im Khao Sok. Eröffnung durch Thailands letztem König an dessen 60. Geburtstag.
- Phang Nga Museum: Geschichte von Phang Nga
- Benyaran Museum: Antiquitäten aus der Umgebung
- Mining Museum Phuket: Museum zum Zinnabbau

Architektur und Tempel
- Takua Pa Altstadt mit sino-portugiesischen Arkadenhäusern
- Reste der alten Stadtmauer im historischen Park von Takua Pa
- Phuket Altstadt
- Heroines Monument auf Phuket
- Wat Khomniyaket, neuer und klassischer buddhistischer Tempel in Khuek Khak.
- Wat Tha Sai. Holztempel bei Thai Mueang
- Wat Khongkha Phimuk bei Takua Pa. Der Chedi neben dem klassisch rot-goldenen Tempel in thailändischem Stil ist rundum vergoldet und innen komplett mit Spiegelmosaik ausgestattet.
- Wat Suwan Kuha – Höhlentempel mit großem, liegendem Buddha bei Phang Nga
- Wat Bang Riang auf dem Hügel zwischen Phang Nga und Krabi.

- Wat Bang Thong. Riesige neue Tempel-Anlage Richtung Krabi mit fast 70m hohem, goldenen Zentralturm.
- Wat Chalong – Phukets bekanntester Tempel

Zinnabbau-Überreste
- Motor eines Zinnabbauschiffes in der Altstadt von Takua Pa
- Boon Soong Iron Bridge: aus dem Metall eines Zinnabbauschiffes gebaut
- Überreste von Maschinen, die zum Zinnabbau verwendet wurde auf der Halbinsel Khao Na Yak (Remains of Tin Dredging)
- Viele der kleinen Seen in der Umgebung von Khao Lak sind Reste aus dem Zinn-Tagbau
- der schwarze Sand vom Nang Thong Beach – Zinn ist hier der Farbstoff

Erinnerungen an den Tsunami 2004
- Navy Boat 813: das an Land gespülte Polizeiboot liegt immer noch an derselben Stelle in Bang Niang. Darum herum wurde ein Memorial-Park gebaut.
- International Tsunami Museum: das Museum in Khao Lak ist sehr klein
- Memorial auf der Naval Basis
- Tsunami Memorial in Ban Nam Khen: großer Buddha und wellenartige Gedenkwand
- Ban Nam Knem Tsunami Museum
- Similana Resort: heute eine Ruine, ein Lost Place
- Saori Foundation Center

Was tun bei Regen? – Nicht nur in der Regenzeit / Low Season

Sicher, Regen in den Ferien ist nicht das schönste, allerdings macht es einen Unterschied, ob es nasskalt oder einfach nur nass ist. Denn: auch in der Regenzeit bleiben die Temperaturen bei angenehmen (bis heißen) 22 bis 34 Grad – und Regen sieht meist schlimmer aus, als er wirklich ist. Wettervorhersagen und Apps zeigen sehr oft Regen an – das bedeutet weder, dass es den ganzen Tag regnet, noch dass es zwingend genau da regnet, wo man sich befindet. Häufig regnet es vor allem in den Abendstunden und vielleicht heftig, aber kurz.

Darum: **Trotzdem rausgehen!** Schirm mitnehmen und eventuell eine Trockentasche.

- Schwimmen: Wenn man schon nass ist. Im Pool immer möglich. Achtung: bei Gewitter mit Blitzen bitte raus aus dem Wasser! In der Low

Season ist das Schwimmen im Meer oft gefährlich wegen der Strömungen und dem Wellengang. Bitte die Signalisation am Strand beachten, rote Flaggen bedeuten: nicht ins Meer. Am Strand von La On (am Nag Thong Beach) hat es wegen der vorgelagerten Felsen jedoch natürliche Pools, in denen es sicher ist.

- Surfen ist bei Wellengang eine Möglichkeit. Am besten ist das Surfen am Memories Beach, die Memories Bar bietet Ausrüstung zum Mieten.
- Zu viele Wellen? Versuch es mit Surfen an Land: Skaten in einem der Skate Parks in Khao Lak.
- Schnorcheln und Tauchen ist in der Low Season nicht gut möglich: die Nationalparks vor der Küste sind geschlossen. Einen Einführungskurs Tauchen im Hotelpool kann man trotzdem machen.
- Wasserfälle besuchen: In der Regenzeit mit Wasser sehen sie richtig gut aus und man kann unter einigen baden.
- Elefanten besuchen. Die haben kein Problem damit etwas nasser zu werden – und sind dankbar für das Futter.
- Massagen und Spa: Sich eine thailändische Massage gönnen ... oder ein Wrap oder Scrub oder eine Maniküre oder...
- Marktbesuch: meist shoppt man unter Schirmen in überdeckten Läden. Bang Niang Market am Montag, Mittwoch und Samstag; der Markt an der Built Factory an den anderen Tagen. Achtung: der Markt in der Altstadt von Takua Pa kann in der Low Season geschlossen sein. Der Frischemarkt in Bang Niang und in Takua Pa (und an anderen Orten) finden dagegen täglich statt.
- Tempelbesuch: im Trockenen, aber bitte entsprechend anziehen: Schultern bedecken und lange Beinbekleidung.
- Schneider: Kleid oder Anzug schneidern lassen.
- Kochkurs oder Cocktail Kurs machen: Viele Hotels bieten das selber an, man kann aber auch außerhalb buchen und lernt dabei, wie man die Zutaten besorgt.
- Restaurant-Hopping: möglichst viele der feinen Restaurants in Khao Lak durchprobieren. Selbst in der Low Season ist die Auswahl noch riesig.
- Ausflüge in die Umgebung: im Minibus oder Songthaew (wenn sie die Planen auf der Seite geschlossen haben) bleibt man trocken.
- „Foodie Tour" buchen und nicht nur die Umgebung, sondern auch die lokalen Spezialitäten kennenlernen.
- Phang Nga Bay-Tour: Geht auch in der Low Season bei nicht zu hohem Wellengang (zum James Bond Felsen etc.).
- Royal Thai Navy Fleet Turtle Nursery: die Becken sind überdacht, also kann man die Schildkröten trocken besichtigen.
- Lesen: all die Bücher, zu denen man bisher nicht gekommen ist. Wer keinen e-Reader oder Bücher mitgenommen hat, findet oft eine Hotelbibliothek und bei Juice from Mars in Bang Niang kann man Bücher ausleihen.
- Schrilles Thai-Fernsehen gucken: Versucht es – das ist ein kulturelles Erlebnis.

- Den Fitnessraum im Hotel ausprobieren
- Rawai Muay Thai: einen Thaibox-Kurs besuchen.
- Einen Yoga Kurs besuchen. Manche Hotels bieten Kurse an, oder man tritt einem Yoga-Kurs außerhalb bei oder fragt nach Privatstunden.
- Bowling für 150 Baht pp im Graceland Hotel (oberhalb Bangsak)
- Bambus-Tattoo stechen lassen als besonderes Souvenir
- Fischen (Gamefishing)

Abends:
- Der Sonnenuntergang ist gerade mit ein paar Wolken spektakulär schön.
- Moo Moo Cabaret – da wird man nur von innen angefeuchtet (von den Cocktails)
- Thai Boxing Stadion oder ein anderes Muay Thai Stadium und einen Kampf schauen.
- Bars und Pubs: Eine Möglichkeit nicht nur Cocktails und Bier zu trinken, sondern dabei einige der hier lebenden Leute kennenzulernen (Expats und Einheimische).

Einen Ausflug runter auf Phuket machen:
- Phuket Aquarium (hauptsächlich innen außer dem Naturweg außen, das zum Turtle Brutzentrum führt.)
- Kino: hat es in Khao Lak leider keines, aber unten auf Phuket: Multi-Screen Cinema im Jungceylon Mall in Patong und in der Central Festival Mall außerhalb Phuket Stadt. Dort kann man ein paar Stunden lang shoppen und essen.
- Insel-Trip nach Kho Phi Phi: in der Low Season möglich bei nicht zu hohem Wellengang.

Routen-Tipps für Selbstfahrer oder Taxi

Ob mit dem Mietfahrzeug oder im Miettaxi (Songthaew oder Minibus): hier sind gut machbare und lohnenswerte Routenvorschläge mit Attraktionen in der Umgebung von Khao Lak:

Tempel und Höhlen - Tour Phang Nga (Tagesausflug)

Khao Lak (Khuk Khak Tempel) – Phang Nga– Wat Suwan Khuha – Phung Chang Cave – Wat Thamtapan – Sa Nang Manora Forest Ntl Park – Khao Lak

Kapong Tour: Natur und Kultur (Halbtages- oder Tagesausflug)

Khao Lak – Khao Khai Nouy Aussichtspunkt – Lam Ru Wasserfall – Kapong Tempel – heiße Quellen – Grand Canyon Kapong – Takua Pa Altstadt – Big Buddha – Sai Rung Wasserfall – Khao Lak
Achtung: Der Aussichtspunkt braucht ein 4WD Fahrzeug, oder man lässt sich hochfahren vom lokalen Anbieter.

Takua Pa Tour (Halbtages- oder Tagesausflug)

Khao Lak – Andaman Viewpoint – Ban Nam Khen Tsunami Memorial – Tsunami Museum – Little Amazon Takua Pa – Boon Soon Eisenbrücke und Dredger Café – Wat Khongkha Phimuk – Takua Pa Altstadt – Big Buddha – Sai Rung Wasserfall – Khao Lak

Alles ums Wasser im Norden (Tagesausflug)

Khao Lak – Sai Rung Waterfall – Ban Bam Khem Tsunami Memorial Center – Fähre nach Ko Kho Khao – Ko Kho Khao anschauen und relaxen am Strand – Fähre zurück – Takua Pa – Tam Nang Waterfall – zurück auf Khao Lak

Große Rundtour (Tagesausflug)

Khao Lak – Takua Pa – Khao Sok (Wasserfall, Viewpoint, Restaurant) – Cheow Lan Lake – südwärts Bang Riang Tempel – über die hier kurvige Panoramastraße 4 – Sao Manora Forest Park – Khao Lak.
Das bedeutet ziemlich viel fahren, aber auf schönen Straßen und man kann zwischendurch immer wieder stoppen für die Attraktionen.

Khao Sok Tour (Tagesausflug, ev. mit Übernachtung)

Khao Lak – Big Buddha – Takua Pa – Mae Yai Waterfall – Khao Sok Viewpoint – Ratchaprapha Dam – Marina Cheow Lan Lake – Boot mieten und Ausflug auf den See (mind. 2 Stunden einplanen) – Fahrt zurück nach Khao Lak (unterwegs bei den Romanee Hot Springs einen entspannenden Zwischenstopp im heißen Wasser einlegen?)
Das ist eine lange Fahrt. Eventuell eine Nacht beim Khao Sok Nationalpark bleiben, es hat viele Unterkunftsmöglichkeiten vor dem Hauptquartier des Nationalparks. Dann könnte man morgens eine kleine Wanderung in den Park anhängen.

In den unentdeckten Norden (Tagesausflug)

Khao Lak – Andaman Viewpoint – Takua Pa – Water Onion Conservation – Si Phang Nga Waterfall – Kuraburi Pier – Boot zur Drachenrücken–Düne – Kuraburi Pier – zurück nach Khao Lak

Selbst in den Süden (Halbtages- bis Tagesausflug)

Khao Lak – Komols Corner: Bambusfloss fahren – Ton Prai Waterfall – Muang Thai – Leng San Keng Shrine: Chinesischer Tempel – Wat Tha Sai: Holztempel – Phang Nga Coastal Fisheries Center – Khao Lampi Hat Thai Mueang Nationalpark – an den Strand – zurück nach Khao Lak

Phang Nga Tour (Halbtages bis Tagesausflug)

Khao Lak – Thai Mueang (Turtle Sanctuary) – Kaffee im Tree Cups – Surakul Pier (Bootsfahrt Mangroven/Phang Nga Bucht) – Wat Suwan Khuha – Bang Pat Fischerdorf (Essen) – Phang Nga – Phung Chang Cave – Sa Manora Forest Park – Khao Lak
Wenn man frühmorgens startet, kann man versuchen, den Sonnenaufgang vom Samet Nangshe Viewpoint aus zu erwischen und dort etwas trinken. Nachts aber mehr Zeit einräumen – die Straßen sind gefährlicher wegen den Verkehrsteilnehmern, die unbeleuchtet unterwegs sind.

Phukets Norden (Halbtagesausflug)

Khao Lak – Andaman Viewpoint (360 Degrees Coffee) – Sarasin Bridge – Mission Hills Loop – Bay View Loop – Mittagessen im schwimmenden Restaurant am Bang Rong Pier – Gibbons Rehabilitation Project und Bang Pae Waterfall – Heroines Monument – retour nach Khao Lak

Phuket komplett (Tagesausflug)

Khao Lak – Sarasin Bridge – Heroines Monument – Phuket Town – Wat Chalong – Promthrep Cape – 3 Beaches Viewpoint – Rückfahrt via die Strandorte: Kata – Karon – Patong – Küstenstraße Kamala – Heroines Monument – retour.
Achtung: wegen dem starkem Verkehr auf Phuket ist das wirklich ein Ganztagesausflug und für Selbstfahrer eher anstrengend. Hier lohnt es sich vielleicht für einen Tag einen Minibus mit Fahrer zu buchen.

Ausflüge, Touren und Erinnerungen

Erinnerungen sind Souvenirs, die keinen Platz wegnehmen und einem nicht mehr genommen werden können. In Khao Lak kann man viele schöne Erinnerungen sammeln, sei es auf eigene Faust oder mittels der zahlreichen Tourenanbieter. Ausflüge kann man buchen im Hotel, im Internet, bei den kleinen Tourist Informationshops vor Ort, sogar in manchen Restaurants, Bars oder Massagesalons – letztere organisieren das via lokale Anbieter, manchmal allerdings mit der Gefahr, dass die keine offizielle Zulassung haben und man dann nicht versichert ist. Wer online bei getyourguide oder Viator seine Touren bucht, ist wohl versichert, landet aber wahrscheinlich in der Touristen-Massenabfertigung.
Im JW Marriott waren wir etwas enttäuscht, da sie offensichtlich die Leute im Hotel selber halten wollen und nirgendwo an der Reception (oder sonst) Ausflüge ausgeschrieben waren oder die üblichen

regelmäßigen Transfers nach Bang Niang oder La On. Vor dem Hotel ist ein Taxistand, wo man das selber organisieren kann, wenn man nicht wie wir mobil ist und es existiert natürlich das Internet mit dem man mit den Touranbietern vor Ort Kontakt aufnehmen kann. Alle holen einen vom Hotel ab, egal, wie weit draußen das liegt. Manche besuchen einen auch im Hotel und zeigen, was sie anbieten.

Eine Auswahl von Tourenanbietern in Khao Lak:

(Reihenfolge ohne Wertung)
Toms Touren – toms-thailandtouren.de (deutsch) Touren mit individueller Note.
Holiday Service Khao Lak (deutsch) 💻 holiday-service-khaolak.com
t-globe – 💻 khaolak.de und t-globe.com. Kontakt via khaolaktransfer@gmail.com,
Khao Lak Tour Plan – lokal, individuell. 💻 khaolaktourplan.com, (englisch)
Khaolak Land Discovery – 💻 khaolaklanddiscovery.com (englisch)
Khao Lak Vista Tours & Travel – 💻 khaolakvista.com (englisch)
Green Andaman Travel – 💻 greenandamantravel.com (englisch)
Go on Tour Khao Lak – Gabi und Odty haben ihr Büro in Bang Niang. (deutsch) 💻 goontourkhaolak.com
Beim Straugbinger KhaoLak: langjähriger Anbieter (deutsch) ☏+66 81 483 3966
Phuket+Khao Lak Klaus Kraft. Büro auf Phuket. (deutsch)
Whatsapp: +66 878 854 488 💻 facebook.com/groups/167209203875424.
Khun Pond on Tour (deutsch, englisch) lokal bekannter Anbieter 💻 facebook.com/pond.beachbar.14 ☏+66 76 484 657
Mr. Moo Tours (deutsch, englisch) im südlichen Teil von Khao Lak gelegen. 💻 mr-moo-tours-khaolak.de
Khao Lak Adventures (deutsch, englisch) 💻 khaolak-adventures.de
Nicetriphaolak – erfahrenes französischsprechendes Reisebüro. 💻 nicetriphaolak.com
Khaolak Guru – (englisch/ französisch) 💻 khaolakguru.net
Excursions Thailand – 💻 excursionsthailande.com langjähriger Anbieter (französisch)
Discovery Travel Khao Lak – (englisch), ökofreundlich 💻 discoverykhaolak.com
Khao Lak Discoveries 💻 khaolakdiscoveries.com (engl.)
Wonderland Tour 💻 m.facebook.com/KhaolakWonderlandTours

Beispiele für geführte Touren:

Nacht Safari - Night Safari
Ausflüge in die nahe Umgebung von Khao Lak kann man zum Beispiel in der *Sakai Bar* buchen – der Chef ist zeitgleich Tour Guide der Khaolak Jungle Safari und ein echter Experte. Oder man macht eine *Kanu Night Safari* und kajakt nach einem Nachtessen auf dem "little Amazon" mit anschließender Nachtwanderung durch den Dschungel mit Führer: 💻 khaolak-junglesafari.com/canoe-night-safari-only-by-us

Khao Lak: Flossfahrt, Elefanten und Schildkröten, ca. 5 h
Elefantencamp mit Baden und Füttern – (Sai Rung) Wasserfall besuchen – Bambusflossfahrt durch den Regenwald – Besuch des Sea Turtle Conservation Centers bei Tap Lamu

Little Amazon Tour, ca. 4 h
Transfer und Besuch des Takua Pa Morgenmarktes – Kanufahrt auf dem kleinen Amazonas – Besuch des Sai Rung Wasserfalls.

Khao Lak Tempeltour und Takua Pa Altstadt, ca. 4 h
Khuk Khak Tempel, Führung – Kongkha Phimuk Tempel (goldener Chedi bei Takua Pa) mit Führung – Takua Pa Altstadt mit sino-portugisischen Häusern, chinesischen Schreinen und Teehäusern – Bad unter lokalem Wasserfall.

Takua Pa historische und kulturelle Tour, ca. 6 h
Besuch eines chinesischen Schreins, Führung – Altstadt von Takua Pa – Besuch des Takua Pa Marktes – Nam Kem Kulturzentrums (von Einheimischen geführtes Museum) – Taosor Kuchenfabrik – thailändisches Mittagessen – Tsunami Memorial.

Lokales Leben / Lokal Tour Takua Pa, halbtags
Start morgens – Überreichen von Essen an die Mönche – Frühstück: Dim Sum / Nudelsuppe – Besuch einer lokalen Schule – Besuch eines Tempels und Unterhaltung mit einem Mönch – Thai-Mittagessen – Saori–Stiftung.

Khao Lak Dschungel Tour / Offroad, ca. 8 h
Fahrt nach Takua Pa – Kanufahrt durch Mangrovenwälder– thailändisches Mittagessen an einem See – Offroad Dschungel Fahrt durch Nationalpark (Si Phangnga) im Geländewagen – Kurzer Spaziergang zu einem spektakulären Wasserfall unter dem man baden kann – buddhistischer Tempel.

Khao Lak Safari, ca. 8 h

Elefanten baden und füttern (nicht reiten) – Bambusflossfahren – Schildkröten-Aufzuchtstation – thailändisches Mittagessen – Wasserfall – Tsunami Polizei Boot – Tempelbesuch.

Si Phang Nga Dschungeltour, ca. 8 h

Little Amazon und Kanufahrt – Besuch des örtlichen Marktes von Takua Pa – Si Phang Nga Park und kleiner Spaziergang zum Tam Nang Wasserfall und baden darunter – thailändisches Mittagessen –Romanee Hot Springs.

Wildwasser-Rafting, Wasserfallwanderung und ATV, ca. 9 h

Transfer zum Ton Pariwat Reservat bei Phang Nga – Rafting – 30 Minuten Quadfahrt – thailändisches Mittagessen – kurze Wanderung zum Wasserfall Ton Pariwat, (baden möglich) – Kaffee und Tee-Pause – retour.

Phang Nga Bay, ca. 8–10 h

Fahrt zu einem Pier in der Phang Nga Bucht - Mangroven erkunden im traditionellen Langboot - Kanu–Tour zwischen den Kalkformationen / in eine Höhle –James Bond Island – schwimmendes Dorfe Koh Panyi (ev. mit Essen) – Besuch des Höhlentempels Wat Suwan Kuha mit großem goldenen, liegendem Buddha. Mit einer early-morning tour umgeht man die sonst anwesenden Touristenmassen.

Tempeltour, ca. 9 h

Dragon Cave Tempel erkunden – Aussicht vom Wat Rat Upatham (Wat Bang Riang) – Wat Suwan Kuha, Höhlentempel mit großem liegenden Buddha – Affen füttern – Mittagessen unterwegs.

Phuket Wochenendmarkt, ca. 9 h

Big Buddha Phuket Aussichtspunkt – Besuch des Wochenendmarkt Naka Markt / Phuket Weekend night market.

Phuket Tour Sightseeing and Shopping, ganzer Tag

Besuch Cashewnuss Fabrik – Besuch Gems Gallery Juwelier – Shopping Central Festival – Wat Chalong – Kata Aussichtspunkt – Patong Jungceylon Shoppingmall.

Patong Night halber Tag (bis spät nachts)

Fahrt nach Patong. Kein Guide, freie Zeit in Patong – Abfahrt 23.30 Uhr vom Junk Ceylon Einkaufszentrum und Rückfahrt.

Ao Tho Li

Makake im Little Amazon

Takua Pa

Mönche bei Phang Nga

Tam Nang, Si Phang Nga

22 Thai Life

GEGEN DEN KULTURSCHOCK

Geschichte von Khao Lak / Phang Nga

Die Gegend war schon früh bewohnt – Ausgrabungen auf der Insel *Ko Kho Khao* (*Ban Tun Teuk Ancient City*) zeigen, dass hier ein bedeutender Hafen war, ein Teil **der thailändischen Seidenstraße**. An diesem Handelsumschlagplatz fand man persische Glasperlen und chinesische Artefakte aus der Tang Dynastie (618-907 vor Christus), sowie die wahrscheinlich ältesten Spuren gebrannter Dachziegel in Thailand.

Die **Provinz Phang Nga** wurde etwa **1809** unter **König Rama II von Siam** (alter Name von Thailand) etabliert und wiederholt von Burma attackiert. Zu der Zeit wurde die Gegend wirtschaftlich wichtig, als hier reiche Zinnlager im Boden entdeckt wurden. Diese wurden in Minen von chinesischen Gastarbeitern abgebaut. Viele blieben und bilden heute einen wesentlichen Bestandteil der Bevölkerung mit eigenen Traditionen. Am besten ist dies in der Altstadt von Phuket und *Takua Pa* sichtbar mit den Bauten im sino-portugiesischen Stil und den chinesischen Tempeln.

Eine Folge des **Zinnabbau**s sind die vielen kleinen Seen in der Umgebung von Khao Lak, die eigentlich durch Wasser aufgefüllte Tagbau-Minen sind. Nachdem die Minen an Land erschöpft waren, verlagerte sich der Zinnabbau auf das Meer. Die ganze Küstenregion vor Khao Lak entlang waren noch in den 1980er Jahren Tag und Nacht Minenschiffe am Werk, welche die von den Flüssen hinausgeschwemmten Steine und den Sand förderten und das Zinn herausgesiebt haben. Man sagt, es sei diesem Zermahlen zu verdanken, dass Khao Lak so feinen Sand hat. Heute findet man vor allem am Strand von La On (Nang Thong Beach) ganze Stellen, die fast schwarz sind vor Zinn. Ein Motor eines Minenschiffes ist im Park von *Takua Pa* ausgestellt und die Eisenhülle von ausrangierten Schiffen wurde **1968** zum Bau der *Boon Soong Brücke* über den Takua Pa Fluss verwendet.

Der Tourismus entdeckte *Khao Lak* erst relativ spät – und lange stand es im Schatten des berühmteren *Phuket*. Der Deutsche Gerd und Partner Noi waren **1987** die ersten, die am Strand von *Nang Thong* eine kleine Bungalow-Anlage eröffneten (heute: Gerd und Noi Bungalows in Bang Niang). Es folgten weitere – die Destination wandelte sich von der reinen Backpacker-Absteige zum heutigen Ort, oder besser – mehreren an der Küste nebeneinanderliegenden Orten und beliebtem Ferienziel. Maßgeblich mitbeteiligt an der

Entwicklung war Richard Doring, der Khao Lak als erster in einem Reiseführer (dem Loose für Thailands Süden) erwähnte. Er wohnt und arbeitet heute selber in Khao Lak. Khao Lak wurde beliebter Ferienort für Touristen aus skandinavischen Ländern sowie aus Deutschland. Englische Reiseführer vernachlässigten die Region lange (eigentlich heute noch).
2004, mitten im größten Aufschwung, kam im Dezember der **Tsunami**. Er verwüstete die Küstengegend komplett und forderte viele Tote. Der Wiederaufbau in den folgenden Monaten war schwierig, wurde aber mit Hilfe der überlebenden Bevölkerung und der Hilfe zahlreicher Freunde von Khao Lak aus anderen Ländern angegangen. Heute sieht man kaum mehr etwas davon, auch wenn das Ereignis viele seelische Narben hinterlassen hat. Khao Lak achtet dabei mit Bauregulationen, Schutz der Naturparks und engagierten lokalen Geschäften und Unterkünften darauf, dass es nicht zu einer Ballermann-Destination wird.
2020 bis Ende 2021 brach der Tourismus aufgrund der **Covid-Pandemie** erneut zusammen. Ein Besuch war praktisch nur Einheimischen möglich. Dadurch mussten viele Anbieter im Tourismussektor aufgeben – nur langsam erholte sich die schöne Gegend. Heute ist wieder fast alles da und bereit für Besucher.

Thailändische Sitten: Do's and Dont's

- **Respekt gegenüber dem Königshaus**: Man beleidige nie den König (auch nicht, indem man Geld mit seinem Bild zerstört).
- **Respekt vor Buddha**: Kein Klettern auf Buddhastatuen, man sollte keine Buddhafiguren oder Bilder kaufen, oder sich tätowieren lassen.
- **Die Sohlen der Füße** sollte man nie jemanden zuwenden, das gilt als sehr unhöflich.
- Thailänder sollte man **nicht am Kopf berühren** (auch nicht Kinder!), da dort die Seele des Menschen sitzt.
- Bei den Händen gilt **die linke Hand als unrein** (das ist die, mit der man sich auf der Toilette reinigt), deshalb reiche man Geld / ein Geschenk / etwas zum Essen immer mit der rechten Hand herüber.
- **Öffentliches Schmusen** oder Zuschaustellen von Körperkontakt (bis auf Händchenhalten) wird nicht gerne gesehen.
- Die Thais schätzen **sittsame Kleidung**, sowohl in der Stadt als auch auf dem Land. In Restaurants speist man mit Kleidern – und nicht in Badebekleidung, wie es Unsitte bei manchen „Farangs" (also: Ausländern) ist. Sonnenbaden oben ohne ist verpönt, auch in den

von Europäern geprägten Urlaubsorten.
- **Mönchen gegenüber** ist Achtsamkeit geboten. Manche dürfen Frauen nicht berühren. Als Frau bittet man deshalb einen Mann die Almosen zu übergeben oder legt sie auf den Boden.

Wai

Wai nennt man den thailändischen Gruß bei dem die Hände aneinandergelegt und gehoben werden und der Kopf gesenkt wird. Es wird von einem Ausländer nicht erwartet, ihn zu erwidern, vor allem, da es nicht einfach ist, den Wai mit allen Hintersinnigkeiten richtig auszuführen. Wie tief der Kopf gesenkt wird oder die Hände gehoben, hängt ab vom eigenen Status und dem des Gegenübers. Sicherer ist es da zu lächeln und mit dem Kopf zu nicken, obwohl sich die meisten Thailänder freuen, wenn man ihn so erwidert. Falls man den Wai versucht: Zusammengelegte Hände etwa in Kinnhöhe halten und den Kopf leicht senken.

Anrede und Namen

Thailänder reden sich meist mit den **Vornamen** an – das bedeutet, dass der eigene Name bei Transfer- oder Tour-Reservationen gelegentlich nicht sofort zu finden ist, weil man unter dem Vornamen eingetragen wurde. Nicht so verwunderlich, wenn man bedenkt, dass Familiennamen erst seit etwa 100 Jahren verpflichtend ein-geführt wurden! Die Thailänder benutzen untereinander haupt-sächlich Spitznamen, die sie oft schon als Babys erhalten.

Indiskret?

Gelegentlich wird man **Persönliches gefragt**, was fast indiskret erscheint. Eine typische Frage wäre „Wie viel verdienst Du?" – das ist hier reine Anteilnahme und Neugier. Man kann darauf gut antworten: „Weiß ich selber nicht" oder „Es reicht für uns" ...

Gräng Jai

Der Ausdruck beschreibt eine typische Charaktereigenschaft der Thailänder und bedeutet Rücksicht auf andere nehmen, keine Ansprüche stellen, Zurückhaltung zeigen. Gegenseitige Anteilnahme und ein höflicher Umgang wird sehr groß geschrieben. Mancher Thailänder sagt deshalb ungern „Nein", wenn eine zustimmende Antwort von ihm erwartet wird – nur um nicht zu enttäuschen. Konfrontationen werden aus dem Weg gegangen, damit beide Seiten das Gesicht nicht verlieren. Deshalb sollte man darauf verzichten, öffentlich Land und Leute zu kritisieren. Kommt es doch zu einer solchen Situation sollte man freundlich bleiben und die Kritik mit Lob ausgleichen und ... **viel lächeln.**

Denn **in Thailand öffnet das Lächeln Türen** und hilft über so manchen (eigenen) Fauxpas hinweg.

Feiertage

Wenige Länder haben mehr Feiertage als Thailand. Dabei sind thailändische Feste und Feiertage eine oft sehr ausgelassene Angelegenheit – das zählt selbst für buddhistische Feierlichkeiten, von denen man das vielleicht nicht erwarten würde. Die meisten werden farbenprächtig und oft aufwendig gefeiert, nur wenige leise zelebriert. An gesetzlichen Feiertagen haben alle Regierungsämter und Banken geschlossen. Fällt der Feiertag auf einen Samstag oder Sonntag, ist dafür oft der nächste Montag arbeitsfrei. Die meisten Feiertage und Feste sind religiöser Natur, regionale Feste gedenken bedeutender Ereignisse aus der Landesgeschichte oder haben mit dem Königshaus zu tun. Wegen dem großen Anteil im Land lebender Chinesen, werden auch typisch chinesische Feiertage mit zelebriert.

Die **religiösen Feste** richten sich nach dem Mondkalender und wechseln deshalb jedes Jahr im Datum. Das thailändische Mondjahr endet mit dem letzten Vollmond im November und beginnt mit dem darauffolgenden Neumond. Zu den religiösen (buddhistischen) Festtagen ist der Verkauf und das Ausschenken von Alkohol untersagt (bis 1 Minute nach Mitternacht) – das gilt dann in Restaurants und Bars und oft in den Hotels.

Die **nationalen Gedenktage** dagegen finden alljährlich zum gleichen Datum statt, da sie sich nach dem westlichen Kalender richten.

Die aktuellen Daten findet man auf: 🖥 timeanddate.de/feiertage/thailand

Nach dem traditionellen thailändischen Mondkalender beginnt die Zeitrechnung in Thailand mit dem Todesjahr Buddhas. So ist also „unser" Jahr 2025 (nach Christi Geburt) das Jahr 2569 (nach Buddhas Tod).

Januar

Erster Januar / Neujahr: Landesweit, offizieller Feiertag. Wird in den meisten Hotels mit Galadinner und entsprechenden Kleidervorschriften gefeiert. Vor dem Gemeindehaus in Mueang und in Takua Pa finden öffentliche „Making Merit" statt: Mönche und Buddhisten versammeln sich bei den Tempeln um zu beten, singen, meditieren und Predigten zu hören, wie man ein gutes Leben lebt.

Februar / März

Chinesisches Neujahrsfest: Landesweit, kein gesetzlicher Feiertag. Dauert 3 Tage. Wichtigstes Fest für die 12-15 % in Thailand lebenden Chinesen. Pompös gefeiert mit Feuerwerk und Drachen in Takua Pa oder Phuket.
Makha Puja: Buddhistischer Feiertag, basierend auf dem thailändischen Mondkalender. Gesetzlicher Feiertag. An diesem Tag kamen 1250 Mönche ohne Einladung zusammen um eine Predigt Buddhas zu hören.
Loy Rüa: Fest der Seenomaden. Phuket/Phang Nga/Surin. Dabei werden hölzerne Miniaturboote (ca. 2.5 m lang) mitsamt Opfergaben auf dem Meer ausgesetzt, um die Geister der Meere zu beschwichtigen. Das Fest findet zweimal jährlich statt: zu Beginn und nach Ende des Monsuns.
14. Februar – Valentinstag: Kein gesetzlicher Feiertag
Thao Thep Krasatri & Thao Sri Suntorn: Fest in Phuket. Die beiden Schwestern (Muk und Chan) konnten 1785 die Burmesen mittels Taktik, Tricks und Ausdauer davon abhalten Phuket einzunehmen. Ihre Statuen bilden das Heroines Monument am großen Kreisel auf Phuket. An ihrem Festtag wird das Denkmal mit üppigen Blumengirlanden geschmückt und man legt Blumen und Räucherstäbchen ab.

April

6. April – Chakri-Gedenktag: Landesweit, offizieller Feiertag. Man gedenkt der Thronbesteigung von Rama I. Gründer der Chakri–Dynastie. Kerzenlicht-Prozessionen und allgemeines Volksfest.
13.–15. April – Songkran: auch Wasserfest genannt. Landesweit, offizieller Feiertag. Thailändisches Neujahrsfest. Dabei bespritzen sich die Menschen auf Thailands Straßen mit Wasser. Da dann die Thailänder ihre Verwandten besuchen gehen, sind öffentliche Verkehrsmittel oft ausgebucht / voll.

Mai

Visakha Bucha: Landesweit, heiligster Buddhistischer Feiertag. Am Abend oder Vorabend finden zum Gedenken an die Geburt und Erleuchtung Buddhas in allen Tempeln Lichterprozessionen statt.
1. Mai – Tag der Arbeit: Bankfeiertag, Landesweit, offizieller Feiertag.
5. Mai – Krönungstag: von Yasothon, dem ehemaligen König Ramas IX / Bhumipol, der am 13.10.2016 verstorben ist. Er war der am längsten amtierende König und seit 1992 der am längsten amtierende Monarch der

Welt. Wegen seiner einigenden und stabilisierenden Kraft war er beim ganzen Volk beliebt.

Juli

1. Juli – Mitte des Jahres: Feiertag, Bankfeiertag, alle Banken sind zu.
Asalha Puja / Asanha Bucha: kein gesetzlicher Feiertag. Buddhistischer Feiertag. Er erinnert an die erste öffentliche Predigt Buddhas.
Vassa: Beginn der dreimonatigen Regenzeitklausur gemäß dem Mondkalender. Buddhistischer Feiertag, kein gesetzlicher Feiertag.
Khao Pansa: Buddhistischer Feiertag, Beginn der Fastenzeit und der Regenzeitklausur der Mönche. Prozessionen mit Blumen und Kerzen in den Tempeln. Kein gesetzlicher Feiertag.
Buat Naag: Ordination der Mönche, Buddhistischer Feiertag, kein gesetzlicher Feiertag. Traditionsgemäß sollte jeder männliche Thai möglichst vor der Heirat einige Zeit in den Mönchsorden eintreten.
Por Tor: Phuket/Takua Pa. Fest der hungrigen Geister der thai-chinesischen Bevölkerung. An dem Tag öffnet der Höllenvater die Tore, damit die hungrigen Geister zu ihren Familien zurückkehren und diese mittels Opfergaben an sie etwas für ihr eigenes Karma tun können. Hauptsächlich im Familienkreis gefeiert. In Phuket gibt es rote Schildkrötenkuchen, die mit Obst und Räucherstäbchen als Opfergabe gereicht werden.

August

12. August – Muttertag: Geburtstag der ehemaligen Königin Sirkit, Landesweit, offizieller Feiertag. Man feiert die Königin Sirikit und ihre vielen wohltätigen Leistungen, die sie für ihr Volk bereits erbrachte. Sie wird als Landesmutter bezeichnet und der Muttertag wird seit 1950 in Thailand an ihrem Geburtstag gefeiert.

September

Sart Thai: Erinnerung an die Verstorbenen, Buddhistischer Feiertag, kein offizieller Feiertag. Im thailändischen Buddhismus wird der Tod nicht nur als ein Zyklus des Lebens angesehen, man nimmt an, dass alle Verdienste verstorbener Familienmitglieder den noch lebenden Angehörigen zugute kommen können. An diesem Tag werden die Bilder der Verstorbenen zu Hause oder an Urnengräbern gesäubert und mit frischen Blumengirlanden geschmückt, Kerzen und Räucherstäbchen entzündet und es wird gebetet.
Loy Rüa: Phuket/Phang Nga. (s. Februar)
Chinese Vegetarian Festival: Ende September/Anfang Oktober auf Phuket und in Takua Pa. Kein offizieller Feiertag. Es dauert 9 Tage und dient der inneren Reinigung von Körper und Geist. Teilnehmer fasten und kleiden sich weiß. Es wird über Scherben und Kohle gelaufen und manche stecken sich absichtlich scharfe Objekte in Körperteile und Wangen (obwohl das in Takua Pa nicht so ausgeprägt praktiziert wird wie in Phuket). Feuerwerk.

Oktober

Ok Phansa Tag: Ende der dreimonatigen Regenzeitklausur, Buddhistischer Feiertag, kein gesetzlicher Feiertag
23. Oktober – Chulalongkorn: Todestag des Königs Chulalongkorn (Rama V.), Gedenktag, kein gesetzlicher Feiertag.

November

Thot Kathin: Spende von Roben an Mönche. Buddhistischer Feiertag, kein gesetzlicher Feiertag.
Loy Krathong: Lichterfest am Vollmondtag. Es wird der Göttin des Wassers (Mae Khinhkhe) gehuldigt und im ganzen Land auf den Flüssen und Seen Schiffchen mit Blumen, brennenden Kerzen und Opfergaben aufs Wasser gesetzt. Kein gesetzlicher Feiertag.

Dezember

5. Dezember – Vatertag: Geburtstag des vorherigen Königs, Bhumibol Adulyadei, gleichzeitig Nationalfeiertag. Offizieller Feiertag.
10. Dezember– Constitution Day: Wechsel zur konstitutionellen Monarchie. Offizieller Feiertag. Am 10. Dezember 1932 erhielt Thailand, das damals Siam hieß, die erste Verfassung. Damit gelang der Übergang von der absoluten Monarchie zu einer konstitutionellen, ohne Bürgerkrieg und Blutvergießen.
31. Dezember – Silvester: offizieller Feiertag.

Thailändisches Essen

Die thailändische Küche ist eine Mischung aus chinesischen, indischen und europäischen Einflüssen, die mit der Zeit zu einer eigenen Landesküche verschmolzen sind. Das Essen schmeckt fein und macht nicht dick. Es gibt viel Reis dazu – tatsächlich bedeutet der thailändische Ausdruck für „eine Mahlzeit einnehmen" wörtlich „Reis essen"... aber es sind die Zugaben, die sie so schmackhaft machen. Übrigens: wie wichtig das (gemeinsame) Essen für die Thailänder ist, sieht man am ursprünglichen Gruß. "Ginn khau rüü yang" bedeutet wörtlich: "Hast Du schon gegessen?"

Kaeng

Das sind verschiedene „Curry"-Gerichte. Sie enthalten jedoch kein Currypulver, sondern werden mit einer Gewürzpaste zubereitet. Dazu werden Galgant oder Ingwer mit Kaffir-Limettenblätter, frische Chilischoten und Garnelenpaste und mehr so lange im Mörser gestampft, bis eine homogene Paste entstanden ist. Es gibt gelbe, rote und grüne Kaeng-Gerichte mit verschiedenen Fleischarten oder Fisch oder Tofu. Grün ist die schärfste Variante.

Tom Kha Kai

Hühnersuppe mit Kokosmilch, süßlich, mit Galgant, Zitronen-gras, Chili und Kokosmilch – was eventuelle Schärfe etwas abmildert. Dies ist eigentlich ein Kaeng Gericht. Es ist definitiv mein Lieblingsessen, das auch mild genossen werden kann und statt Huhn Meeresfrüchte enthalten kann sowie je nach Koch verschiedene Gemüse.

Tom Yam

Scharf-saure Garnelen-Suppe. Mit Fischsauce, Schalotten, Zitronen-gras, Limettensaft, Galgant, Tamarinde und Chilis. Klassisch mit Garnelen, sonst mit Fisch- oder anderen Meeresfrüchten.

Som Tam

Papaya Salat (scharf): Eine Art Salat aus fein gehackten grünen (unreifen) Papaya, Zwiebeln, Tomaten, Limette, langen Bohnen, gerösteten Erdnüssen, Salz, Palmzucker und Chilischoten, gewürzt mit Fischsauce. Dazu gibt es Garnelen (getrocknete oder manchmal frische). Er ist üblicherweise sehr scharf (wirklich!) und etwas säuerlich.

Pad Thai

Nudeln mit Gemüse und Fleisch. Pad Thai gilt als Nationalgericht Thailands. Es ist ein Ein-Teller-Nudelgericht und vereint die vier Geschmacks-richtungen: scharf, sauer, salzig und süß. Es enthält getrocknete Chili, Limette, Fischsauce und Rohrzucker. Die Nudeln werden mit Ei, Tofu und kleinen, getrockneten Garnelen gebraten. Dazu gibt es Sojabohnensprossen, Schnittlauch und kleingehackte geröstete Erdnüsse, oft separat zum individuellen Nachwürzen.

Phat Kaphrao

Ein Tellergericht mit Hackfleisch (je nachdem Schwein oder Huhn oder Rind, aber auch Garnelen) mit indischem Basilikum – der schmeckt schärfer und aromatischer als der bei uns bekannte. Dazu Chili, Knoblauch und Sojasauce, alles im Wok gebraten und mit Reis serviert.

Satay Spieße

Das Gericht stammt aus Indonesien und Malaysia. Es sind gegrillte Spießchen mit gewürztem Fleisch, das mit einer Sauce serviert wird, häufig mit einem Erdnusssaucen-Dip. Das Fleisch kann Huhn, Rind, Schwein oder aber Fisch sein – die Gewürzmischung enthält Kurkuma, was die typisch gelbe Farbe ergibt.

Tempura
In Teig frittiertes Gemüse und Garnelen. Das Gericht stammt aus Japan oder Indien (jedenfalls Asien). Verschiedene Gemüse (kleine Maiskolben, Zwiebelringe, Bohnen, Papaya-Stücke) oder Garnelen oder Fisch werden in leichtem Teig getunkt und dann frittiert.

Fleisch oder Fisch mit Pfeffer und Knoblauch-Sauce
Das Gericht gibt es in den einfachsten, lokalen thailändischen Restaurants. Es besteht aus verschiedenem Fleisch oder Fisch oder Tintenfisch mit einer Sauce aus viel dunkel-geröstetem Knoblauch und Pfeffer.

Tischsitten

Die thailändische Einstellung zum Essen ist einfach: Wenn man Hunger hat, dann wird gegessen. Unsere drei Hauptmahlzeiten gibt es in Thailand eigentlich nicht, die meisten Thailänder essen wenig, dafür aber häufig. Zwar nimmt man durchaus Frühstück, Mittag-und Abendessen ein, dazwischen aber auch jederzeit eine Schale Nudeln, einen gebratenen Snack oder eine Süßspeise. Essen ist einfach ein Genuss!

Ursprünglich wurde thailändisches Essen mit den Fingern gegessen – was in manchen Regionen und bei manchen Gerichten noch heute der Fall ist. Ansonsten benutzt man **Gabel und Löffel**. Messer gibt es meist keine und sie sind hier unnötig, da das Essen vom Koch bereits in mundgerechte Stücke zerkleinert wurde. Die Gabel wird benutzt um etwas auf den Löffel zu schieben – der Löffel geht dann zum Mund, da es unfein wäre die Gabel direkt zum Mund zu führen. Essstäbchen gehören nicht zur eigentlichen thailändischen Küche und werden nur in chinesischen Restaurants oder zum Essen chinesischer und vietnamesischer Nudelgerichte benutzt. Dann hält man den Löffel in der linken Hand und die Essstäbchen in der rechten.

Eine Eigenheit ist, dass die verschiedenen bestellten Gerichte im Restaurant meist nicht gleichzeitig, sondern gestaffelt ankommen und nicht zwingend in der Reihenfolge, die man als Tourist vielleicht erwartet (weil man etwas als Vorspeise ausgesucht hat). Die Thailänder teilen bei einem gemeinsamen Essen sowieso meist alles, also fangen alle an, wenn es kommt.

Toiletten

Während die Toiletten in den Hotels und Restaurants heute praktisch ausschließlich Sitztoiletten im westlichen Stil sind ... die außerhalb sind es gelegentlich nicht. Man kann deshalb vor allem auf dem Land die für Asien klassischen **Plumpsklos** antreffen. Und oft findet man **kein Toilettenpapier** (!). Keine Panik, man wird trotzdem sauber – die Thailänder benutzen einfach ein anderes System. Als Anfänger empfiehlt es sich bei Plumpsklos (damit kein Unfall passiert) unterhalb der Hüfte komplett frei zu machen. Mit etwas Übung kann man später die Hose / den Rock / die Unterhose anbehalten und einfach weit hinunterstreifen. Dann kauert man sich über das Loch (Blickrichtung Türe, Knie zeigen zur Decke). Physiologisch gesehen ist das sogar die bessere Variante als Sitzen, auch wenn es für uns sehr ungewohnt ist.
Nach dem Geschäft wäscht man sich. Moderne Toiletten haben alle einen **Wasserschlauch** dafür, die einfacheren nur ein Becken mit Wasser und einer **Schöpfkelle**. Mit der rechten Hand schöpft/spritzt man das Wasser, mit der linken (!) reinigt man sich dabei. Mit genug Wasser ist das keine grausliche Angelegenheit, die Methode mit dem Schlauch sogar echt angenehm. Falls Toilettenpapier da ist – oder man mitgebracht hat – kann man sich damit abtrocknen. Die Toiletten sind aber meist nicht dafür ausgelegt, dass man Papier hinunterspült: dafür hat es Abfalleimer, wo man es entsorgen kann. Ein bis zwei Blätter gehen zwar meistens mit runter, aber mehr sollten es nicht sein. Dies gilt häufig auch für die normalen Toiletten - man findet dann entsprechende Schilder. Danach gründlich die Hände waschen und sich wieder anziehen – das war's.

Papaya Salat

Tom Kha Gai

Mango Sticky Rice

Zutaten, Kochkurs

23 Thai Food

Elektrizität

Thailand benutzt **Steckdosen** (und **Stecker**) der Typen A, B. C. Moderne Steckdosen sind eine Kombination der Typen B und C. Sie können die amerikanischen Steckertypen A und B und **den Euroflachstecker C** aufnehmen. Das bedeutet, man kann bei den neueren Anlagen ohne Adapter seine (zweipoligen) Stecker aus der Schweiz.

Deutschland oder Österreich verwenden. Manchmal ist die Verbindung allerdings etwas wackelig.

Die Netzspannung in Deutschland, Österreich und der Schweiz beträgt 230 Volt + 23 Volt. Man kann unsere elektrischen Geräte also problemlos in Thailand nutzen, denn die Abweichung liegt noch im Toleranzbereich.

Erwähnenswert sind hier die **unzähligen Kabel,** die einem leider oft auf Bildern immer vor den schönsten Motiven hängen. Im Gegensatz zu Europa, wo die Stromversorgung von Häusern weitestgehend unterirdisch erfolgt, verlegt man in Thailand die Elektrokabel überirdisch auf Masten. Jedes Haus scheint mindestens ein eigenes Kabel am Mast zu hängen haben. Sicherheit kommt hier oft zu kurz – und gelegentlich kommt es zu Unfällen, wenn ein Mast unter Strom steht oder ein im Sand verlegtes Kabel berührt wird. Auf dem Land kann es immer wieder zu Stromausfällen kommen, wenn das Netz überlastet ist.

Telefonieren

Thailand ist, was Handys angeht, kein Drittweltland. Man sieht viele Thailänder mit den neusten Modellen und Verbindung hat man so gut wie überall. Aus-nahmen sind hier der Khao Sok Nationalpark am äußeren Ende des Cheow Lan Sees oder draußen auf dem Meer bei einem Tauchausflug.

Für Europäer, insbesondere Deutsche und Schweizer, ist es jedoch keine gute Idee mit der heimischen SIM-Karte zu telefonieren oder ins Internet zu gehen, da sich wegen der hohen Roamingpreise rasch hohe Rechnungen anhäufen können. Da helfen auch die sogenannten Flatrates nicht viel. Einmal mit meinem iPhone etwas auf Facebook und Google nachgeschaut und ich hatte nach 5 Minuten eine Meldung, dass mein Guthaben für den Monat aufgebraucht war. Wer nicht vom Internet im Hotel oder in manchen Restaurants abhängig sein will, legt sich am besten gleich nach Ankunft in Thailand eine **thailändische SIM-Karte** zu. Am Flughafen Phuket, kurz vor dem Ausgang, findet man mehrere Provider (DTAC, AIS, True Move), True Online. Gegen Pass-Vorlage (Kopie mitnehmen) bekommt man eine Karte und sie auch gleich aufgeladen. Es gibt spezielle Tarife für Urlauber: AIS Traveller SIM, True Move H Tourist SIM, True Online Tourist SIM. Diese Tourist SIM Karten haben nur 90 Tage Gültigkeit und verfallen dann. Zur Nutzung wird die Karte einfach in das Handy gelegt und über die auf der Verpackung der Karte angegebenen Rufnummer aktiviert. Die Verkaufsstellen am Flugplatz oder in 7-Eleven Shops, helfen beim Einrichten. Falls nötig kann man später Guthaben auf die Karte laden: das kann man in allen 7-Eleven Shops oder Handy-Shops (heißt da "Top up") oder alternativ online.

Eine neue, elegante Möglichkeit sind sogenannte **eSIM**, digitale SIM-Karten, die auf kompatible Geräte geladen werden können. Man findet Anbieter im Internet und erwirbt einmalig einen Prepaid-Tarif für eine bestimmte Anzahl an Tagen und Datenvolumen (aber meist keine Freiminuten) oder bucht ein Paket. Zum Beispiel bei Nomadapp für viele Länder 🖥 edelweiss.getnomad.app

Internet

WLAN ist in den meisten Hotels vorhanden und oft gratis für Gäste – den Zugang bekommt man in Form eines Passwortes an der Rezeption. Inzwischen gibt es immer mehr Restaurants mit gratis WLAN. Das Passwort für den Zugang findet man auf der Speisekarte oder ausgehängt. Beim Benutzen so öffentlicher Netzwerke sollte man gewisse Sicherheitsregeln beachten, da darüber Zugriff auf das eigene Gerät möglich ist und sensible Daten abgegriffen werden können. 🖥 Nie online-Banking oder Online-Shopping machen und möglichst httpS-Seiten benutzen.

Geld wechseln

Man braucht nicht von zu Hause thailändisches Geld (Baht) mitzunehmen. **Wechselstuben** hat es am Flugplatz in Phuket und Khao Lak. So ziemlich alle **Banken** Thailands haben in Khao Lak einen Ableger und Schalter, die meisten im Zentrum (La On), die TMB nur in Bang Niang. Tipps zum Geld wechseln: Mittagszeit ist besser als Nachmittags oder Abends. Je höher der Betrag, den man in Baht wechseln möchte, desto besser der Kurs. Besser große Scheine geben, 100er, 200er, keine 10er o. 20er. Man lässt sich den Kurs geben, dann fragt man, ob man mit mehr (500 Euro) einen besseren Kurs bekommt. Die günstigste Wechselstube befindet sich aktuell (2024/2025) gegenüber dem Restaurant Pinocchio in Bang Niang. Achtung: Banknoten zum Wechseln sollten in Top-Kondition vorliegen. Eingerissene, verdreckte oder arg verknüllte Noten werden gerne abgewiesen.

Bei **ATM Maschinen** kann man mit Visa-, Master- und Eurocheque-Karten Geld abheben. Dafür wird eine Gebühr (meist Pauschale) verlangt. Tipps: Vergleichen lohnt sich – und wenn man abhebt, dann am besten genug hohe Beträge. Die ATMs geben normal 1000-Baht-Noten heraus und man hat die Möglichkeit die Sprache auf englisch einzustellen. Eine Eigenart haben sie aber im Gegensatz zu denen zu Hause: Nachdem man ausgewählt hat, wieviel Geld man abheben will, spuckt die Maschine zuerst dieses aus, *dann* kommt die Frage betreffend Quittung und *erst dann* kommt die Karte heraus. Das hat bei uns einmal dazu geführt, dass wir ohne Karte gegangen sind. Zum Glück war das sehr früh morgens und der Automat zieht die Karte nach etwa einer Minute ein. Mit etwas lokaler Hilfe haben wir sie sogar von der Bank zurückerhalten, ansonsten hilft nur sie sperren zu lassen. Ein guter Tipp um an etwas kleinere Noten zu kommen ist, am ATM nicht runde Beträge wie 10'000 Baht einzugeben, sondern nur 9'900 THB. Man erhält dann mindestens 1x500 und 4x100 THB und muss nicht mit 1000 THB ein paar Bananen bezahlen. Minimärkte wie 7/11 und Lotus und ähnliche sind ebenfalls geeignet um große Scheine (1000er) in kleinere zu tauschen – am besten, wenn man etwas Kleines kauft.

Hotels haben ATMs oder wechseln Geld an der Reception, aber meist zu einem schlechteren Kurs – dafür haben sie nach 21 Uhr noch offen.

Preise verhandeln

Außer in Läden, wo die Preise festgelegt sind (wie dem 7-Eleven: sieht man an den Preisangaben auf der Packung) und teils auch auf dem Bang Niang Markt, wird in Thailand erwartet, dass man **den Preis verhandelt**. Das ist eine Kunst, aber wenn man es mit einem Lächeln macht, ist es wesentlich angenehmer und man hat normalerweise mehr Erfolg.
Man sollte immer erst den Preis für ein Stück verhandeln ... und dann handelt man es weiter runter, indem man mehrere davon nimmt.
Man sei vorbereitet: der Verkäufer kann durchaus einen Anfangspreis nennen, der bis zu fünf Mal höher liegt als was üblich ist – vor allem, wenn er einen unerfahrenen Einkäufer vermutet. Wird man nach dem eigenen Hotel gefragt, dient das zum Abschätzen der Kaufkraft – man gibt besser an, dass man bei einem Freund vor Ort nächtigt oder länger hier ist, dann erwarten sie eher, dass man über die „normalen" Preise Bescheid weiß. Man schaue das Stück, das man erwerben will sorgfältig an und wenn man einen Fehler findet, sollte man darauf hinweisen (das tut dem gegenseitigen Respekt hier keinen Abbruch). Dann mache man mutig ein erstes Gegenangebot in Höhe von einem Fünftel oder Viertel des genannten Preises und dann (nachdem das Gegenüber aufgehört hat auf- und abzuspringen und die Augen zu rollen) können die wirklichen Preisverhandlungen mit einem Lächeln beginnen. Nicht vergessen: das ist alles ein Spiel!
Außer man will das Teil wirklich, *wirklich*, sollte man im Normalfall nicht über die Hälfte des zuerst gebotenen Preises gehen (und das ist häufig schon mehr als was man zahlen „sollte"). Übrigens: einfach davonzulaufen, wenn das eigene Angebot akzeptiert wird, sind einfach schlechte Manieren.

Trinkgeld

Trinkgeld wird in Thailand nicht generell erwartet. Ausnahmen sind höhere Restaurantrechnungen: Wenn man eine Rechnung von 376 Baht hat und mit 400 Baht bezahlt, lässt man bei Gefallen am Essen und Service das Wechselgeld liegen. In Hotels oder Luxusrestaurants ist meist schon ein Servicecharge von 10 % auf die Rechnung aufgeschlagen, Trinkgeld wird dann nicht erwartet. Viele Restaurants oder Touren-Anbieter haben eine „Tipp Box" aufgestellt, deren Inhalt unter allen Angestellten aufgeteilt wird.
Das Trinkgeld sollte immer in Relation zum Betrag stehen. Wenn ich nur für 75 Baht eine Kleinigkeit esse, sollte ich keine 20 Baht

Trinkgeld geben (das wären über 30%!).
Dem Zimmermädchen in Thailand lässt man pro Woche 200-300 Baht und bekommt einen wunderbaren Service.

Gesundheit

 Es lohnt sich, vor einer Reise die Apotheke aufzusuchen um sich über Risiken und Reiseapotheke beraten zu lassen und sich auf Seiten wie 💻 medtravel.ch zu informieren.
Die hier stehenden Empfehlungen dienen nur der Information und ersetzen nicht ein Beratungsgespräch bei Arzt oder Apotheke!

Reiseapotheke

Auch wenn man viele Medikamente in den Apotheken in Thailand rezeptfrei kaufen kann, empfiehlt es sich doch, immer etwas dabei zu haben. Die Medikamente, die man ständig nehmen muss, sollten auf keinen Fall fehlen und in ausreichender Menge eingepackt werden, damit sie für den ganzen Aufenthalt plus Reserve reichen. Asien ist bekannt dafür, dass bis zu 30% der Medikamente in den Apotheken Fälschungen sein können – mit ungewisser Wirkung.
Zur Grundausstattung der Reiseapotheke gehören ein starkes Desinfektionsmittel, Verbandsmaterial für kleinere Verletzungen, Schmerztabletten. Mittel gegen Durchfall sind empfohlen – bei länger andauernden oder heftigeren Problemen empfiehlt es sich hier eine Apotheke oder einen Arzt aufzusuchen, die eventuell ein Antibiotikum verschreiben. **Mückenschutz** (wie Sketolene) kann vor Ort gekauft werden. Die hier bekannten „Balsame" (wie Tigerbalsam) helfen übrigens nicht nur bei Muskelschmerzen, sondern auch bei Mückenstichen.

Impfempfehlungen

Die folgenden Impfungen sind **für jedermann empfohlen**:
Diphterie und Tetanus (Auffrischung alle 10 Jahre), Polio, Masern (alles Grundimmunisierung), zusätzlich *Hepatitis A*.
Empfohlen **für spezielle Situationen / Risikogruppen**:
z.B. Langzeitaufenthalte, Backpacker- und/oder Abenteuerreisen oder für Fahrrad/Biketouren:
- *Hepatitis B*: durch Blut oder Sex übertragen.
- *Tollwut*: Weit verbreitet in Thailand (Ausnahme: die Insel Phuket). Übertragung durch Hunde, Katzen, Affen, Fledermäuse und

Waldtiere. Kinder gelten als besonders gefährdet. Nach Biss oder Kratzer bleibt ungeimpften Personen nur 24 Stunden (!) für eine Notimpfung oder aktive Immunisierung im Krankenhaus, das den Impfstoff hoffentlich an Lager hat, danach ist es zu spät (und Tollwut ist zu fast 100% tödlich).
- *Typhus*: durch infiziertes Wasser/Lebensmittel übertragen.
- *Japanische Enzephalitis*: durch Mücken übertragen.

Nicht nötig für Thailand: FSME, Gelbfieber (nur bei Einreise aus Gelbfiebergebiet), Meningokokken

Gesundheitliche Risiken

Khao Lak mit seinem feucht-warmen Klima birgt ein paar gesundheitliche Risiken, die man bei uns nicht so kennt.

Sonne

Sonnenschutz ist hier wegen der Äquatornähe besonders wichtig. Ein Sonnenbrand ist nicht nur akut unangenehm, sondern kann Folgeschäden haben: es fördert die Entstehung von Hautkrebs. Bei den Thailändern ist es bis heute so, dass weiße Haut ein Schönheits-ideal ist und sie verstehen den Bräunungswahn der Europäer überhaupt nicht. Sie selber schützen sich mit langärmeliger Kleidung, Hüten und Sonnenschirmen und in Körperpflegeprodukten sind häufig hautbleichende Mittel enthalten (selbst im Deo). Sonnenschutzmittel sollten heute außerdem korallenfreundlich sein, wenn man ins Meer geht.

Magen-Darm-Probleme

Wir hatten in ganz Thailand damit nie Probleme, obwohl wir überall, gegessen haben. Die häufigste Ursache für Magen-Darm-Beschwerden sind verdorbene, rohe oder unzureichend gekochte Lebensmittel. Problematisch sind Früchte (auch in Früchteshakes und Fruchtsalaten) nur, wenn sie vorher angeschnitten lange herum-gelegen sind. Fleisch sollte gut durchgebraten sein. Bei selbst ausgesuchtem Fisch achte man darauf, dass die Augen klar und nicht eingefallen sind. Das Wasser, das in Khao Lak aus den Leitungen kommt ist kein Trinkwasser, geht aber zum Zähneputzen. Das in den Drinks verwendete "runde" Eis ist unbedenklich.

Stoppschild

Ketchup und Maggi

Cashew Nuss am Baum

Ananas am Strauch

Frangipani

Orchidee

24 Typisch Thailand

Mückenstiche und übertragene Krankheiten

Vor allem in der Dämmerung, fallen sie über einen her, aber manche Arten stechen auch tagsüber. Man benutze starken Mückenschutz, eventuell lokale Produkte. Die Stiche sollte man nicht aufkratzen, da das zu Infektionen führen kann.

Chikungunya Fieber: im Süden Thailands auftretend, durch Mücken übertragene Viruskrankheit. Beschwerden: hohes Fieber mit Gelenkbeschwerden und Berührungsempfindlichkeit. Heilt nach ein bis zwei Wochen meist von selbst wieder ab, macht gelegentlich aber bleibende Gelenkbeschwerden.

Dengue Fieber: durch Mücken übertragene Virusinfektion. Unspezifische Beschwerden wie Kopf-, Gelenk- und Glieder-schmerzen, Fieber, gelegentlich Hautausschlag. In manchen Fällen schwerer Verlauf mit Blutungskomplikationen und Entgleisung des Blutdrucks. Potentiell lebensbedrohlich und muss im Krankenhaus behandelt werden. Bei Verdacht sollte als Fiebermittel ausschließlich Paracetamol gegeben werden.

Malaria: das ist hier in Khao Lak kein Problem. Eingeschleppte Fälle der durch Mücken übertragenen Krankheit kommen aus dem Norden Thailands.

Zika: Thailand gilt als Land, wo Übertragung des Virus durch Mücken sporadisch vorkommen kann, auch wenn keine Fälle der gefürchteten Missbildungen bei Neugeborenen bekannt sind. Frauen, die schwanger sind, oder es in den nächsten 6 Monaten werden wollen, sollten vor dem Besuch ihren Arzt konsultieren und sich sehr gut vor Mücken schützen.

Tiere

Hunde: freilaufende Hunde sollte man nicht füttern oder streicheln. In ihrem Fell können sich Hakenwürmer tummeln und über ihren Kot gelangen diese Hakenwürmer in den Sand, weshalb man an Stränden mit vielen Hunden besser nicht barfuß geht. Bei Hautkontakt dringen die winzigen Würmer in den Körper ein und wandern via Blutbahn in die Lunge, als Larve von dort durch aushusten und verschlucken in den Darm, wo sie als Wurm aus den Darmzotten Blut saugt. Wegen dem Blutverlust entstehen deshalb lange nach Rückkehr Blutmangel, Abgeschlagenheit, Depressionen und Bauchprobleme. Bei Verdacht sollte ein Arzt aufgesucht werden, der ein Wurmmittel verschreibt. Leider gibt es in Khao Lak vermehrt streunende Hunde, die durch wohlmeinende Touristen angefüttert werden. Deren Gesundheitszustand und Verhalten ist unberechenbar und es wird empfohlen sich von ihnen fernzuhalten (Tollwutgefahr).
 Organisationen wie *Soi Dog* auf Phuket kümmern sich um die Tiere (Kastrationsprogramme, Fütterung, Tierarzt). Notfall-Meldungen an clinic@soidog.org.

Affen: können (wie Hunde und Katzen) ziemlich übel beißen und die

Wunden infizieren sich häufig. Ein Arztbesuch ist unbedingt erforderlich. Man soll sich dann gegen Tetanus und vielleicht Tollwut impfen lassen. Am besten ist es auf jeden Fall nahen Kontakt zu meiden.

Quallen: hat es hier im Wasser gelegentlich. Die meisten sind so klein, dass man sie nicht sieht und nur spürt, wenn einen wieder mal eine erwischt hat. Das ist lästig, aber meist nicht gefährlich. Selten kommen hier giftige Quallen vor, deren leichteste Berührung starke Schmerzen, Hautausschläge und sogar Narben hinterlassen kann. Die Portugiesische Galeere und Box-Quallen sind die gefährlichsten. Bei Kontakt hilft es baldmöglichst Essig darüber zu schütten (oder einen Softdrink, aber keinesfalls Süßwasser), eventuelle Tentakel zu entfernen und die Ambulanz zu rufen (1669) falls der Zustand sich verschlechtert.

Seeigelstacheln: Seeigel findet man vor allem an den (großen) Felsen im Wasser. Wer in einen tritt, der hat die dünnen Stachelspitzen in der Fußsohle, wo sie abbrechen können und starke Schmerzen verursachen. Die Stacheln müssen entfernt werden: durch den Arzt, oder, wo keiner erreichbar ist, kann man es mit einem Brei aus Papaya versuchen, das Enzym Papain weicht die Haut über Nacht auf.

Stachelrochen: Wie gefährlich die sein können, weiß man spätestens, seit Steve Irwin einem Stingray-Stich erlegen ist. Stiche führen zu starken Schmerzen und Stiche in Bauch und Gesicht sind gefährlich. Vor allem am Pakarang Beach empfiehlt es sich deshalb, nur mit entsprechender Vorsicht und Badeschuhen ins Wasser zu gehen.

Schwimmen, Schnorcheln und Tauchen ist toll, aber grundsätzlich gilt hier wie überall: Im Meer sollte **nichts angefasst** werden. Der Natur und sich selber zuliebe. Es gibt zahlreiche Gifttiere.

Süßwasser: In Seen und Tümpeln können **Saugwürmer** leben (Shistosomen), die Bilharziose verursachen. Sie gelangen durch menschliche Fäkalien ins Wasser. An der Stelle, wo die Larven durch die Haut eintreten, entsteht ein juckender Hautausschlag, dann eine akute fieberhafte Erkrankung, eventuell mit Organ-Befall, was gefährlich werden kann. Der Arzt sollte bei Beschwerden aufgesucht werden, die Prognosen sind bei frühzeitiger Behandlung gut.

Das hört sich jetzt vielleicht alles etwas beunruhigend an, aber tatsächlich ist es so, dass wir in all den Jahren bis auf die kleinen ungefährlichen Quallen im Meer und Mücken am Abend kaum Erfahrungen mit den ganzen Gesundheitsgefahren machen mussten. Wir haben fast überall gegessen, waren in diversesten Wasserstellen baden (fließend und stehend), schnorcheln und tauchen ohne Folgeschäden. Einzig auf den Hundebiss im Khao Sok und die folgende Odyssee wegen der notwendigen Tollwutprophylaxe hätte meine Frau gerne verzichten können. Aufmerksamkeit ist immer wichtig, dass man sich von Tieren fernhält, dort isst, wo auch die Thailänder essen gehen und sich vor Mücken schützt – dann kann nicht viel passieren.

Lebensmittel-Allergien und spezielle Diäten in Thailand

Erdnussallergie: *Erdnussöl* wird zum Kochen verwendet und ganze oder zerstoßene Erdnüsse finden sich in Papaya Salat, Pad Thai, Massaman Curry und Satay Marinade.
Gluten: Das Klebeprotein findet sich in Weizen, Hafer, Gerste und Roggen. Die Zutat sind von Brot, Müesli, Gebäck und *Eiscreme*. Reisgerichte gehen, aber die *Soyasauce*, mit der sie gewürzt werden, kann Gluten enthalten. Es gibt glutenfreie Soyasauce.
Lactose und Milchprodukte: viele Asiaten vertragen das ebenfalls nicht, deshalb gibt es Alternativen wie Mandel- oder Soyamilch oder Kokosnussmilch. Manche Produkte mit Kokosmilch enthalten aber auch normale Milch: Eiscreme, Thaistyle Kaffee mit Milch.
Meeresfrüchte: Vor allem Shrimps (Crevetten) finden sich in vielen Gerichten – viele Currys enthalten *Shrimp-Paste*.
Vegetarier / Veganer: Statt mit Salz wird viel mit *Fisch-* oder *Austernsauce gewürzt*. Fried Rice enthält immer *Ei*.

Es empfiehlt sich Karten mit der Info auf englisch und thailändisch zu machen und nur in Restaurants zu essen, wo man die Allergien angeben kann.

Ärzte / Kliniken

Wer in Khao Lak krank wird, hat diverse Ärzte zur Auswahl, die teilweise Hotelbesuche machen. Wie in vielen Kleinstädten hat es Erste-Hilfe-Stationen und Mini-Kliniken. Ausrüstung und hygienische Verhältnisse sind allerdings nicht auf europäischem Standard und als Tourist wird man bei gröberen Problemen deshalb rasch in größere Krankenhäuser gebracht, wie in Takua Pa, oder vor allem Phuket, die sehr gut ausgerüstet sind.
Kontakt **Phuket International Clinic**: ☎+66 76 210 935
Taxifahrer (oder Hotels) empfehlen und bringen einen leider gerne an die Orte, von denen sie am meisten profitieren. In Khao Lak gab es vor Covid Abzocker – mit überrissenen Preisen für (teils unnötige) Tests, Untersuchungen und Behandlungen, gelegentlich wurde sogar Bezahlung im Voraus verlangt. Die negativ aufgefallenen Kliniken

sind nun geschlossen – es bleibt abzuwarten, ob es neue gibt.

Bei einem Notfall in Khao Lak wendet man sich an das **Andaman Hub Medical Network** in Bang Niang. Die kleine Klinik im auffällig blauen Gebäude befindet sich am oberen (nördlichen) Ende des Stausees an der 4. ☏ +66 76 48 67 99

Dr. Chusak ist Kinderarzt und Allgemeinmediziner. Er spricht englisch, macht Hotelbesuche. 🏥 Klinik in Ban La On Nähe Einfahrt zum The Sands Hotel. Sprechzeiten: 17.30–20.30 Uhr
☏ +66 76 48 57 38 oder +66 81 9689701 💻 drchusak.com

Siam International Clinic Kleine, neue Praxis direkt an der 4 zwischen La On und Bang Niang mit Glasfront ins Wartezimmer. Offerieren gratis Pick Up, Hotelbesuche. ⏰ Täglich 9-24 Uhr ☏ +66 96 778 8450 💻 siaminternationalclinic.com/siam-international-clinic-khaolak

Andaman International Clinic Ebenfalls neue, kleine Klinik an der Hauptstraße 4 in La On. ⏰ Rund um die Uhr geöffnet. Hotelbesuche. 💻 andamaninternationalclinic.com ☏ +66 63 268 3311

Takecare Doctor Khaolak Clinic An der Hauptstraße 4 in La On, Kettenklinik mit Ablegern in Phuket, Krabi etc. ⏰ Rund um die Uhr geöffnet ☏ +66 94 315 9495 💻 takecareinter.com

Clinic Dr. Amornrut in Bang Niang an der Hauptstraße 4 nördlich vom Bang Niang Markt. Täglich geöffnet 17-20.00 Uhr. ☏ +66 83 647 7053

Inter Clinic an der Bang Niang Beach Road. ⏰ 9-17.30 Uhr täglich ☏ +66 87 628 35 77 💻 facebook.com/KhaolakInterClinic

Khao Lak ENT Clinic- Hals-Nasen- und Ohrenarzt in Khuek Khak ⏰17-19 Uhr 💻 facebook.com/KhaolakENTclinic

Takuapa Hospital: 39/2 Moo 1 T. Bang Naisri, Takua Pa, 209 Betten ☏ +66 76 584 250. 24 Stunden Notfall. **Notfallnummer 1669.**

Krankenwagen in Bang Niang: **1719 oder 1699**
Wer auf der Straße verunfallt, wird von meist privaten Krankenwagen aufgelesen (wie *Rescue Khao Lak*) und ins Krankenhaus gebracht. In sehr abgelegenen Gegenden laden einen wahrscheinlich ein paar hilfsbereite Thailänder hinten aufs Auto und bringen einen hin.

Tauchunfälle: Dekompressionskammern werden gebraucht, wenn man zu schnell aufgestiegen ist. In Khao Lak ist es dank fürsorglicher Tauch-Guides noch nie zu einem schwerwiegenden Tauchunfall gekommen. Die nächste Dekompressionskammer befindet sich auf Phuket in Phuket Town: SSS Hyperbaric Chamber Network Phuket

Medizinische Behandlungen sind in Thailand meist günstiger als in Europa, weshalb sich in manchen Bereichen ein Gesundheitstourismus entwickelt hat. Schönheitschirurgie zum Beispiel und zahnärztliche Behandlungen. Viele Zahnärzte auf Phuket haben sich auf ausländische Patienten eingestellt, sprechen englisch und haben einen internationalen Standard.

Es empfiehlt sich immer eine angemessene Krankenversicherung für die Reise zu haben, Unfälle können überall vorkommen. Zu Covid-Zeiten war eine Versicherung mit ausreichend hoher Deckung Pflicht und wurde vor Einreise kontrolliert.

Zahnärzte in Khao Lak

Die *Dental Clinic* ist eine Empfehlung bei akuten Zahnproblemen. 5/55 Moo 7, Petchkasem Road (im gelben Book Tree Haus in La On) +66 99 619 4141 facebook.com/khaolakdentalclinic
Dental Home in der Nähe des Nang Thong Supermarktes. 28/34 Moo 7, Petchkasem Road +66 89 588 8558

Apotheken

Khao Lak hat viele Apotheken, die meisten in Bang La On und in Bang Niang. Man kann sich in ihnen über die Gesundheit beraten lassen und bekommt die meisten Medikamente, die man in Europa bekommt – mit anderen Namen – und einige mehr, die bei uns rezeptpflichtig sind. Antibiotika gegen Blasenentzündungen zum Beispiel. Die werden häufig nicht in der Packung, sondern in einem kleinen Plastiksäcklein abgegeben, angeschrieben mit der Medikamentenbezeichnung und Dosierung. Packungsbeilagen fehlen meist völlig. Wegen möglicherweise gefälschter Medikamente wird davon abgeraten, sich hier mit seiner Dauermedikation zu bevorraten. Erfahrungsgemäß ist es außerdem eine gute Idee, die Verfalldaten beim Kauf zu kontrollieren. Das gilt auch für Kosmetika.

Phetkasem Foundation - eh. Khao Lak Rescue

Die Phetkasem Foundation ist eine Erste-Hilfe Organisation, die bei Unfällen oder anderen Vorfällen wie Tierrettungen und Schlangenentfernung Hilfe bietet. Im Gegensatz zu Europa gibt es in Thailand keine Gesetze, die vorschreiben, dass man als Passant erste Hilfe leisten muss und es gibt hier keine staatlich unterstützten Hilfsdienste. Stattdessen sind sie privat gesponsert und oft ist das Freiwilligenarbeit, die auf Einnahmen und Spenden angewiesen ist. Viele der Freiwilligen wurden im Ausland ausgebildet und arbeiten saisonal hier. Alle Mitarbeiter haben Vollzeitjobs vom Kranführer bis zu Hotelangestellten, oder Tauchlehrer, wurden aber im Krankenhaus in Erster Hilfe unterrichtet und von der Polizei im Umgang mit dem Verkehr ausgebildet. Bei einem Unfall sind sie zuerst vor Ort. Bei Schwerverletzten rufen sie die Ambulanz des Krankenhauses in Takua Pa zur Unterstützung. Der Arzt bleibt in Thailand im Spital und kommt nicht mit der Ambulanz. Sie nehmen gerne Spenden für ihre Organisation entgegen. ☏ Telefon für Notfälle **1699** (Thai) od. +66 83 176 5873 (engl./deutsch) 💻 facebook.com/khaolakrescueteam Kontakt stephan.ems.khaolak@gmail.com (Deutsch/Englisch).

Straßenverkehr in Thailand - Tipps

Autofahren in Thailand ist ein bisschen wie Autoscooter fahren und versuchen, den anderen *nicht* zu treffen. Dasselbe gilt für Motorradfahren – Thailands Zentren und speziell Khao Lak sind kein guter Platz um das erst zu lernen!

Es gilt **Linksverkehr** – die Autos haben das Steuer rechts. Wer das nicht kennt, sollte sich vielleicht einen Kleber („links fahren") aufs Steuerrad kleben – wobei das Problem, sich daran zu erinnern eher auf unbelebten Straßen auftritt... und die hat man in Thailand um Phuket oder in Khao Lak eher selten.

Rechne jederzeit mit allem: andere Verkehrsteilnehmer verhalten sich oft unberechenbar, wechseln die Spur ohne zu schauen oder zu blinken, überfahren rote Ampeln, bleiben einfach stehen oder fahren abrupt vom Straßenrand los. Nachts sind viele ohne funktionierendes Licht unterwegs und auf der falschen Straßenseite. Sei aufmerksam und bremsbereit.

Der Pannenstreifen neben der Straße wird häufig benutzt: von Motorrad- und Fahrradfahrern, von den kleinen, fahrenden Shops, die für die normale Straße einfach zu langsam sind, und für Autos zum Ausweichen, wenn rechts jemand am Mittelstreifen steht zum Abbiegen.

Rote Ampeln gibt es auch in Thailand – gelegentlich sieht man welche mit Countdown, die die Sekunden bis zur nächsten Phase (grün oder rot) anzeigen. An den meisten Ampeln gilt, dass Linksabbiegen erlaubt ist, wenn es frei ist, selbst wenn die Ampel rot ist. Aber auch sonst halten sich die Thailänder nicht zwingend daran, bei Rot anzuhalten und fahren, wenn nichts kommt oder wenn sie gerade umgestellt hat.

U-Turns: Nun auch in Khao Lak! Dank der bis oberhalb von Takua Pa durchgehend mit einem fetten Grünstreifen in der Mitte richtungsgetrennten Hauptstraße, kann man nun nicht mehr so einfach abbiegen oder wenden. Es gibt nun nur noch die Möglichkeit, das bei den angezeichneten und teils weit auseinanderliegenden U-Turns zu tun. Leider sind die in Khao Lak nur bedingt an die lokalen Begebenheiten angepasst - also findet man sie nicht unbedingt bei wichtigen Abzweigungen. In Bang Niang und La On hat es U-Turns mit Ampeln, ansonsten heißt es gut aufpassen, weil da immer Fahrzeuge stehen können (und das meist mitten auf der Straße) und manche nicht warten können und einfach abbiegen! Etwas speziell ist die Situation in La On am Ende der Straße, die den Hügel hoch geht. Da endet der Grünstreifen und geht vor dem Zebrastreifen (ohne Ampel hier) direkt in eine breite Sperrfläche, und dann in eine durchgezogene Linie über. Eigentlich sollte man hier also nicht wenden dürfen, aber da es bis oben auf den Hügel keine andere Möglichkeit mehr dazu gibt, machen das ziemlich viele trotzdem ... die Polizei inklusive.

Fußgänger und Zebrastreifen: Fußgänger sind in Thailand stark gefährdet, vor allem, wenn sie davon ausgehen, dass die Thailänder gleich Rücksicht nehmen, wie in Europa. Zebrastreifen oder nicht: es wird nicht grundsätzlich gestoppt, wenn jemand die Straße queren möchte – oder wenn er schon auf ihr ist! Fußgängerstreifen hat es vor Schulen – zu Schulzeiten steht dann aber oft ein Polizist da, der den Verkehr extra anhält.

Überholmanöver – langsamere Fahrzeuge werden überholt, sogar wenn es nicht sicher ist. Überholt wird rechts oder links und teils auf der Spur des Gegenverkehrs, der dann ausweichen muss. Es muss also immer damit gerechnet werden, dass einem plötzlich ein Auto oder ein Minibus frontal auf der eigenen Spur entgegenkommt. Speziell vor Kuppen sollte man da ganz links fahren: in Thailand werden oft die Kurven geschnitten – gut gibt es den Pannenstreifen.

Vorfahrt: es gelten eigentlich die gleichen Regeln wie bei uns, viele halten sich nur nicht daran. Speziell nehmen sich größere Autos häufig einfach die Vorfahrt und in Lücken schiebt sich sicher jemand herein. Entsprechend skrupellos muss man selber werden, weil man sonst beim Abbiegen kaum in den Verkehr hineinkommt.

Für **Motorradfahrer** gilt: Trage einen Helm. Ja – Du wirst viele Leute (Touristen und Einheimische) ohne Helm fahren sehen und es ist heiß, aber das ist nicht nur wichtiger Schutz für dich im nicht ganz ungefährlichen Straßenverkehr, sondern gesetzlich vorgeschrieben. Auch wenn die Polizei nicht ganz so interessiert an den Touristen scheint, an den Polizeistationen und Kontrollstellen schauen sie und verteilen Bussen – da sieht man dann so manchen Thailänder auf einmal einen Helm hervorholen und anziehen. Dasselbe gilt übrigens für den Sicherheitsgurt beim Auto.

An den **Polizei-Checkpoints** wird kontrolliert – außerhalb interessiert sich die Polizei wenig für den Verkehr. Autofahrer werden weniger kontrolliert als Motorradfahrer. Außer an den gefährlichen Tagen zwischen Weihnachten und Neujahr und um Songkran herum, wenn an den Feiertagen Alkohol getrunken und gefahren wird und die Zahl der Unfälle und Verkehrstoten in die Höhe schießt – diese Zeit wird „the Seven Days of Danger" genannt. Kontrolliert werden Führerscheine (normaler plus internationaler!), gültige Versicherung, Helm, Gurt.

Bussen hat man sofort zu zahlen an der Polizeistation oder an provisorischen Kassenstationen. Man bekommt dafür einen Beleg – mit dem man amüsanterweise während den nächsten 24 Stunden "immun" für dasselbe Vergehen ist. Das bedeutet, man muss nicht noch einmal bezahlen, sogar wenn man immer noch keinen Helm anhat.

Parken: Rot-weiß angemalte Bordsteine bedeuten: hier nicht parken! Wenn man eine Kette am Motorrad findet, war das wahrscheinlich ein Polizist. Um sie wieder loszuwerden, geht man zur nächsten Polizeistation und zahlt 400 Baht. Dann muss man nur noch den Polizisten finden, der den Schlüssel zum Kettenschloss hat!

Alkohol am Steuer: In Thailand gilt wie bei uns eine Promillegrenze von 0,5. Kontrolliert wird eher selten, aber wer erwischt wird hat mit unangenehmen Folgen zu rechnen: Gefängnis in einer Massenzelle und teure Kaution von 20'000 Baht, damit man wieder rauskommt. In einer Gerichtsverhandlung wird dann die Strafe festgelegt, die zwischen 2'000 bis 10'000 Baht sein kann. Und wenn man an einen

korrupten Polizisten gerät, kann das durchaus einiges teurer werden.
Tankstellen haben nicht 24 Stunden geöffnet: die meisten schließen nach 20 Uhr. An der Tankstelle tankt man nicht selber, sondern man nennt dem Personal einfach die gewünschte Mischung: Diesel, 91er (Normal) oder 95er (Super) und entweder „Full" oder den Betrag, für den man tanken will. Was in den Tank gehört, sagt der Vermieter oder es steht auf dem Tankdeckel.

Straßenkarten bekommt man an den Mietstationen oft nur sehr grobe mit. Im 7-Eleven gibt es eine detaillierte Straßenkarte Südthailand zu kaufen, die gut ist. Die (mietbaren oder eingebauten) GPS in Mietautos sind für uns Europäer schwer bedienbar: die Ziel-Ortseingabe gestaltet sich schwierig wegen der uneinheitlichen Namensgebung und den thailändischen Schriftzeichen. Google Maps hilft sehr. Apps wie Scout, die ich anderswo erfolgreich benutzt habe, sind teilweise noch zu ungenau mit Kartenmaterial versorgt.

Was tun bei einem Unfall?

Man hört gelegentlich Horrorgeschichten, was nach einem Unfall in Thailand alles passieren kann. Oft mit der Grundlage, dass der Tourist egal was passiert ist, schuld sei, denn: „Wenn der Tourist nicht da gewesen wäre, dann wäre der Unfall nicht passiert." Das ist heute nicht mehr zwingend so, aber es ist gut, wenn man sich thailändisch sprechende Hilfe holt (zum Beispiel von der Mietstation oder die Tourist Police), um die Sache zu klären.

Vorgehen:

• Fahrzeuge stehen lassen bis die Polizei eintrifft. Es mag sein, dass der andere Unfallteilnehmer Unfallflucht beginnt – ein Foto von Auto oder Motorrad mit Nummer ist da hilfreich.
• Warndreiecke gibt es keine! Ein paar auf die Straße gelegte Äste dienen demselben Zweck. Also: Vorsicht, wenn man die sieht, oft liegen sie ziemlich unmittelbar hinter dem Fahrzeug!
• Den Vermieter des Autos anrufen, die schicken einen Schadensregulierer der Versicherung vorbei.
• Ruhig bleiben und warten.
• Der Vermieter stellt in der Regel einen Ersatzfahrzeug.
Bei Motorrädern muss (wegen fehlender Versicherung) meist vor Ort ausgehandelt werden, wer wie viel zahlt... das bleibt häufig am

Mieter hängen. Meist ist es günstiger, etwas selber reparieren zu lassen, weil der Vermieter sonst seinen eigenen (ev. überhöhten) Preis dafür verlangt.

Notrufnummern:

Polizei 191 (nur Thai)
Tourist Police 1155
Ambulanz 1699 (Transport, Tierprobleme, nur Thai)
Phetkasem foundation/Khao Lak Rescue +66 83 176 5873
Feuerwehr 199

Seit 2024 gibt es die **Tourist Police i lert u App**. Einrichten kann man sie schon zu Hause, funktionell wird sie erst in Thailand. Damit kann man rasch und unkompliziert mit der Touristenpolizei Kontakt aufnehmen. Nachricht (in englisch) schreiben und ev. ein Foto mit übermitteln. Es zeigt der Polizei dann grad den Standort an, von wo man das geschrieben hat.

Einreise / Ausreise

*** **Bitte vor jedem Besuch die aktuell geltenden Regeln nachschauen - Änderungen sind möglich, auch kurzfristig!** ***
Näheres zu den Einreisebestimmungen für Thailand kann der Website 🖳 immigration.go.th entnommen werden.

Bei Aufenthalten in Thailand von einer Dauer bis 30 Tage* ist für deutsche, Schweizer und österreichische Staatsangehörige kein **Visum** erforderlich. Voraussetzung dafür ist ein gültiger Reisepass, dessen verbleibende Gültigkeitsdauer bei Einreise mindestens sechs Monate betragen muss und ein bestätigtes Weiter- oder Rückreiseticket. Diese Aufenthaltsberechtigung kann nicht verlängert werden. Kinder brauchen einen eigenen Reisepass.
Wenn man beabsichtigt länger als 30 Tage* in Thailand zu bleiben, muss man vor der Einreise eines von einer thailändischen Auslandsvertretung ausgestelltes Visum einholen. Für Aufenthalte bis zu 60 Tagen wird ein „Tourist Visa" benötigt. Ein „Non Immigrant Visa" berechtigt zu einem Aufenthalt von maximal 90 Tagen. Touristen und Non-Immigrant Visa können um 30 Tage verlängert werden: nur beim *thailändischen Bureau of Immigration* bzw. an den

Grenzübergängen. Der nächste Grenzübergang für einen „Visa-Run" ist in Ranong. Örtliche Reisebüros verkaufen gelegentlich gefälschte Dokumente, die bei der Ausreise zu Problemen führen.

* Zwischendurch ist die Zeit auf 90 Tage verlängert worden, das kann aber wieder zurück ändern.

Ab dem 1. Mai 2025 gibt es eine wichtige Neuerung für die Einreise nach Thailand, die **Thailand Digital Arrival Card** (TDAC). Die Karte muss innert 3 Tagen vor der Einreise (auf Englisch) ausgefüllt werden. Darauf bekommt man eine Bestätigungs-E-mail, die man der Einwanderungspolizei vorlegen muss. Sie fragen nach persönlichen Informationen: Vollständiger Name, Nationalität, Telefonnummer, E-Mail-Adresse und Passinformationen und Reiseinformationen: Flugnummer, Reisezweck und Adresse in Thailand (Hotel- oder Wohnadresse. tdac.immigration.go.th/arrival-card

Bargeld bei Einreise: Reisende, die ohne Visum nach Thailand einreisen, müssen umgerechnet mind. 10'000 Baht und zusammen als Familie mind. 20'000 Baht bei der Einreise mitführen. Der Mindestbetrag kann in jeder beliebigen Währung vorgewiesen werden. Bankauszug oder nachträgliches Abheben geht nicht. Wer nicht länger als 30 Tage für einen Urlaub in Thailand bleibt (also ohne Visum, nur mit Einreisestempel) und nicht oft hintereinander wieder einreist (also einen Visa-Run macht), sollte keine Probleme haben und wird selten kontrolliert – aber falls doch, kann einem das den Urlaub ruinieren. Bargeld dabei zu haben lohnt sich aber auch für den Geldwechsel, Wechselstuben bieten oft bessere Wechselkurse und nicht so hohe Beträge wie beim Bezug am Bankomat.

Zollvorschriften und Rechtliches

Devisen

Ausländische Besucher können Fremdwährungsbeträge in unbegrenzter Höhe ein- und wieder ausführen (Beträge ab 20.000$ sollte man trotzdem deklarieren). Die Landeswährung „Baht" kann unbegrenzt eingeführt, aber nur bis zu einer Höhe von 20.000 Baht pro Person ohne vorherige Genehmigung ausgeführt werden. Vorsicht ist geboten vor in Umlauf befindlichem Falschgeld. Es wird empfohlen, Geld nur in autorisierten Wechselstuben zu tauschen.

Gefälschte Waren / Produktpiraterie

Der Kauf von gefälschten Markenartikeln (wie Uhren, Computer, Software, Raubkopien von Filmen, Kleidung usw.) sowie die Einfuhr nach Deutschland/Schweiz/Österreich ist aus urheberrechtlichen Gründen verboten. Gerade aus Thailand werden viele Fälschungen eingeführt. Dabei ist es unerheblich, ob dem Touristen bekannt ist, dass es eine Fälschung ist. Wer erwischt wird, kann entweder freiwillig auf die Einfuhr verzichten (worauf die Ware vernichtet wird) oder sie wird vom Zoll eingezogen und der Markeninhaber informiert, der eventuell rechtliche Schritte einleitet und den Käufer büßt.

Antiquitäten / Buddhastatuen

Die Ausfuhr und der Import bestimmter Antiquitäten ist nur mit Genehmigung des Fine Arts Department des Nationalmuseums in Bangkok erlaubt. Ein seriöses Geschäft wird einem diese besorgen. Die Botschaft hält diesbezüglich ein Merkblatt mit weiteren Informationen bereit. Die Ausfuhr von Buddha-Figuren, egal ob alt oder neu, ist für Nichtbuddhisten verboten.

Souvenirs

Die Ausfuhr von bestimmten Lederprodukten und Elfenbein, sowie deren Einfuhr nach Europa unterliegen dem Washingtoner Artenschutzabkommen. Es wird dringend empfohlen, sich darüber vor dem Kauf zu informieren. Für Thailand gibt es eine gute Liste der Tiere und Pflanzen, die grundsätzlich nicht ausgeführt werden dürfen: 🖳 artenschutz-online.de (Artenschutz im Urlaub)
Auf der Liste sind unter anderem: Korallen, Krokodile, Schildkröten, Schlangen, Vogelspinnen, Riesenmuscheln, Elefanten, Skorpione, Schmetterlinge, Seepferdchen, Affen, Bären etc. Und bei den Pflanzen: Aloe, Ginseng, Kakteen, Orchideen, Kannenpflanzen...

Spezielles

Verboten sind obszöne Gegenstände oder Bilder sowie pornographisches Material. Verboten sind auch Waren mit einer thailändischen Flagge sowie gefälschte königliche oder Amtssiegel.

Lebensmittel / Medikamente / Tabak

Erlaubt: Zigaretten bis 200 Stück, Zigarren bis 50 Stück oder Tabak bis 250g, sowie bis 4 Liter Wein oder 1 Liter Spirituosen – aber Schnaps mit mehr als 40% Alkohol ist in Thailand verboten und die Einfuhr wird bestraft. Bier darf bis 16 Liter mitgenommen werden. **E-Zigaretten** (auch IQOS) **und Zubehör und Shishas sind in ganz Thailand verboten!**

Da das online immer wieder zu Diskussionen führt: So ist das Gesetz, die Handhabung ist meist liberaler. In der Öffentlichkeit sollte man nicht rauchen – es gibt aber Restaurants, die das erlauben. Selbst Polizisten sehen meistens weg, es sei denn, sie haben gerade Kontrolltag.

Die Einfuhr von *Fleischprodukten oder Wurstwaren* ist seit der BSE-Krise strikt verboten.

Durian (frische) dürfen wegen ihrem Geruch häufig nicht in öffentlichen Verkehrsmitteln transportiert werden.

Wer *Medikamente, Lebensmittel oder Nahrungsergänzungsmittel* einführen will, braucht eine Erlaubnis der thailändischen Food and Drug Administration. Medikamente für den Eigengebrauch sind für eine Dauer von 30 Tagen im Normalfall erlaubt, Vorsicht ist aber geboten bei starken Schmerzmitteln und anderen Medikamenten, die unter das Betäubungsmittelgesetz fallen. Die Einfuhr aller Arten von Betäubungsmitteln ist verboten.

Die Freimenge für zollfreie Waren bei der Rückkehr nach Europa liegt bei 430 Euro.

Powerbanks und Akkus im Flugzeug

Die Mitnahme von Laptop, Smartphone und Tablet ins Flugzeug ist (nur) im Handgepäck erlaubt, obwohl Lithium-Akkus nicht ungefährlich sind. Dasselbe gilt für Powerbanks.
Pro Passagier sind maximal 2 externe Lithium Akkus (Powerbank) erlaubt. Sie dürfen während dem Flug nicht benutzt und nicht geladen werden. Außerdem *muss* die Nennleistung (gut lesbar) auf dem Akku stehen. Pro Akku sind maximal 100 Wattstunden (Wh) beziehungsweise 27'000 mAh zulässig. Unleserliche oder nicht angeschriebene Akkus wurden in Thailand bei der Gepäckkontrolle

am Flughafen häufig eingezogen. Seit Anfang 2025 wurden nach einem Brand in einem südkoreanischen Flugzeug wegen eines Akkus strengere Regeln bei vielen asiatischen Fluggesellschaften eingeführt, darunter die Thai Airlines und die Singapore Airlines. Der Gebrauch während dem Flug ist verboten, auch das aufladen und es wird kontrolliert. Sie sollten separat in Plastik oder Isolierfolie eingepackt sein.

Drohnen

Drohnen zum Freizeitgebrauch sind in Thailand erlaubt (nach Registrierung). Der Prozess dauert teils mehrere Wochen, dafür hat man keine Probleme vor Ort: ohne Bewilligung drohen hohe Geld- und Gefängnisstrafen.
Für die Kamera-Drohnen benötigt man 3 Belege:
-Von der *National Broadcasting & Telecommunications Commission* (NBTC). Sie sind verantwortlich für die von der Drohne genutzten Frequenzen. NBTC: 🖥 anyregis.nbtc.go.th/sign_up/foreigner
-Von der Civil Aviation Authority of Thailand (CAAT), die alle Drohnenpiloten registriert. CAAT: ☏ +66 25 68 8815 uav@caat.or.th
- Von der Versicherung. Der Beleg sollte mitgeführt werden. Drohnenmodell und Seriennummer müssen ersichtlich sein sowie die Gültigkeit in Thailand. Deckungssumme mind. 1 Mio THB (ca. 30'000 Euro).
Hier wird der Prozess beschrieben, die Seite bietet auch einen Anmeldeservice an: 🖥 stefaninthailand.de/anleitung-drohne-registrieren-in-thailand

Weitere Bestimmungen: Es gilt ein Mindestalter von 20 Jahren. Die maximale Flughöhe beträgt 90 m im unkontrollierten Luftraum. Halte 9 km Abstand zu Flughäfen und respektiere die Privatsphäre anderer Personen. Man darf sich maximal 50m an Menschen, Fahrzeuge und Gebäude annähern und es ist nicht erlaubt, über Städte und Dörfer zu fliegen – wenn doch, sollte vorgängig eine Erlaubnis eingeholt werden. Flüge sind nur bei Tageslicht erlaubt.

Adressen Botschaften und Konsulate

Phuket: Deutsches Honorarkonsulat
100/425 Moo 5, Chalermprakiat Ror 9 Rd., Phuket Town, Phuket 83000.
☏+66 7661 0407 💻 deutscheskonsulatphuket.com, Email: phuket@hk-diplo.de.
🕒Montag bis Freitag von 8.30-11.30h

Phuket: Österreichisches Ehrenkonsulat
Anuphas Manorom Co Ltd, 2 Moo 4 Wirat-Hongyok Rd., Phuket Town, Phuket 83000, ☏ +66 76-2483346 Email: aus-consul@hotmail.com 🕒Dienstag, Mittwoch & Freitag: 10-12h

Phuket: Schweizerisches Konsulat
Consulate of Switzerland 74/56 Phoonpon Night Plaza,T. Talad Nuea, A. Muang, Phuket 83000, Thailand. ☏+66 81891 59 87 phuket@honrep.ch

Deutsches Konsulat in Bangkok
9 South Sathorn Road, Bangkok 10120, ☏ +66 2-287-9000 🕒Montag bis Freitag von 8.30-11.30h. 💻 bangkok.diplo.de/Vertretung/bangkok/de/02/0-Botschaft.html

Botschaft von Österreich in Bangkok
14, Soi Nandha, off Soi 1, Sathorn Tai Road, Bangkok 10120 ☏+66 23036057

Schweizerische Botschaft in Bangkok
35 North Wireless Road, Bangkok 10330 ☏+66 2 674 69 00
ban.vertretung@eda.admin.ch Montag-Freitag: 9-11.30h

Thai Botschaft In Deutschland: The Royal Thai Embassy, Berlin
Lepsiusstr. 64-66, 12163 Berlin, ☏ +49 30 794 810 💻 thaiembassy.de general@thaiembassy.de

In der Schweiz: Thailändische Botschaft, Bern
Kirchstraße 56, CH-3097 Bern/Liebefeld, ☏ +41 31 970 30 30
💻 mfa.go.th/ thai.bern@bluewin.ch

In Österreich: Botschaftskanzlei, Wien
Cottagegasse 48 A-1180 Wien ☏ +43 14 78 33 35

Thailändisch für Touristen

 Es hat Vorteile, zumindest ein paar Worte einer Fremdsprache zu kennen – und das kommt auch gut an. Es ist bei weitem keine Voraussetzung, aber es verbessert den Kontakt ... und verschafft einem gelegentlich bessere Preise. Mit Englisch kommt man (gerade in Touristenorten wie Khao Lak und Phuket) sehr weit, aber es lohnt sich, ein paar Brocken Thai einzustudieren:

Wichtig: am Ende fast jeden Satzes sagt man um höflich zu sein **-ka** (wenn man eine Frau ist) oder **-krab** (wenn man ein Mann ist)

Hallo/Guten Tag: Sa-wade-krab (m) / sa-wade-ka (f)
Auf Wiedersehen: La gon-krab (m)/ la gon-ka (f)
Ja: Chai-krab (m) / -ka (f)
Nein: Mai Chai-krab (m) / -ka (f)
Danke: Kop-kun-krab (m) / -ka (f)
Bitte!: Mai ben rai-krab (m) / -ka (f)
Entschuldigung: Khor thot
Kein Problem / macht nichts: Mai Pen-Rai
Wiedersehen/Tschüss: La-gon-krab (m) / -ka (f)
Gut: Dee
Schlecht (nicht gut): Mai-Dee
Die Rechnung bitte: Keb-Tang-krab (m) / -ka (f)
Wo ist die Toilette?: Hong nam Yu Nai-krab? (m) / -ka (f)
Nicht scharf: Mai pet
Sehr scharf: Pet pet
Was kostet?: Tau tai krab? (m) / -ka (f)
Billig: Took
Teuer: Pang
Ich: Phom (Mann), Tschan (Frau)
Ich heiße: Phom tschü (Mann) / Tschan Tschü (Frau)
Ich hätte gerne: Ao
Ich habe ein Problem: Chan-Mee-Pan-Ha-krab (m) / -ka (f)
Ich will zum/nach: Phom bpai-krab / Tschü bpai-ka
Tempel: Wat
Wasserfall: Nahm Dtok
Insel: Ko
Gasse: Soi

Über das Buch

Liebe Leser, Liebe Reisende, ihr haltet die inzwischen 7. Auflage des Reiseführers für Khao Lak in der Hand. Das Buch ist eine für uns reichlich überraschende Erfolgsgeschichte: Angefangen hat es nach X Besuchen im schönen Khao Lak, als wir (wieder einmal) etwas zum Unternehmen für die Familie gesucht haben und uns nervten, dass es keinen Reiseführer für Khao Lak gab. Natürlich findet man fast jegliche Info nach kürzerem oder oft längerem Suchen im Internet – aber das ist vor Ort ziemlich unpraktisch und allgemein sehr zeitaufwändig. Vor allem, wenn man nicht weiß, nach was man suchen *kann*. Ich bin kein Schriftsteller, aber irgendwie kam dann die Idee auf, dass wir selber einen schreiben (meine Frau hat sehr geholfen). Und als das bei unserer thailändischen Freundin Jin positiv aufgenommen wurde („Ich bin sicher, ihr könnt das!") – starteten wir 2016 einen ersten Versuch mit einem noch ziemlich einfachen Buch im Selbstverlag bei Amazon. *„Khao Lak Entdecken – für Individualreisende, Touristen und Familien"* kam so gut an, dass wir uns an eine Erweiterung und Komplettüberarbeitung gewagt haben – um es 2017 mit eigener ISBN in den Buchhandel auch vor Ort zu bringen. Das war *„Khao Lak Entdecken-Kompakt"*. Ein Reiseführer von Khao Lak begeisterten Laien, der das Ziel hat, Besuchern den Aufenthalt zu erleichtern und ihnen diesen schönen Flecken Erde näherzubringen.

So ein Reiseführer macht viel Arbeit damit er aktuell bleibt, vor allem bei einem beliebten Reiseziel, bei dem es oft Änderungen gibt. Er wurde deshalb 2018 und auch 2019 nach den Besuchen wieder überarbeitet und weiter ergänzt. 2020 war das Update geplant ... und dann kam das neue Coronavirus. Zwei Jahre lang war das Reisen nach Thailand praktisch unmöglich. Sobald es aber wieder ging, kamen wir – und ... es war schön wie immer. Aber es hat sich viel geändert. Dienstleister wie Restaurants und Tourenanbieter mussten mangels Besucher aufgeben und schließen. Nach den Besuchen 2023 und 2024 können wir melden: viele sind wieder da, andere sind neu. Wir haben wieder wunderschöne Plätze gefunden, teils unberührt vom Massentourismus. Ebenfalls neu ist, dass der Reiseführer nun auch innen farbig ist - nicht Hochglanz und nicht alle Seiten, aber die Bilder und Karten machen doch mehr her so. Wir hoffen, dass das gut ankommt, auch wenn wir den Preis dafür etwas erhöhen mussten, wegen steigender Druckkosten. Pro verkauftem Buch verdienen wir etwa 3 Euro, nicht genug um davon zu leben, aber ein netter Zustupf für die nächste Reise. Seit 2024 hat der Reiseführer ziemlich Konkurrenz bekommen. Amazon wird praktisch überschwemmt von günstig und schnell durch künstliche Intelligenz generierte "Reiseführer". Als jemand, der viel Zeit und Arbeit in seine Bücher gesteckt hat, nerven die ungemein, denn trotz hochprofessionell wirkender Beschreibungen, sind diese Bücher nahezu unbrauchbar. Allgemeinplätze, falsche und überholte Informationen, Übersetzungsfehler. Ich hab einige angeschaut ... für Reisende sind diese Bücher reine Geldverschwendung. Und für engagierte Autoren im Selbstverlag ein Ärgernis, da sie das Vertrauen untergraben.

Wenn euch dieses Buch gefallen hat / es euch nützlich war, würde ich mich über eine **Rezension** (zum Beispiel auf Amazon) sehr freuen!

 Die Bilder im Buch und viele mehr kann man auf unserem **Instagram-Account** bewundern: **@khaolakkompakt**

Ich bin immer froh über Rückmeldungen betreffend Buchinhalt, Empfehlungen für neue Attraktionen oder exzellente Restaurants. Gerne an **ruco.kobi@gmail.com**.

Falls ihr mit Kindern unterwegs seid, oder einfach auf unterhaltsame Weise mehr über Thailand (Land, Leben und Leute) erfahren möchtet, empfehle ich unser Erlebnis- und Aktivitätenbuch **"Thailand und Du"**

ISBN 978-3033085046
Der Reise-Begleiter durch Thailand, sei es in Wirklichkeit oder virtuell. Es ist prallvoll mit interessanten Informationen, Tipps, Rätseln, Spielen, Bastelideen und viel mehr. Ein Info- und Aktivitätenbuch, das für stundenlange Unterhaltung sorgt und auch ohne Reise spannend ist.. Das Buch eignet sich für Kinder ab Lesealter (empfohlen ab 8 Jahren aufwärts) ist aber auch für Erwachsene informativ und unterhaltend.

Bleibt uns nur, Euch **einen schönen Urlaub** zu wünschen – aber wir sind sicher, dass Ihr den in Khao Lak haben werdet!

Ruedi und Corinne Kobi